Barbara Beck

Die großen Herrscherinnen und Regentinnen

Barbara Beck

Die großen Herrscherinnen und Regentinnen

Vom Frühmittelalter bis in die Gegenwart

marixverlag

Bibliografische Information der Deutschen Nationalbibliothek
Die Deutsche Nationalbibliothek verzeichnet diese Publikation in der
Deutschen Nationalbibliografie; detaillierte bibliografische Daten sind im
Internet über
http://dnb.d-nb.de abrufbar.

© by marixverlag GmbH, Wiesbaden 2013
Lektorat: Karin Flörchinger, Hattersheim
Covergestaltung: Nicole Ehlers, marixverlag
nach der Gestaltung von Thomas Jarzina, Köln
Bildnachweis: dpa Picture-Alliance GmbH/dpa, Frankfurt,
Offizielles Porträt von Königin Margrethe II. von Dänemark,
aufgenommen am 04.01.1999 (Fotograf: Mydtskov Rigmor/Polfoto).
Rückseite: Schloß Amalienborg, Kopenhagen, Dänemark
Satz und Bearbeitung: Medienservice Feiß, Burgwitz
Gesetzt in der Palatino
Gesamtherstellung: CPI books GmbH, Ulm
Printed in Germany

ISBN: 978-3-86539-978-6

www.marixverlag.de

Inhalt

Vorwort

Lange Zeit überwog in der Geschichtswissenschaft die Auffassung, dass in der Vergangenheit die männliche Herrschaft auf den Fürstenthronen die Norm gewesen sei. Fürstinnen, die Herrschaft aus eigenem Recht ausübten, galten als große Ausnahmeerscheinungen in der Geschichte. Diese Ansicht gründete auf der Tatsache, dass in einigen Ländern, wie beispielsweise in Frankreich, das „Salische Gesetz" bestand, das Frauen von der Thronfolge grundsätzlich ausschloss. Selbst in denjenigen Ländern, die eine weibliche Thronfolge zuließen, kam diese nur für den nicht sehr häufigen Fall zum Zuge, dass es keinen männlichen Thronanwärter gab. Eine Prinzessin hatte mit ihrem Anspruch immer hinter ihren jüngeren Brüdern zurückzutreten. Eine weibliche Erbfolge stellte somit nur eine Notlösung dar, da ihre Legitimität leichter angezweifelt werden konnte. Erst in jüngerer Zeit haben sich mehrere Monarchien wie etwa Schweden (1980), Norwegen (1990), Belgien (1991), Dänemark (2009) oder Großbritannien (2013) per Gesetz für die weibliche Thronfolge geöffnet. Jetzt gilt dort ohne Ansehung des Geschlechts das Erstgeburtsrecht.

Die pauschale Einschätzung, dass Frauen aus dem Hochadel der legitime Herrschaftszugang eher selten gelang, klammerte meist die weiblichen Regentschaften aus, die sowieso gerne in die Schublade der „Krisenzeit" für eine Dynastie abgelegt wurden. Dass es sich dabei aber ebenfalls um eine, wenn auch bloß vorübergehend ausgeübte, eigenständige Herrschaft mit mehr oder weniger großen Entscheidungskompetenzen handelte, wurde nicht wahrgenommen. Im Gegensatz zu den Fürstinnen, die kraft eigenen dynastischen Rechts regierten, kamen Regentinnen in wesentlich größerer Zahl vor. Selbst in Ländern, die keine weibliche Thronfolge anerkannten, war es gängige Praxis, dass Fürstinnen für eine begrenzte Zeit als Stellvertreterinnen eines Monarchen agierten. Gerade bei der Minderjährigkeit des Throninhabers, dem häufigsten Grund für die Installation einer Stellvertreter-Regierung, erschien eine weibliche Regentschaft meist als ratsamer als die Berufung eines nahen männlichen Verwandten, bei dem eher zu befürchten stand, dass er eigene Pläne zum Nachteil des jungen Herrschers verfolgen könnte. Bei den meisten weiblichen Regentschaften handelte es sich um mütterliche Vormundschaften. Großmütter, Tanten oder Schwestern übten dieses Amt nur gelegentlich aus. Neben den Regentschaften, die wegen des jugendlichen Alters des rechtmäßigen Herrschers erforderlich waren, gab es die selteneren Fälle wie etwa eine schwere Krankheit oder eine längere Abwesenheit durch Gefangenschaft etc., die den Monarchen an der eigenständigen Herrschaftsausübung hinderten und die Einsetzung einer Regentschaft bedingten.

Die Herrschaftslegitimation einer Regentin hatte allerdings einen minderen Wert als jene eines Erbfürsten, da ihre Autorität wegen der zeitlichen Begrenzung ihres Amtes bloß einen provisorischen Charakter besaß. Sie hatte lediglich die Zeit bis zur Mündigkeit des legitimen Fürsten zu überbrücken. Nicht selten musste es eine Regentin daher hinnehmen, dass ihre Durchsetzungskraft immer schwächer wurde, je näher das Ende ihrer Regentschaft rückte. Generell war ihre Entschlussfreiheit üblicherweise geringer als jene des eigentlichen Throninhabers. Als Herrscherin auf Zeit waren ihrem Handlungsspielraum mehr Grenzen gesetzt. Häufig bekamen sie zudem Regentschaftsräte an die Seite gestellt. Oft pochten bei einer Regentschaft außerdem die Landstände auf ein Mitspracherecht. Es gab trotzdem immer wieder Regentinnen, die es verstanden, sich Freiräume zu verschaffen und eine kraftvolle eigenständige Politik zu betreiben. Mit den eben genannten Einschränkungen hatten aber auch männliche Regenten zu rechnen. Diese Vorbehalte waren nicht geschlechtsspezifisch. Kritischer war es für eine Regentin jedoch, dass Gegner ihrer Herrschaft mit dem Argument operieren konnten, dass die Regentin nicht der eigenen Dynastie entstammte, sondern in diese nur eingeheiratet hatte und somit eine „Ausländerin" war. Solange noch das Kriegerkönigtum vorherrschte, bereitete eine Frau auf dem Thron, sei es als Regentin oder als Erbfürstin, auch insofern gewisse Probleme, da sie nicht selbst ihre Truppen in die Schlacht führen konnte.

Einen Sonderfall unter den Regentinnen im Verlauf der Geschichte bildeten die Generalstatthalterinnen der habsburgischen Niederlande. Hier wurden mehrmals weibliche Mitglieder des Hauses Habsburg als Stellvertreterinnen des Monarchen eingesetzt, denen in diesen unruhigen, fern vom Kerngebiet liegenden Provinzen weitreichende Regierungsvollmachten zugebilligt wurden.

Obwohl eine Frau, nüchtern betrachtet, genauso gut oder schlecht wie ein Mann die Regierungsgeschäfte leiten konnte, wurde weibliche Herrschaft über einen langen Zeitraum hin als problematisch bewertet. Eine wenig erfolgreiche Regierung einer Herrscherin wurde auf diese Weise für ein größeres Desaster erachtet als bei einem männlichen Throninhaber. Besonders deutlich fiel das Verdikt gegen Herrscherinnen generell bei dem radikalen calvinistischen Reformator John Knox aus, der 1558 verkündete: *„Eine Frau zur Herrschaft, Hoheit, Gewalt oder Regierung über ein Königreich, eine Nation oder Stadt zu berufen, ist widernatürlich, eine Beleidigung Gottes und steht in größtem Gegensatz zu seinem geoffenbarten Willen und seiner anerkannten Ordnung."* Knox stand mit seiner Meinung nicht allein. Im Bedarfsfall bediente man sich immer wieder gerne solcher Stereotypen. König Friedrich II. von Preußen etwa wählte 1741 für den Dankgottesdienst nach dem preußischen Sieg über die Truppen Maria Theresias bei Mollwitz zynisch folgenden Bibelspruch aus: *„Ein Weib lerne in der Stille mit aller Bescheidenheit. Einem Weibe aber gestatte ich nicht, daß sie lehre, auch nicht, daß sie des Mannes Herr sei, sondern ich will, daß* *sie stille sei.*" Die grundsätzliche Kritik an weiblicher Herrschaft konnte noch zusätzlichen Zündstoff erhalten, wenn sie obendrein mit der Beschuldigung eines unmoralischen Lebenswandels gekoppelt wurde, die eine Monarchin meist viel härter traf als einen männlichen „Kollegen".

Angesichts dieser zahlreichen Vorbehalte gegenüber Frauen auf Herrscherthronen war es für viele Fürstinnen notwendig, eine Gegenpropaganda zu betreiben, die ihre Herrschaft verherrlichte. Höchst eindrucksvoll ließ sich beispielsweise Maria von Medici, die Regentin Frankreichs, in einem prachtvollen, zwischen 1621 und 1625 entstandenen Gemäldezyklus von Peter Paul Rubens huldigen, der ihre Legitimation unterstreichen sollte.

Wegen der Skepsis, mit der weibliche Herrschaft prinzipiell gesehen wurde, war das Bestreben groß, Frauen auf dem Thron einen Ehemann als Mitregenten zur Seite zu stellen bzw. ihnen nahezulegen, tunlichst beizeiten der Regierung zu entsagen. Keineswegs alle verheirateten Herrscherinnen waren jedoch gewillt, sich von ihrem Gemahl das Heft aus der Hand nehmen und in ihrer Machtausübung einschränken zu lassen.

Der vorliegende Band versammelt die Kurzporträts von 58 mehr oder weniger bekannten Fürstinnen, die entweder aus eigenem Recht, als Regentin oder als Stellvertreterin über einen kurzen oder langen Zeitraum hin Herrschaft ausübten. Der zeitliche Rahmen spannt sich dabei vom Frühmittelalter bis in die Gegenwart. Zwar liegt das Hauptgewicht auf den europäischen Monarchien, doch fanden zusätzlich auch einige außereuropäische Fürstinnen, wie etwa die letzte Königin von Hawaii, Aufnahme, deren Wirken in die Zeit westlicher Einflussnahme fiel.

Hauptkriterium für die Auswahl der Fürstinnen war der Wunsch, eine möglichst große Bandbreite an unterschiedlichen Lebensläufen zu erreichen, um der Leserschaft so abwechslungsreiche und interessante Einblicke in ein facettenreiches Thema bieten zu können. Selbstverständlich erfolgte die Zusammenstellung der Biografien nach letztlich subjektiven Kriterien, da es durchaus noch eine Vielzahl anderer Frauen aus dem Hochadel gab, die ebenfalls legitim Herrschaftsrechte wahrnahmen und daher mit dem gleichen Recht in dieses Buch hätten aufgenommen werden können.

Galla Placidia

* um 390 in Konstantinopel
† 450 in Rom
Regentin des Weströmischen
Reichs 425–437

Die an der Schwelle von der Spätantike zum frühen Mittelalter stehende römische Kaisertochter Aelia Galla Placidia führte in der Zeit der „Völkerwanderung" ein von
Umbrüchen und Wechselfällen gekennzeichnetes Leben.
Angesichts einer instabilen politischen Lage gelang es ihr,
sich über weite Strecken hin als Regentin des Weströmischen Reichs zu bewähren.

Die Tochter des römischen Kaisers Theodosius I. und
dessen zweiter Gemahlin Galla verlor bereits sehr früh ihre
Eltern. Während unter Theodosius das Römische Reich
nochmals in einer Hand vereinigt war, wurde es 395 gemäß
seinem Willen unter seinen beiden Söhnen Arcadius und
Honorius in ein Ost- und ein Westreich geteilt. Galla Placidia und ihr zehnjähriger Halbbruder Honorius wurden
der Fürsorge des Heermeisters Stilicho und dessen Frau
Serena anvertraut, der Lieblingsnichte von Theodosius.
Stilicho fungierte als Reichsverweser in der westlichen
Reichshälfte. 405 wurde Galla Placidia mit Stilichos Sohn
Eucherius verlobt, weil der mächtige Heermeister vandali-
scher Herkunft seine Familie noch enger an das Kaiserhaus
binden wollte. Der daher nicht gänzlich von der Hand zu
weisende Verdacht, Stilichos Sohn solle auf diese Weise der
Weg zur Kaiserkrone geebnet werden, spielte bei dem Sturz
des Heermeisters keine unwesentliche Rolle. Wegen angeblichen Paktierens mit den vordringenden Westgoten wurde
er im August 408 von einer germanenfeindlichen Partei ermordet, der Eucherius ebenfalls zum Opfer fiel. Da Stilichos

Gemahlin Serena verdächtigt wurde, aus Rachsucht mit den Goten gemeinsame Sache zu machen, wurde sie Ende 408 während der ersten Belagerung Roms durch die Westgoten auf Weisung des Senats erdrosselt, was Galla Placidias Zustimmung fand. Über ihre Beweggründe hierfür kann nur spekuliert werden.

Galla Placidia hielt sich immer noch in Rom auf, als 410 die Westgoten unter der Führung ihres Königs Alarich I. erneut die Stadt bedrohten. Bei der Eroberung und Plünderung Roms geriet sie in Gefangenschaft. Die Schwester des Kaisers Honorius stellte für die Westgoten eine äußerst wertvolle Geißel dar, die als Faustpfand eingesetzt werden konnte, weshalb sie sie auf ihrem weiteren Zug durch Italien und dann nach Gallien mitnahmen. Nach Alarichs Tod trat sein Schwager Athaulf die Nachfolge an. In Verhandlungen mit Kaiser Honorius einigte er sich darauf, dass sich die Goten in Gallien ansiedeln durften. Als Gegenleistung versprach der Westgotenkönig dem Kaiser sowohl militärische Unterstützung gegen den einstigen gallo-römischen Senator Jovinus, der seit 411 den Titel des weströmischen Kaisers beanspruchte, als auch die Aushändigung von Galla Placidia. Während Athaulf die zugesagte Militärhilfe leistete, gab er Galla Placidia nicht heraus, sondern heiratete sie im Januar 414 in Narbonne nach römischer Sitte. Diese ungewöhnliche Ehe einer Kaisertochter mit einem Fürsten, der dem arianischen Christentum anhing, erregte Aufsehen, da bis ins 6. Jahrhundert hinein ein Eheverbot zwischen Goten und Römern bestand. Aus der Ehe stammte ein in Barcelona geborener Sohn mit dem bedeutungsvollen Namen Theodosius, der jedoch bereits als Säugling verstarb. Wenig später wurde Athaulf ermordet. Sein Nachfolger, der romfeindliche Sigerich, demütigte Galla Placidia öffentlich, bevor er nach einer nur sieben Tage dauernden Herrschaft gestürzt wurde. Unter dem neuen König der Westgoten, Wallia, kam es 416 zu einem Friedensvertrag mit Kaiser Honorius. Im Austausch gegen 600 000 Scheffel Getreide konnte Galla Placidia an den Hof ihres Halbbruders in Ravenna zurückkehren.

Auf Wunsch von Honorius heiratete Galla Placidia am 1. Januar 417 den höchst einflussreichen Heermeister und Patricius Flavius Constantius, dem es dank seiner militärischen Erfolge gelungen war, das weströmische Reich wieder zu stabilisieren. Durch die Ehe mit der Schwester des Kaisers konnte Constantius seine Machtstellung weiter festigen. Angeblich hatte sich Galla Placidia zunächst gegen diese Ehe gesträubt, aus der insgesamt zwei Kinder, Honoria und Valentinian, hervorgehen sollten.

Im Februar 421 erhob Honorius seinen Schwager auf Drängen der machtbewussten Galla Placidia zum Augustus und Mitkaiser. Für ihren Sohn Valentinian zeichnete sich dadurch die Möglichkeit ab, Thronfolger zu werden. Am 2. September 421 starb Constantius III., der von dem oströmischen Kaiser Theodosius II. nicht anerkannt worden war. Als die nach dem Tod von Constantius ausgebrochenen Machtkämpfe zwischen den Anhängern von Galla Placidia und den Parteigängern des amtierenden Kaisers Honorius eskalierten, flüchtete sie 423 zusammen mit ihren beiden Kindern zu ihrem Neffen Theodosius II. nach Konstantinopel.

Der kinderlose Tod von Kaiser Honorius am 27. August 423 mündete einstweilen in die usurpierte Herrschaft des Johannes Primicerius, bevor Theodosius II. seinen Vetter Valentinian auf Galla Placidias Insistieren hin zum Caesar ernannte und ihn mit seiner erst zwei Jahre alten Tochter Eudoxia verlobte. Zur Wahrung des legitimen Kaisertums beorderte Theodosius II. ein Heer in das weströmische Reich, wo Valentinian III. im Alter von sechs Jahren am 23. Oktober 425 in Rom zum Augustus proklamiert wurde. Da Valentinian noch nicht regierungsfähig war, übernahm nun Galla Placidia die Leitung der Regierung. Die wirkliche Macht lag jedoch bei den Heermeistern, weil diese für die Grenzsicherung und die Rückeroberung verlorener

Provinzen zuständig waren. Zunächst übten die Heermeister Felix und Bonifatius Einfluss auf die Reichsgeschäfte aus, ehe es ihrem Konkurrenten Aëtius gelang, sich 433 trotz Gegenmaßnahmen von Galla Placidia, die seiner wachsenden Übermacht misstraute, endgültig durchzusetzen. Im September 435 wurde er zum Patricius ernannt, wodurch er zum eigentlichen Regenten des Westreichs wurde. Dies begrenzte Galla Placidias Autorität bereits vor dem offiziellen Ende ihrer Regentschaft.

Seit der faktischen Machtübernahme durch Aëtius widmete sich Galla Placidia vor allem dem Bereich der Religion, dem auch schon vorher ihr Interesse gegolten hatte. Sie veranlasste den Bau von Kirchen in Rom und Ravenna und bemühte sich um die Vernichtung heidnischer Kultbilder. Der Bischof von Ravenna bezeichnete sie daher als *„Mutter des ewigen, glaubenstreuen und christlichen Reiches"*. In einem Brief nach Konstantinopel schrieb sie voll Sendungsbewusstsein, dass Gott die Welt dem Römischen Reich anvertraut habe, damit sie wohlgeleitet und gerettet werde. Auf dem Gebiet der Rechtspflege war sie ebenfalls aktiv und erließ im November 426 mit dem sogenannten Zitiergesetz eine wichtige Neuerung zur Schaffung von Rechtssicherheit. Es wurde damit verbindlich festgelegt, welche Schriften bedeutender römischer Juristen vor Gericht maßgebend sein sollten. Drei Jahre später wurde auf ihre Weisung hin schriftlich fixiert, dass auch der Kaiser an die Gesetze gebunden sei.

Als ihr Sohn Valentinian III. die Regierungsgeschäfte 437 selbst übernahm, zog sich Galla Placidia von der politischen Bühne zurück. Am 27. November 450 starb sie in Rom. Ob sie tatsächlich in ihrem mit prachtvollen Wandmosaiken verzierten Mausoleum in Ravenna beigesetzt worden ist, wie es ab dem 13. Jahrhundert überliefert wird, ist fraglich.

Amalaswintha (Amalasuntha)

* um 495/496
† 535 auf Martana im Bolsenasee
Regentin des ostgotischen
Königreichs 526–534, Königin
der Ostgoten 534–535

Die Regentin und kurzzeitige Königin des ostgotischen Reichs, Amalaswintha, war, soweit man dies anhand der Quellenlage beurteilen kann, eine eindrucksvolle Herrscherpersönlichkeit. Inmitten einer männlich bestimmten Welt verstand sie es, sich immerhin neun Jahre lang an der Macht zu halten und eines der bedeutendsten germanischen Königreiche auf weströmischem Boden zu regieren.

Amalaswintha entstammte der zweiten Ehe des ostgotischen Königs Theoderich des Großen, einer der berühmtesten Germanenkönige der Völkerwanderungszeit. Ihre Mutter Audofleda war eine Schwester des mächtigen fränkischen Königs Chlodwig I., die Theoderich 493 geheiratet hatte. Um sein noch junges Reich in Italien zu stabilisieren, betrieb der Gotenkönig zum Ausbau seines Bündnissystems eine intensive Heiratspolitik mit den anderen Germanenreichen. Die Verheiratung seiner Erbtochter Amalaswintha mit Eutharich, einem Westgoten aus dem Königsgeschlecht der Balthen und Amaler, passt ebenfalls in den Rahmen dieser politischen Eheverbindungen. Da Theoderich keinen Sohn als Thronerben hatte, sah er Eutharich als seinen Nachfolger vor. Aus der Ehe Amalaswinthas mit Eutharich gingen zwei Kinder hervor, der 516 geborene Athalarich und die zwischen 518 und 520 zur Welt gekommene Mataswintha. Mit Eutharichs Tod um 523 verlor Theoderich seinen designierten Nachfolger, der auch von Ostrom anerkannt gewesen war. Erneut wurde die Frage der Nachfolge zum Problem.

Theoderich bestimmte erst kurz vor seinem Ableben seinen noch minderjährigen Enkel Athalarich zu seinem Thronerben. Nach dem Vorbild der weströmischen Kaiserin Galla Placidia, die vor hundert Jahren die Regentschaft für ihren Sohn Valentinian III. geführt hatte, übernahm Amalaswintha auf ausdrücklichen Wunsch ihres Vaters nach dessen Tod am 30. August 526 die Leitung der Regierung für ihren zehn Jahre alten Sohn. Die hochgebildete Regentin, die nach einem Ausgleich zwischen den arianischen Ostgoten und den katholischen Römern strebte, konnte in den ersten Jahren die Leitlinien der Politik ziemlich frei festlegen. Die seit 511 bestehende Personalunion mit dem westgotischen Reich löste sie auf. Außerdem suchte sie ein besseres Verhältnis zum Burgunderreich zu erreichen. Zu dem neuen byzantinischen Kaiser Justinian I. war sie bestrebt, in eine freundliche Beziehung zu treten. Der oströmische Historiograph Prokop von Caesarea, der sonst Frauen in Machtpositionen nicht schätzte, bezeichnete sie als kluge und gerechte Regentin und bescheinigte ihr voll Bewunderung, dass sie *„von gänzlich männlicher Wesensart"* war.

Nachdem es zu Beginn ihrer Regentschaft offensichtlich keine nennenswerte Opposition gegen Amalaswintha gegeben hatte, trotz der Tatsache, dass auch das ostgotische Königtum, wie bei den Germanen üblich, ein Heerkönigtum war, dem weder sie noch ihr minderjähriger Sohn genügen konnten, kam es 532/533 zur Krise. Der „nationalistisch" eingestellten Hofpartei, die um die Vormachtstellung der Goten in Italien fürchtete, missfiel es, dass der junge König Athalarich gemäß dem Willen seiner Mutter nach dem Vorbild eines römischen Oberschichtangehörigen ausgebildet wurde. Die gotischen Großen warfen ihr vor, dass er zu unkriegerisch erzogen würde. Amalaswintha sah sich genötigt, dieser Rebellion nachzugeben. Athalarich bekam die raue Welt der gotischen Krieger jedoch schlecht. Der dort übliche Lebenswandel soll seine Gesundheit ruiniert haben, da er rasch zum Alkoholiker wurde und sich ein ausschweifendes Leben angewöhnte.

Auf die Rücktrittsforderungen der adeligen Opposition ging Amalaswintha dagegen nicht ein. Die drei hochadeligen Rädelsführer verbannte sie zunächst in entlegene Grenzgebiete. Als diese Maßnahme nicht den gewünschten Erfolg brachte, nahm sie erst Verhandlungen mit Kaiser Justinian auf, um sich eine Zufluchtmöglichkeit nach Konstantinopel zusichern zu lassen, bevor sie die gezielte Tötung der drei Verschwörer in Auftrag gab. Es gelang ihr dadurch, ihre Herrschaft in Ravenna vorübergehend wieder zu festigen. In dem 533 begonnenen Vandalenkrieg Justinians unterstützte sie, klug taktierend, die Byzantiner, indem sie Sizilien als Operationsbasis zur Verfügung stellte.

Nach Athalarichs frühem Tod am 2. Oktober 534 war sie zu schnellem Handeln gezwungen. Um als Königin die politischen Geschicke des ostgotischen Reichs weiter bestimmen zu können, entschied sich Amalaswintha notgedrungen dafür, ihren Cousin Theodahad zum Mitregenten zu machen. Mit dieser Maßnahme sollte ihre innenpolitische Position gestärkt werden, da die Goten just schon wegen der Tatsache, dass eine Frau nicht das Heer anführen konnte, niemals die Alleinherrschaft einer Frau toleriert hätten. Obwohl Amalaswintha der schlechte Charakter von Theodahad eigentlich nicht unbekannt gewesen sein muss, glaubte sie wohl, dass sie ihn durch die Beteiligung an der Regierung für sich gewinnen könnte. Sie ließ sich von ihm vorsichtshalber eigens versprechen, dass er nach seiner Thronbesteigung ihr die tatsächliche Macht überlassen würde. Ihre Annahme, dass sich ihr Cousin mit der Rolle eines Mitkönigs bescheiden und sich von ihr mehr oder weniger lenken lassen würde, erwies sich jedoch als katastrophale Fehleinschätzung für sie. Der skrupellose Theodahad, der widerwillig akzeptiert hatte, dass er seine Erhebung einzig und allein seiner Cousine verdankte, dachte nämlich nicht daran, die heiligen Eide, die er ihr hatte schwören müssen, in Wirklichkeit einzuhalten.

Bereits Ende 534 oder Anfang 535 ließ Theodahad die Königin gefangen nehmen und auf der Insel Martana im Bolsenasee festsetzen. Wohl am 30. April 535 wurde Amalaswintha entweder durch Gefolgsleute von Theodahad oder von rachsüchtigen Angehörigen der gegnerischen Hofpartei ermordet. Sie wurde im Bad erwürgt. Mit ihr endete die konziliante Politik gegenüber Byzanz, die sich durch Toleranz gegenüber dem römischen Senat, der römischen Bevölkerung und dem katholischen Klerus auszeichnete. Der dadurch vollzogene Politikwechsel trug zum Untergang des Ostgotenreichs bei. Amalaswinthas Ermordung lieferte dem byzantinischen Kaiser Justinian den offiziellen Kriegsgrund zum Eingreifen in Italien, der in einer Vernichtung des Ostgotenreichs 553 endete. Theodahad fiel bereits im Dezember 536 einem Mordanschlag zum Opfer, nachdem er als Feldherr gegen die byzantinischen Truppen versagt hatte.

Brunhild (Brunichild)

* um 545/550
† 613
Regentin des Königreichs
Austrien 577–581, 583–585,
596–598, 613, Regentin des
Königreichs Burgund 596–600,
613

Über die merowingische Königin Brunhild ist trotz ihres bewegten Lebens, das mit einer brutalen Hinrichtung endete, wenig bekannt. Es ist eingebettet in ein schier unendliches Familiendrama, das sich vor dem Hintergrund des dreigeteilten Frankenreichs im 6. Jahrhundert abspielte. Wegen ihres späteren konfliktbereiten Auftretens wird ihr Bild in vielen zeitgenössischen Quellen in einseitig negativer Form bis hin zur Entstellung gezeichnet.

Brunhild war die Tochter des westgotischen Königspaars Athanagild und Goiswinth. Im Frühjahr 566 ehelichte sie in Reims den Merowingerkönig Sigibert I., der über Austrien herrschte, den östlichen Teil des Frankenreichs. Noch vor der Hochzeit konvertierte die im arianischen Glauben erzogene Prinzessin zum katholischen Glauben der Franken. Laut Gregor von Tours versuchte sich Sigibert durch die Wahl einer standesgemäßen Gemahlin bewusst von seinen Brüdern zu unterscheiden: *„Als nun König Sigibert sah, dass seine Brüder Frauen wählten, die ihrer nicht würdig waren, und sich so weit erniedrigten, selbst Dienerinnen zur Ehe zu nehmen, da schickte er eine Gesandtschaft nach Spanien und warb mit reichen Geschenken um Brunichilde, die Tochter König Athanagilds. Denn diese war eine Jungfrau von feiner Bildung, schön von Angesicht, züchtig und wohlgefällig in ihrem Benehmen, klugen Geistes und anmutig im Gespräch.“*

Sigiberts älterer Halbbruder im Westreich, König Chilperich I. von Neustrien, der offensichtlich nicht zurückstehen wollte, vermählte sich daraufhin 567 mit Brunhilds älterer Schwester Galswinth, ohne sich jedoch wirklich von seiner Geliebten Fredegund, einer Magd aus dem Gesinde seiner ersten Gemahlin Audovera, zu trennen, wie er dies im Vorfeld der Heirat versprochen hatte. Nachdem Galswinth bald danach einem Mordanschlag zum Opfer gefallen war, heiratete Chilperich seine Konkubine, die die treibende Kraft hinter der Tat war. Dies löste eine lebenslange Feindschaft zwischen Brunhild und Fredegund aus, die das bereits reichlich vorhandene Konfliktpotenzial wegen territorialer Streitigkeiten zwischen Sigibert und Chilperich weiter zuspitzte. Das Ganze eskalierte schließlich in einem Bruderkrieg.

In dem Krieg zwischen den beiden Teilreichen schien zunächst Sigibert die Oberhand zu gewinnen, doch 575 wurde er in Vitry durch Handlanger Fredegunds ermordet. Die austrische Offensive brach aus diesem Grund zusammen. Chilperich gelang es, Brunhild mit ihren Töchtern gefangen zu nehmen und nach Rouen zu verbannen. Brunhilds fünf Jahre alter Sohn Childebert konnte dagegen noch rechtzeitig dem Zugriff des neustrischen Königs entzogen und in Sicherheit gebracht werden.

Die Fortsetzung des blutig geführten Familienzwistes war vorprogrammiert, als Brunhild 576 in Rouen eine zweite Ehe mit Merowech einging, einem Sohn von König Chilperich und dessen erster Gemahlin Audovera. Offenbar wollte sie in ihm einen Verbündeten in ihrem Kampf gegen Fredegund gewinnen. Chilperich duldete dieses eigenmächtige Handeln Merowechs nicht, bemächtigte sich seiner Person und ließ ihn gewaltsam zum Priester weihen. Merowech entkam zwar aus dem Kloster, doch ließ er sich 577, als seine Gefangennahme drohte, von einem Vertrauten töten.

Brunhild, der es gelungen war, nach Austrien zu entfliehen, übernahm 577 die Regentschaft für ihren minderjährigen Sohn Childebert II., wobei sie mit der von ihr vertretenen Idee einer starken königlichen Zentralgewalt auf den heftigen Widerstand des austrischen Adels stieß. Zeitweise von der Adelsopposition entmachtet, konnte sie auch nach der Mündigkeit Childeberts im Januar 585 als dessen wichtigste Ratgeberin Einfluss ausüben. Zusammen mit ihrem Sohn schloss Brunhild am 28. November 587 den Vertrag von Andelot mit Guntram I., dem Herrscher des burgundischen Reichsteils. Mit diesem Vertrag wurde nicht nur die Aufteilung strittiger Gebiete zwischen den beiden fränkischen Teilreichen geregelt, sondern auch die gegenseitige Erbfolge. Ein Erbanspruch Chlothars II. von Neustrien, des einzigen überlebenden Sohnes von dem 584 ermordeten König Chilperich und dessen Gemahlin Fredegund, wurde ausgeschlossen. Nach dem erbenlosen Tod von König Guntram im Jahr 592 konnte Childebert II. Austrien und Burgund in seiner Hand vereinigen.

Als Childebert, dessen Herrschaft immer wieder von Adelsverschwörungen bedroht wurde, im März 596 unvermutet starb, übte Brunhild die Regentschaft für ihre beiden unmündigen Enkel Theudebert II. in Austrien und Theuderich II. in Burgund aus. Diese Aufteilung des Reichs war auf Druck des Adels zustande gekommen. 599 gelang es einer austrischen Adelsgruppe Brunhild zu vertreiben. Gestützt auf den in Burgund vorhandenen romanischen Senatorenadel, den sie auf Kosten der Franken und Burgunder förderte, erlangte sie erneut eine bemerkenswerte Machtstellung in Burgund.

Nachdem das einigende Band der gemeinsamen Feindschaft zu Neustrien zwischen den Brüdern Theudebert und Theuderich weggefallen war, brach zwischen ihnen 604 offen die Rivalität wegen Streitigkeiten um die territoriale Aufteilung des väterlichen Besitzes aus. Zwar konnte zunächst noch ein Bruderkrieg vermieden werden, doch Theudebert suchte nun sogar in Chlothar II. einen Bundesgenossen zu finden. In dem 612 ausgebrochenen Krieg zwischen den Brüdern unterlag Theudebert II., über dessen

Tod sowie über das grausame Ende seiner Söhne es unterschiedliche Quellenaussagen gibt. Kurzzeitig waren beide Reichsteile wieder vereinigt. König Theuderich II. plante jetzt einen Feldzug gegen Chlothar II., allerdings starb er unerwartet im März 613.

Brunhild, der einige Chronisten unterstellten, für Mord und Unzucht bei den Enkeln gesorgt zu haben, ließ daraufhin ihren unmündigen Urenkel Sigibert II., den ältesten Sohn von Theuderich, unter Ausschluss seiner Brüder zum König erheben, um die Einheit des Reichs zu bewahren. Ihr Versuch, in seinem Namen zu regieren, endete in der Rebellion der burgundischen Adeligen, die sich mit Chlothar II. und den austrischen Gegnern der alten Königin verbündeten. Das Heer Sigiberts II. verlief sich kampflos. Sigibert und seinen jüngeren Bruder Corbus ließ der neustrische König töten, von den zwei anderen Urenkeln Brunhilds verliert sich später jede Spur. Chlothar II. konnte jetzt das gesamte Frankenreich unter seiner Herrschaft vereinigen.

Brunhild kam in Gefangenschaft und wurde an Chlothar II., den Sohn ihrer 597 verstorbenen Todfeindin Fredegund, ausgeliefert. Der König ließ Brunhild foltern und dann erbarmungslos von einem Pferd zu Tode schleifen. Laut dem Chronisten Fredegar machte er sie dafür verantwortlich, *„dass zehn Könige der Franken durch ihre Schuld umgebracht worden seien"*. Die Unterlegene im gnadenlos geführten Macht- und Familienkampf wurde dabei auch der Morde beschuldigt, die auf Chlothars Konto gingen. Der Untergang Brunhilds und die Vernichtung der austrischen Merowinger im Jahr 613 bedeutete einen Sieg des Adels über die Idee eines mächtigen Königtums. Angesichts der Brunhild gerne vorgeworfenen Herrschsucht und der ihr zur Last gelegten Härte, die aber letztlich zeitüblich war, geriet vielfach in Vergessenheit, dass die energische Königin gleichzeitig als fromme Kirchen- und Klostergründerin auftrat, an die Papst Gregor der Große mehrere Briefe richtete, da er sie als wichtige Förderin der Kirche in Gallien betrachtete.

Theodelinde (Theudelinde), die Selige

* um 570/575
† 627/628 bei Varenna
Regentin des Königreichs der
Langobarden 616–626

Theodelinde ist sicherlich die berühmteste Königin der Langobarden. Dank ihrer vorausschauenden, auf Ausgleich bedachten Politik ist ihr Name untrennbar mit der Konsolidierung des Langobardenreichs und mit dem Beginn der konfessionellen Einigung dieses frühmittelalterlichen germanischen Reichs in Italien verbunden. Von der katholischen Kirche wird sie als Selige verehrt.

Theodelinde war eine Tochter des agilolfingischen Herzogs Garibald I., des ersten namentlich bekannten Herzogs der Bajuwaren, und dessen Gemahlin Walderada, einer Tochter des Langobardenkönigs Wacho. Ursprünglich hatte ihr Vater sie als Gemahlin des Frankenkönigs Childebert II. vorgesehen. Nachdem dieses Heiratsprojekt fehlgeschlagen war, wurde sie aus politischen Gründen mit dem langobardischen König Authari verlobt. Authari hatte sich nach dem Scheitern einer von ihm anvisierten längerfristigen Verständigung mit den Franken umorientiert und ein Bündnis mit den benachbarten Bajuwaren geschlossen. Seine Heirat mit Theodelinde sollte dies besiegeln. Die politische Annäherung zwischen den Bajuwaren und Langobarden beantworteten die Franken mit einem militärischen Vorstoß, der einen Herrschaftswechsel in Bayern herbeiführte. Die Herzogstochter Theodelinde musste mit ihrem Bruder Gundoald zu den Langobarden fliehen. Am 15. Mai 589 heiratete sie König Authari auf dem Campo Sardi vor den

Toren von Verona. Authari, dem es gelungen war, das Lan-
gobardenreich in seinem Bestand gegenüber Ostrom und
den Franken zu sichern, ernannte seinen Schwager zum
Herzog von Asti. Die im darauffolgenden Jahr von den
Franken gemeinsam mit den Byzantinern unternommene
Offensive gegen die Langobarden blieb erfolglos. Noch
vor dem Abschluss der Friedensverhandlungen mit den
Franken starb Authari plötzlich am 5. September 590. Die
Quellen sprechen von einem Giftanschlag.

In dieser prekären Lage wurde es der jungen Königinwitwe anheimgestellt, einen Gemahl zu wählen, der dann
der neue König werden sollte. Theodelinde entschied sich
für Herzog Agiluf von Turin, der ihr von den Großen des
Reichs empfohlen worden war. Im November 590 fand die
Vermählung statt. Im Mai 591 wurde Agiluf in Mailand zum
neuen Langobardenkönig erhoben.

Unter dem neuen König Agiluf fanden die langobardischen Eroberungen, die sich vor allem gegen Byzanz rich-
teten, ihren Abschluss. Er konsolidierte die Herrschaft der
Langobarden und stärkte die königliche Macht, wie dies
schon sein Vorgänger Authari begonnen hatte. Theodelinde konnte an Agilufs Seite beträchtlichen Einfluss auf die
Regierung ausüben. Ihre Einwirkung ist hauptsächlich im
religiösen und kulturellen Bereich spürbar.

Auf Theodelinde geht in Monza die Errichtung der königlichen Sommerresidenz und der Bau der Johannesba-
silika, des Vorläuferbaus des heutigen Doms, zurück. Die
katholische Königin bewirkte bei ihrem arianischen Ehemann Agiluf eine Annäherung an die katholische Kirche,
ohne dass dieser allerdings selbst konvertierte. Er erlaubte
immerhin einigen vor den Langobarden geflüchteten Bischöfen die Rückkehr in ihre Diözesen. Auf Theodelindes
Betreiben hin setzte eine Missionierung der arianischen
Langobarden ein. Gemeinsam mit ihrem Gemahl unterstützte die Königin die Mission des irischen Missionars
Columban bei der um 613 erfolgten Gründung der Abtei

Bobbio mit Landschenkungen. Bobbio entwickelte sich zum Zentrum für die Bekehrung der Langobarden und den Kampf gegen den Arianismus. Auf Theodelindes Einfluss setzte auch Papst Gregor I. der Große, der in einem persönlichen Briefwechsel mit ihr stand und ihr vier seiner Bücher widmete. Als die Langobarden 593 Rom belagerten, war es vermutlich Theodelinde zu verdanken, dass ihr Gemahl zum Abzug gegen Tributzahlungen bereit war. Dankbar schrieb ihr deshalb der Papst: *„Wir wußten, daß wir von Eurem christlichen Sinn erwarten durften, daß Ihr Euer Bemühen und Eure Güte der Sache des Friedens mit allen Mitteln widmen würdet (...) Denke nicht, erlauchte Tochter, daß es ein geringer Lohn ist, den du erhalten wirst, weil du das Blutvergießen auf beiden Seiten zu Stillstand gebracht hast."*

Ein wichtiger Schritt hin zur Romanisierung der Langobarden stellte die katholische Taufe des 602 geborenen Sohnes des langobardischen Königspaars, Adaloald, am 7. April 603 in Monza dar. Die Taufgeschenke Papst Gregors waren das sogenannte Gregoriuskreuz, ein goldenes Brustkreuz mit einem Reliquienbehälter für einen Holzsplitter des Kreuzes Christi, und ein Evangelienbuch mit edelsteingeschmücktem Einband. Diese kostbaren Geschenke befinden sich heute im Domschatz von Monza. Bereits ein Jahr nach der Taufe wurde der kleine Königssohn nach byzantinischem Vorbild zum Mitkönig erhoben, um auf diese Weise die Thronfolge zu sichern und die Weiterentwicklung des Staatswesens zu gewährleisten.

Als 616 Agiluf als erster Langobardenkönig eines natürlichen Todes starb, übernahm Theodelinde als Regentin die Leitung der Regierung für ihren noch minderjährigen Sohn Adaloald. Trotz der vermutlich spätestens 620 erfolgten Volljährigkeit ihres Sohnes fungierte sie weiterhin als die eigentliche Herrscherin in der nach außen hin gemeinsamen Regierung.

Zu Theodelindes Erfolgsbilanz als Regentin gehörten der 616/617 erreichte Friedensschluss mit dem fränkischen

König Chlothar II. sowie vorteilhafte Verhandlungen mit den Römern und Byzantinern. Die prokatholisch ausgerichtete Politik von Theodelinde und Adaloald, die sich immer mehr von der von Agiluf mit Geschick vertretenen Linie des konfessionellen Gleichgewichts wegentwickelte, erregte allem Anschein nach ebenso die Kritik wie die dem byzantinischen Kaiser gegenüber als zu freundlich eingestufte Haltung des Königs und seiner Mutter. Hinzu kam, dass sich bei Adaloald Anzeichen einer Geisteskrankheit bemerkbar machten. 626 führten opponierende langobardische Fürsten einen Umsturz herbei. Der gestürzte König Adaloald wurde wohl durch Gift beseitigt. Zum neuen König wurde Herzog Arioald von Turin bestimmt. Nicht ganz klar ist nach der Quellenlage, ob Arioald schon vor seiner Erhebung zum König mit Theodelindes Tochter Gundeperga verheiratet war oder dies erst später zur Stärkung seines Königtums geschah.

Die entmachtete Königin Theodelinde starb entweder 627 oder 628 in einem Kastell oberhalb von Varenna am Comer See. Sie wurde im Dom von Monza bestattet, in dem noch heute der sogenannte Theodelindenschatz mit seinen wertvollen Preziosen aufbewahrt wird.

Irene (Eirene)

* um 752 in Athen
† 803 auf Lesbos
Regentin 780–790, Mitregentin
792–797, Kaiserin des
Byzantinischen Reichs 797–802

Wie kompliziert es für eine Frau war, sich in einer männlich dominierten Welt als Alleinherrscherin behaupten zu wollen, beweist die Lebensgeschichte der byzantinischen Kaiserin Irene. Da ihr Geschlecht sie bei der Wahrnehmung bestimmter Herrscheraufgaben hinderte, war ihre Position von Anfang an von Instabilität gekennzeichnet. Dank der schwierigen Quellenlage ist es kaum möglich, ihre tatsächliche Rolle wirklich befriedigend zu bestimmen.

Über Irenes Herkunft ist nichts Näheres bekannt. Die Griechin war vermutlich mit dem Kaiserhaus in Byzanz verwandt. 769 heiratete sie den späteren Kaiser Leon IV. aus der seit 711 herrschenden syrischen Dynastie. Bereits ein Jahr nach der Hochzeit brachte sie den Thronfolger, den späteren Kaiser Konstantin VI., zur Welt. Leon IV., der 775 Kaiser wurde, erhob im April 776 gegen den Widerstand seiner jüngeren Halbbrüder seinen knapp sechs Jahre alten Sohn Konstantin zum Mitkaiser. Als Leon im September 780 unerwartet verstarb, wurde der noch nicht volljährige Konstantin zwar Kaiser, doch seine Mutter Irene übte für ihn die Regentschaft aus. Sehr wahrscheinlich hatten die Gefolgsleute ihres verstorbenen Gemahls dafür gesorgt, dass sich Irene so rasch gegenüber den Halbbrüdern Leons durchsetzen konnte. Zur Festigung ihrer unsicheren Position zwang die ehrgeizige Regentin ihre Schwäger zur Annahme der Priesterweihe, um sie auf diese Weise regierungsunfähig zu machen. In den kommenden Jahren bemühte sie sich, die von ihrem Mann verfolgte Politik weitgehend fortzusetzen.

Ihre Regentschaft fiel in die Zeit der Auseinandersetzung um die Berechtigung der Bilderverehrung im Christentum, des sogenannten byzantinischen Bilderstreits. Seit etwa 730 hatten die byzantinischen Kaiser eine ablehnende Haltung gegenüber der Verehrung von Ikonen eingenommen. 754 brandmarkte eine Synode die Verehrer der Bilder als Häretiker. Ob Irene tatsächlich die uneingeschränkte Ikonenverehrerin war, zu der sie später stilisiert worden ist, ist nicht sicher. Wahrscheinlich zeigte sie sich vor allem aus Gründen der Staatsräson daran interessiert, dass der kirchliche und damit auch der innere Frieden wiederhergestellt wurde. Um politischen Schaden von der Krone abzuhalten, verfuhr sie diplomatisch geschickt, indem sie 784 bei der Neuwahl des Patriarchen von Konstantinopel ihren Sekretär Tarasios bestimmen ließ. Tarasios befürwortete eine bilderfreundliche Religionspolitik. Auf dem von Irene 787 einberufenen allgemeinen Konzil von Nicäa, das vom 24. September bis 23. Oktober dauerte, wurde die Bilderverehrung gerechtfertigt. Ikonen durften demnach geehrt, aber nicht angebetet werden.

Mit dem Erreichen der Volljährigkeit von Konstantin VI. um 786/787 hätte Irene an und für sich die Regentschaft und ihre damit verknüpfte Vorrangstellung abgeben müssen. Seit 788 nahmen die Spannungen zwischen Mutter und Sohn zu, da Konstantin offenbar ihre Bevormundung abschütteln wollte, wozu Irene nicht bereit war. Ihr zunächst erfolgreich verlaufender Versuch im Frühjahr 790, ihre Alleinherrschaft zu sichern und Konstantin in die Rolle eines Mitkaisers zu drängen, scheiterte wenige Monate später am Widerstand der Armee, die im Oktober Konstantin VI. zum Alleinherrscher ausrief. Irene wurde zum Rückzug gezwungen. Ab 792 wurde sie zwar wieder als Mitregentin anerkannt, doch wurde ihr keine tatsächliche Macht eingeräumt.

Im Sommer 797 wurde Kaiser Konstantin VI. bei einer Palastrevolution gestürzt und geblendet, wodurch er politisch endgültig ausgeschaltet war. Seine näheren Todesumstände und der Zeitpunkt seines Ablebens sind nicht bekannt. Ob Kaiserin Irene aktiv als Strippenzieherin an dieser Verschwörung gegen ihren Sohn beteiligt war, ist nicht eindeutig zu klären. Auf jeden Fall wurden ihr die schrecklichen Vorkommnisse von den Zeitgenossen zur Last gelegt. Dies unterminierte ihre Position als nunmehrige Alleinherrscherin von vornherein, da ihre Regierung ganz vom Kampf um ihre ungeklärte Nachfolge beherrscht wurde.

Kaiserin Irene war die erste allein herrschende Frau auf dem byzantinischen Thron. Angesichts der damaligen Rechtsauffassung, die eine weibliche Alleinherrschaft als höchst fragwürdig empfand, trat sie als „Basileus" (Kaiser) auf. Weil sie von Armee und Beamtenschaft nur halbherzig unterstützt wurde, blieb ihre Stellung schwierig. Um an Popularität zu gewinnen, senkte Irene die Steuern und bewilligte Zollerleichterungen, obwohl Byzanz wegen seiner militärischen Rückschläge gegenüber den Arabern und den Bulgaren zu hohen Tributzahlungen verpflichtet war. Für den Staatshaushalt hatte diese Entwicklung ungute Folgen. Gegenüber den Franken im Westen, die ihren Einfluss in Italien immer weiter vorschoben, musste sie ebenfalls auf einen Ausgleich bedacht sein. Ihre innenpolitische Schwäche beeinflusste somit auch die Gestaltung der Außenpolitik.

Noch nachteiliger für das oströmische Kaisertum wirkten sich die ideellen Verluste durch Irenes problematische Position als Kaiserin aus. Nach römischem Recht konnte nämlich keine Frau legal als Kaiser agieren, da sie nicht das Oberkommando über das Heer innehaben konnte, was der Kaiser kraft seines Amtes besaß. Papst Leo III. in Rom betrachtete deshalb den römischen Kaiserthron als vakant und krönte den fränkischen Herrscher Karl den Großen im Dezember 800 zum römischen Kaiser. Mit dieser Krönung wurde das weströmische Kaisertum erneuert, das

476 untergegangen war. Der universale Anspruch des byzantinischen Kaisertums, wonach es nur einen Kaiser geben durfte, erlitt dadurch einen schweren Schaden. Byzanz wurde von dem Ereignis überrascht. Kaiserin Irene schickte nach diesem Affront daher im Herbst 801 eine gesandtschaftliche Delegation nach Aachen, um die Lage zu sondieren. Sie wollte sich Gewissheit über die weiteren Absichten Karls verschaffen, vor allem auch im Hinblick auf Unteritalien, und eventuelle Kompromisslösungen ausloten. Karl reagierte darauf seinerseits 802 mit einer Gesandtschaft nach Konstantinopel. Ob zur Beseitigung des fatalen Doppelkaisertums tatsächlich eine Ehe zwischen Karl und Irene, die beide verwitwet waren, Gegenstand der Verhandlungen war, wie dies der byzantinische Chronist Theophanes behauptet, erscheint eher fraglich. Die Lösung des Zweikaiserproblems wurde durch den politischen Umschwung in Konstantinopel, der sich kurz nach der Ankunft der westlichen Gesandten ereignete, vertagt.

Kaiserin Irene wurde nämlich mittels eines Putsches in der Nacht des 31. Oktober 802 abgesetzt. Die Palastrevolution wurde von führenden Beamten und Offizieren getragen. Irene wurde durch den Leiter der Finanzbehörde Nikephoros auf dem Thron ersetzt. Sie akzeptierte dies: *„Die Ursache meiner gewaltsamen Absetzung schreibe ich mir selbst und meinem Sohn zu."* Irene starb am 9. August 803 im Exil auf Lesbos.

Olga, die Heilige

* um 900 in Pskow (?)
† 969 in Kiew
Regentin der Kiewer Rus
945 – 962

Großfürstin Olga, eine bemerkenswerte Herrscherinnenge-
stalt aus dem Frühmittelalter, nimmt als erste „christliche"
Herrscherin der Kiewer Rus einen besonderen Platz in der
Geschichte ein. Seit dem 12. Jahrhundert als Heilige verehrt,
wurde sie 1547 von der russisch-orthodoxen Kirche als apo-
stelgleich heiliggesprochen.

Die wichtigste Quelle zu ihrem Leben ist die altrussische
Nestorchronik, die zu Beginn des 12. Jahrhunderts aus mehreren Vorlagen und Materialien zusammengestellt wurde.
Da die Chronik Olga bis zu ihrem Regierungsantritt 945
praktisch nicht erwähnt, sind kaum Aussagen über ihr Leben vor dieser Zeit zu treffen. Ihr Geburtsjahr ist unbekannt.
Laut der Nestorchronik stammte sie aus Pskow. Gesicherte
Nachweise über ihre Abkunft liegen nicht vor. Olga war
mit dem Großfürsten Igor von Kiew verheiratet, der seit 912
die Rus regierte. Macht und Reichtum der Kiewer Fürsten
gründeten in erster Linie auf der Kontrolle des Handels-
wegs zwischen dem Ostseeraum und dem Byzantinischen
Reich.

Nachdem Fürst Igor 945 während eines Feldzuges gegen
die aufsässigen Drewljanen, einem tributpflichtigen slawi-
schen Stamm, erschlagen worden war, übernahm seine Witwe Olga für ihren noch minderjährigen Sohn Swjatoslaw
die Regentschaft. Eine Zurückdrängung der Drewljanen
war für sie ein Gebot der politischen Notwendigkeit, um für
die Zukunft ein für alle Mal jeglichen Ungehorsam von tributpflichtigen Stämmen zu unterbinden und sich als Herrin

über die Rus zu behaupten. Die Nestorchronik breitet Olgas erbarmungslosen und brutalen Rachefeldzug gegen die Drewljanen und deren Fürsten sehr ausführlich aus. Die Schilderung ähnelt dabei motivverwandten germanischen Sagen. So ließ die Großfürstin zwei drewljanische Gesandtschaften, die ihr zum Zwecke der Beschwichtigung eine nicht unübliche Brautwerbung ihres Fürsten unterbreiteten, grausam und hinterlistig ermorden. Am Gedenktag für ihren ermordeten Gemahl nutzte sie ein Trauermahl dazu, 5 000 Drewljanen hinmetzeln zu lassen. Die Hauptstadt der Drewljanen, Iskorosten, das heutige Korosten, wurde nach langer Belagerung auf ihren Befehl hin vollständig niedergebrannt. Ihren Sieg krönte sie mit der Tötung und Versklavung eines Teils der Bevölkerung sowie mit der Verfügung eines harten Tributs: *„Und man legte ihnen einen schweren Tribut auf; zwei Drittel des Tributs kamen nach Kiew, ein Drittel nach Wyshegorod an Olga; denn Wyshegorod war Olgas Stadt. Und Olga durchzog mit ihrem Sohn und der Drushina das Land der Drewljanen und stellte Satzungen auf und setzte Zins fest."*

Nach der Niederwerfung der Drewljanen richtete Olga ihr Augenmerk auf den administrativen Ausbau des Kiewer Reichs. Die steuerlichen Abgaben und Tribute wurden geordnet und systematisiert. Es wurden befestigte Plätze als Verwaltungsmittelpunkte und Abgabestellen eingerichtet. Für diesen Zweck bereiste sie selbst das ganze Land. Selbst im Winter unternahm die Fürstin diese Staatsreisen. In Kiew ließ sie eine steinerne Pfalz erbauen. Dies legt nahe, dass dort eine ständige Residenz bestand. Einiges spricht dafür, dass es sich bei den durch archäologische Ausgrabungen in den 1980er Jahren freigelegten Mauerteilen, Marmor- und Keramikresten auf dem Altkiewer Berg tatsächlich um die Fragmente dieses Fürstenhofes handelt. Beruhten die Herrschaftsstrukturen in der Kiewer Rus vor Olgas Regentschaft noch gänzlich auf dem Personenverband der Gefolgschaft, begann sich nun langsam eine territorialstaatliche Herrschaftsorganisation zu entwickeln.

Mit Ausnahme des blutigen Rachefeldzugs gegen die Drewljanen zu Beginn ihrer Regentschaft verfolgte sie nicht mehr die kriegerische Politik ihrer Vorgänger, zu der ihr Sohn Swjatoslaw nach seiner Regierungsübernahme im Jahr 962 zurückkehrte. Da er fast permanent durch seine zahlreichen Eroberungszüge abwesend war, führte Olga für ihn in diesen Zeiten die Regierung.

Im Zuge ihrer Maßnahmen zur Zentralisierung der Staatsverwaltung im Kiewer Rus-Reich keimte in ihr der Gedanke, dass es sinnvoll wäre, eine einheitliche Religion einzuführen. Diese einheitliche Religion würde nicht nur helfen, die staatliche Organisation weiter zu befestigen, sondern auch dazu beitragen, die herrscherliche Macht zu steigern. Weil im mittelalterlichen Europa das Christentum vorherrschte, bot eine Christianisierung Russlands die Aussicht, das internationale Ansehen des Landes zu stärken. Dem Herrscherhaus eröffneten sich dadurch ganz neue Möglichkeiten zur Anknüpfung dynastischer Beziehungen. In Kiew existierte bereits eine christliche Gemeinde, die für die beabsichtigte Christianisierung herangezogen werden konnte. Außerdem gab es innerhalb der Oberschicht des Landes schon eine größere Anzahl von Christen.

Um eine Christianisierungswelle in Gang zu setzen, ließ sich Olga selbst taufen. Ort und Zeitpunkt dieser Taufe sind in der Wissenschaft allerdings umstritten. Die Nestorchronik verlegt dieses wichtige Ereignis in das Jahr 955, demgegenüber sehen viele Forscher das Jahr 957 als wahrscheinlicher an. Während die Chronik Konstantinopel als Ort der Taufe benennt, geht ein Teil der Forschung dagegen davon aus, dass Olga bereits in Kiew getauft worden war, bevor sie mit großem Gefolge an den Konstantinopeler Hof des byzantinischen Kaisers Konstantin VII. Porphyrogennetos reiste. Laut dem Zeremonienbuch des Kaisers wurde Olga im September 957 ein prächtiger Empfang bereitet. In erster Linie ging es bei ihrem Besuch wohl um eine Bestätigung und Erweiterung des russisch-byzantinischen Friedensvertrags von 944.

Allem Anschein nach entstanden zwischen der russischen und der byzantinischen Seite erhebliche Unstimmigkeiten darüber, unter welchen Bedingungen die Christianisierung des Kiewer Reichs ablaufen sollte. Wegen der von Konstantinopel erhobenen politischen und kirchlichen Hegemonialansprüche scheiterte das Projekt der Christianisierung. Von ähnlich geringem Erfolg war auch Olgas Versuch gekrönt, mit der weströmischen Kirche in Fühlungnahme zu treten. 959 hatte die Großfürstin eine Gesandtschaft an den Hof des späteren römisch-deutschen Kaisers Otto I. geschickt mit der Bitte um einen Bischof und Missionare. Die schließlich abgesandten Missionare konnten in Kiew nichts ausrichten, da sich unter Swjatoslaw bereits eine Art heidnische Reaktion gebildet hatte. Erschwerend kam hinzu, dass es Otto I. und dem deutschen Episkopat im Grunde genommen genauso wie den byzantinischen Machthabern nur darum ging, die künftige Diözese Russland in ihren Machtbereich einzubeziehen. Trotz dieser herben Rückschläge hatte die Großfürstin, die am 11. Juli 969 in Kiew verstarb, der Einführung des Christentums als Staatsreligion in Russland den Weg geebnet. Der Chronist hob daher in der Lobpreisung zu ihrem Tod emphatisch hervor: *„Sie war dem christlichen Lande vorausgegangen wie der Morgenstern der Sonne, wie die Morgenröte dem Tageslicht, denn wie der Mond in der Nacht scheint, so glänzte sie unter den Ungläubigen."* Unter ihrem Enkelsohn Wladimir erfolgte endgültig die Christianisierung des Kiewer Reichs unter byzantinisch-orthodoxen Vorzeichen.

Adelheid von Burgund,
die Heilige

* 931/932
† 999 in Kloster Selz
Regentin des römisch-deutschen
Reichs 984–994

Kaiserin Adelheids bemerkenswertes Selbstbewusstsein als Herrscherin spiegelt sich eindrucksvoll in einem undatierten Brief an einen Würzburger Geistlichen. Sie bezeichnet sich darin als *„von Gott für eine gewisse Zeit mit der Herrschaft über das christliche Volk betraut"*. In der Tat kann die gebildete Fürstin, die vier Sprachen sprach, zu den bedeutendsten Frauen des Hochmittelalters gezählt werden.

Weder ihr genauer Geburtstag noch ihr Geburtsort sind überliefert. Bereits als Kind wurde sie zu einem Objekt dynastischer Machtpolitik. Nach dem frühen Tod ihres Vaters, König Rudolfs II. von Hochburgund, versuchte sich dessen politischer Gegner, Hugo von Italien, die Herrschaft über Burgund zu sichern, indem er 937 nicht nur Rudolfs Witwe, Berta von Schwaben, zu einer Heirat nötigte, sondern auch Adelheid mit seinem Sohn Lothar verlobte. Adelheids Bruder Konrad, der Erbe Burgunds, wurde durch den ostfränkischen König Otto I. rechtzeitig vor Hugos Zugriff in Sicherheit gebracht. Nach Hugos Sturz 946 folgte ihm zwar sein Sohn Lothar als König von Italien nach und heiratete 947 seine Verlobte Adelheid in Pavia, die tatsächliche Macht hatte aber schon Markgraf Berengar von Ivrea übernommen. Aus der offenbar glücklichen Ehe des italienischen Königspaars stammte eine Tochter, die 948 geborene Emma.

Als König Lothar im November 950 überraschend starb, wurde sofort der Verdacht laut, dass er einem Giftanschlag zum Opfer gefallen war. Da sich seine junge Witwe Adelheid dem Anspruch von Markgraf Berengar auf die oberitalienische Königskrone beharrlich widersetzte, wurde sie im April 951 gefangen genommen und auf der Burg Rocco di Garda am Gardasee eingesperrt. Mithilfe eines Priesters und einer Magd gelang ihr am 20. August 951 auf abenteuerliche Weise durch einen heimlich gegrabenen Tunnel die Flucht.

In der Zwischenzeit hatte König Otto I. von den Ereignissen in Italien Nachricht erhalten. Er erkannte die Gunst der Stunde, sich die langobardisch-italienische Königswürde mit der Perspektive auf die Kaiserkrone zu sichern und damit die karolingische Herrschaftsnachfolge anzutreten, weshalb er über die Alpen zog. Weil Berengar vor seinem Heer floh, konnte Otto die langobardische Königswürde unangefochten Ende September 951 in Pavia übernehmen. Eine zusätzliche Legitimierung seiner Herrschaft in Italien erlangte der verwitwete König durch seine wenig später erfolgte Heirat mit Adelheid. Aus der Ehe des Königspaars gingen zwischen 952 und 955 insgesamt vier Kinder hervor.

Nicht gerade begeistert von der Neuvermählung seines Vaters zeigte sich dessen erwachsener Sohn Liudolf aus Ottos erster Ehe, der um seine Rechte als Thronfolger fürchtete. Er fühlte sich bereits durch seinen Onkel, Herzog Heinrich I. von Bayern, aus der Nähe seines Vaters verdrängt. Als Adelheid 953 einen Sohn zur Welt brachte und Gerüchte auftauchten, dass Otto I. diesem die Krone zu hinterlassen gedächte, entfachte Liudolf einen Aufstand, der über ein Jahr lang das Reich und die Herrscherfamilie zerriss. Am Ende der zermürbenden Kämpfe setzte sich Otto durch. Nach einem Ausgleich zwischen Vater und Sohn wurde Liudolf nach Italien zur Wahrung von Ottos Interessen geschickt, doch starb er schon 957 an der Malaria.

Auf einen Hilferuf von Papst Johannes XII. hin, der von Berengar bedroht wurde, brach Otto I. gemeinsam mit seiner Gemahlin und einem starken Heer 961 nach Rom auf.

Am 2. Februar 962 wurden dort an Otto I. und Adelheid die Salbung und Kaiserkrönung vollzogen. Als erste Frau erhielt Adelheid die Kaiserwürde. In einer kurz nach der Krönung ausgestellten Urkunde wurde ihr von Otto die Mitherrschaft im Reich zuerkannt. Auch auf Ottos drittem Italienzug begleitete die politisch einflussreiche Adelheid ihren Mann. Im Dezember 967 wurde der einzige überlebende Sohn des Kaiserpaars, Otto, in Rom zum Mitkaiser gekrönt.

Nach dem Tod ihres Mannes im Mai 973 fungierte die verwitwete Kaiserin anfangs als wichtigste Ratgeberin ihres Sohnes Otto II. Bald traten aber schwere Differenzen wegen der Verbannung und Entmachtung des bayerischen Herzogs Heinrich II. des Zänkers, Adelheids Lieblingsneffen, sowie wegen der Belehnung des Herzogtums Niederlothringen mit Prinz Karl von Frankreich zwischen ihr und ihrem Sohn auf. Adelheid verließ schließlich den königlichen Hof. Seit 978 lebte sie zusammen mit ihrer Tochter, der Äbtissin Mathilde von Quedlinburg, meist in Burgund und Italien. Im Dezember 980 kam es in Pavia zu einer öffentlichen Aussöhnung zwischen Mutter und Sohn, der ihre Unterstützung in Italien benötigte.

Als nach dem unerwarteten Tod von Kaiser Otto II. im Dezember 983 der Versuch von Heinrich dem Zänker gescheitert war, mit der Vormundschaft über den noch minderjährigen Otto III. die Herrschaft im Reich zu erlangen, übernahm Adelheid gemeinsam mit ihrer Schwiegertochter Theophanu die Regentschaft für ihren Enkel, um so die Macht und die Krone für die Ottonen zu sichern. In Verhandlungen konnte eine Einigung mit Heinrich erzielt werden. Die beiden Fürstinnen führten zunächst für ein knappes Jahr gemeinsam mit Erzbischof Willigis von Mainz und Bischof Hildebald von Worms die Regierung. Offensichtlich favorisierten die beiden kaiserlichen Witwen danach eine räumliche Trennung; denn Adelheid zog sich 985 weitgehend nach Italien zurück. Sie nahm dort sowohl

Reichs- als auch Eigeninteressen wahr, bis Theophanu 989/990 auch in Italien ihr Herrschaftsrecht beanspruchte.

Nach Theophanus Tod 991 kehrte Adelheid an den Kaiserhof zurück und übernahm die vormundschaftliche Regierung und Erziehung ihres Enkels Otto, bis dieser 994 volljährig wurde. Im Vergleich zu Theophanus kraftvoller Regentschaft musste das Ottonenreich während Adelheids alleiniger Herrschaft Einbußen bei seiner Vormachtstellung in Europa hinnehmen. Angesichts der schwierigen außenpolitischen Lage schwächte sich die Dominanz des Reichs gegenüber den Nachbarn im Osten und Westen ab.

Nach dem Ende ihrer Regentschaft wandte sich Adelheid vor allem der Förderung von Klostergründungen zu, wobei die cluniazensischen Klosterreformen im Vordergrund ihres Interesses standen. Die Politik verlor sie dabei nicht völlig aus den Augen. So waren etwa in ihrem Todesjahr nochmals ihre diplomatischen Fähigkeiten gefragt, weshalb sie nach Burgund reiste, um zwischen ihrem Neffen König Rudolf III. und den regionalen Feudalherren zu vermitteln. Ihren Bemühungen blieb jedoch ein wirklicher Erfolg versagt. Danach zog sie sich in das 991 von ihr gegründete und großzügig mit Reichsgut ausgestattete Kloster Selz im Elsass zurück, wo sie in der Nacht vom 16. auf den 17. Dezember 999 verstarb. Wegen der bald darauf einsetzenden Verehrung Adelheids als mildtätige Heilige wurde sie 1097 von Papst Urban II. offiziell kanonisiert. Sie war die erste mittelalterliche Herrscherin, die heiliggesprochen wurde.

Mathilde von Quedlinburg

* 955
† 999 in Quedlinburg
Reichsverweserin des römisch-
deutschen Reichs 997–999

Die erste Äbtissin des Reichsstifts Quedlinburg, Mathilde, die vor allem im Bistum Magdeburg als Selige verehrt wird, entstammte der sächsischen Dynastie der Ottonen, dem Geschlecht der Liudolfinger. Während der Regierungszeit dieser bedeutenden Herrscherfamilie über das Heilige Römische Reich, die von 919 bis 1024 dauerte, kam es zu einer Machtbeteiligung von weiblichen Familienmitgliedern. Äbtissin Mathilde zählte zu diesen mächtigen Frauen.

Mathilde kam Anfang 955 zur Welt. Ihre Eltern waren Kaiser Otto I. der Große und dessen zweite Gemahlin Adelheid, eine Tochter König Rudolfs II. von Hochburgund. Schon frühzeitig wurde Mathilde, die einzige Tochter des Kaiserpaars, dem Servatiusstift in Quedlinburg zur Erziehung übergeben, da sie für ein geistliches Leben bestimmt war. Sie sollte das Werk ihrer Großmutter, nach der sie benannt war, fortführen. Die verwitwete Königin Mathilde hatte das Stift 936 gegründet und es seitdem ohne formale Äbtissinnenweihe geleitet. Das reichsunmittelbare freiweltliche Damenstift auf dem Burgberg in Quedlinburg diente von Anfang an als ottonisches Hauskloster, zu dessen Hauptaufgaben das Gedenken der Herrscherfamilie gehörte.

956 übertrug Kaiser Otto seiner Tochter Mathilde seinen Besitz in Liebstedt und Ossmannstedt. Im Alter von elf Jahren wurde sie im April 966, kurz vor dem dritten Italienzug Ottos I., zur Äbtissin von Quedlinburg geweiht. Diesem feierlichen Akt wohnten nicht nur ihr Vater, die

kaiserliche Familie und zahlreiche weltliche Große bei, sondern er fand auch, was ungewöhnlich war, im Beisein aller Bischöfe des Reichs statt. Als Äbtissin des Familienstifts Quedlinburg sollte die Kaisertochter dafür sorgen, dass auch in Zukunft das Totengedenken der Ottonen sichergestellt war. 967 bestätigte Papst Johannes XIII. die Weihe Mathildes.

Die junge Äbtissin muss eine bemerkenswerte Persönlichkeit gewesen sein, denn immerhin dedizierte ihr der sächsische Geschichtsschreiber Widukind von Corvey seine drei Bücher sächsischer Geschichte, die „Rerum Gestarum Saxonicarum libri tres", in der vor allem die Taten ihres Großvaters Heinrich I. und ihres Vaters Otto I. gepriesen wurden. Widukinds Sachsengeschichte gilt als eine der wichtigsten Quellen für die Geschichte des 10. Jahrhunderts. In der Vorrede zum ersten Buch hob der Corveyer Mönch Mathildes *„einzigartige Weisheit"* hervor, im zweiten Buch titulierte er sie als *„Gebieterin"*, die *„von ganz Europa"* anerkannt werde, und im dritten Buch sprach er von ihr als dem *„strahlendsten Edelstein"*, der der Welt geschenkt wurde. Wahrscheinlich erhoffte sich der Geschichtsschreiber, in der einflussreichen Mathilde eine Fürsprecherin für sich und sein Kloster zu gewinnen.

Als sich das anfänglich gute Verhältnis zwischen der verwitweten Kaiserin Adelheid und ihrem Sohn Kaiser Otto II. eintrübte und die Kaiserin deshalb 978 Deutschland verließ und nach Burgund ging, schloss sich Äbtissin Mathilde ihrer Mutter an. Bei der Versöhnung von Mutter und Sohn im Dezember 980 in Pavia war Mathilde anwesend. Während der Vormundschaft von Kaiserinwitwe Adelheid für ihren Enkel, den noch unmündigen Otto III., gewann auch Mathilde Einfluss auf die Führung der Geschäfte. Die Quedlinburger Annalen sprechen in diesem Zusammenhang sogar von einer Regierungsverantwortung der Äbtissin. In den Urkunden aus dieser Zeit finden sich davon jedoch keine Spuren.

In Mathildes Amtszeit bildete sich Quedlinburg durch die Förderung ihres Bruders Kaiser Otto II. und ihres Neffen Otto III., zu deren engsten Beratern sie gehörte, zu einem wichtigen Herrschaftszentrum des Ottonenreichs heraus. Otto II. vermachte seiner Schwester und dem von ihr geleiteten Stift ein Viertel seines Geldbesitzes. Zu seinem Gedenken errichtete Mathilde 986 ein Benediktinerinnenkloster auf dem Münzenberg in Quedlinburg, das 995 geweiht wurde. Zu Beginn des Jahres 992 beauftragte Otto III. seine Tante mit der Gründung eines Nonnenklosters in Walbeck, das Quedlinburg unterstellt bleiben sollte. Die Stiftung erfolgte ausdrücklich zum Seelenheil der kaiserlichen Familie. Am 23. November 994 erhielt Mathilde von Otto III. das umfassende Privileg des Münz-, Markt- und Zollrechtes für den Marktflecken Quedlinburg. Erst dank dieses Privilegs konnte sich allmählich die Stadt Quedlinburg entwickeln. Zur Sicherung der Kontinuität in diesem bedeutenden ottonischen Familienkloster wurde die Schwester Ottos III., Adelheid, im Oktober 995 feierlich als neue Kanonissin in Quedlinburg eingekleidet. Nach Mathildes Tod wurde sie die neue Äbtissin von Quedlinburg.

Vom November 997 bis zu ihrem Tod regierte Äbtissin Mathilde als Statthalterin und Stellvertreterin für ihren Neffen Kaiser Otto III., der in Italien weilte. Der junge Kaiser hatte als Kind die Osterfeste 986, 989 und 991 in Quedlinburg verbracht, doch sicherlich spielten nicht allein persönlich-verwandtschaftliche Beziehungen eine Rolle für diese Einsetzung Mathildes. Sehr wahrscheinlich dürften auch die Bildung und Klugheit der Äbtissin sowie ihr politisches Geschick und ihr Ansehen unter den Großen des Reichs ausschlaggebend gewesen sein. Anhand der überkommenen Überlieferung ist nicht eindeutig zu klären, auf welches Herrschaftsgebiet – nur Sachsen oder das ganze Reich – sich ihr Amtsbereich genau erstreckte. Vermutlich war sie jedoch Reichsverweserin für Deutschland mit dem Schwerpunkt Sachsen. Bei Petitionen und Interventionen der Äbtissin in den vergangenen Jahrzehnten standen lange Angelegenheiten, die Sachsen betrafen, im Mittelpunkt ihrer Aktivitäten. Nach der Übernahme der eigenständigen Herrschaft durch Otto III. im Jahr 994 erweiterte sich allerdings Mathildes Interessen- und Einflusskreis. Über konkrete Regierungshandlungen der Reichsverweserin ist relativ wenig bekannt. Ende 998 trat sie auf den von ihr in Derenburg und Anfang 999 Magdeburg abgehaltenen Hoftagen voll Selbstbewusstsein auf und sprach dort Recht. Außerdem organisierte sie bei diesen Zusammenkünften gemeinsam mit dem sächsischen Herzog Bernhard die Sicherung der Reichsgrenzen gegen die Slawen.

Nach ihrer Rückkehr nach Quedlinburg verstarb Äbtissin Mathilde am 7./8. Februar 999 nach einer kurzen fieberhaften Erkrankung und wurde in ihrer Stiftskirche in direkter Nähe zu ihren Großeltern, König Heinrich I. und Königin Mathilde, beigesetzt. Während ihrer Amtszeit hatte diese Kirche ein dreischiffiges Langhaus bekommen, Chor und Krypta wurden neu gebaut. Der Inschriftentext ihres erhalten gebliebenen Bleisargs betonte nochmals ihre Rolle als „matricia", als Stellvertreterin des Kaisers.

Theophanu

* ca. 959/960
† 991 in Nimwegen
Regentin des römisch-deutschen
Reichs 984–991

Obwohl Kaiserin Theophanu in ihrer Eigenschaft als Regentin für ihren Sohn Otto III. eine der bedeutendsten und aktivsten Herrscherinnen des Mittelalters war, kennt man weder ihr genaues Geburtsjahr noch ihren Geburtsort. Sie entstammte einer hochadeligen byzantinischen Familie. Ihre Eltern waren sehr wahrscheinlich der Patrikios Konstantin Skleros und Sophia Phokaina.

Seit Otto der Große mit seiner Kaiserkrönung eine Wiederbelebung des weströmischen Reichs verfolgte, bemühte er sich um eine byzantinische Prinzessin als Gemahlin für seinen Sohn und Thronerben. Auf diese Weise sollte sowohl die Anerkennung des westlichen Kaisertums der Ottonen durch Byzanz als auch eine Regelung der süditalienischen Ansprüche mit Ostrom erlangt werden. Erst die dritte Gesandtschaft unter der Führung des Kölner Erzbischofs Gero brachte den gewünschten Erfolg. Die Ottonen, die eigentlich die Tochter des verstorbenen Kaisers Romanos II. als Braut begehrt hatten, mussten sich mit der angeheirateten Nichte des amtierenden oströmischen Kaisers Johannes I. Tzimiskes bescheiden. Am 14. April 972 fand in Rom unter großer Prunkentfaltung die Hochzeit von Prinzessin Theophanu mit dem nur wenige Jahre älteren Otto II. statt, der seit 967 Mitkaiser seines Vaters war. Unmittelbar vor ihrer Hochzeit wurde Theophanu von Papst Johannes XIII. zur Kaiserin gekrönt. Die blutjunge Braut brachte eine eindrucksvolle Brautausstattung sowie eine reiche Mitgift mit. Im Gegenzug erhielt sie zahlreiche Besitzungen im gesamten Reich zugesprochen.

Für die in einer verfeinerten und hochentwickelten Hofkultur aufgewachsene Byzantinerin, die stets in prächtige Gewänder und kostbaren Schmuck gehüllt war, muss ihr neues Leben im Westen, der in vielen Bereichen im Vergleich zu Byzanz eher unterentwickelt war, anfänglich ein Kulturschock gewesen sein. Theophanu musste sich in einer ihr völlig fremden Welt mit gänzlich anderen politischen Verhältnissen zurechtfinden. Im Lauf der Jahre sollte es dank ihres Einflusses zu einer Bereicherung der ottonischen Kunst und Kultur kommen.

Zu Beginn der selbstständigen Regierung von Otto II. im Mai 973 stand Theophanu offenbar noch ganz im Schatten ihrer Schwiegermutter, der verwitweten Kaiserin Adelheid, auf deren Rat der junge Herrscher damals hörte. Erst im Juni 974 änderte sich die Situation, von nun an tauchte der Name Theophanus häufig in Verbindung mit Interventionen und Petitionen in den Urkunden ihres Ehemannes auf. Die junge Kaiserin wurde zu einer tonangebenden Persönlichkeit. Meist begleitete sie ihren Mann auf seinen Reisen durch das Reich, das anders als Byzanz keine Hauptstadt, sondern ein Reisekönigtum von Pfalz zu Pfalz als übliche Form der Herrschaftsausübung kannte. Nebenbei kam Theophanu auch ihrer dynastischen Verpflichtung nach und brachte zwischen 975 und 980 fünf Kinder zur Welt.

Der überraschende Tod von Kaiser Otto II. am 7. Dezember 983 an Malaria in Rom führte zu großer Verwirrung über dessen Nachfolge. Zwar war sein einziger Sohn Otto im Alter von dreieinhalb Jahren auf seinen Wunsch hin bereits zum König gewählt und in Aachen gekrönt worden, doch konnte das unmündige Kleinkind, das zu diesem Zweck von seinen Eltern getrennt worden war, selbstverständlich nicht das Reich regieren. Eine allseits anerkannte Rechtsregel zur Lösung dieser Frage bestand nicht. Das entstandene Machtvakuum nutzte der von Otto II. abgesetzte bayerische Herzog Heinrich II. der Zänker, um sich des kleinen Königs und der Kroninsignien zu bemächtigen. Sein Versuch, als nächster männlicher Verwandter der herrschenden Dynastie die Macht an sich zu ziehen, scheiterte jedoch, da er den Reichsadel in seiner Mehrheit nicht für sich gewinnen konnte. Der Mainzer Erzbischof Willigis rief Theophanu und ihre Schwiegermutter, die Kaiserinwitwe Adelheid, nach Deutschland, damit diese den Thron für Otto III. sicherten. Auch Ottos Tante Mathilde, die Äbtissin von Quedlinburg, setzte sich vehement für ihren Neffen ein. Es gelang eine friedliche Beilegung des Streits. Auf dem Reichstag in Rohr bei Meiningen übergab im Juni 984 Heinrich der Zänker den kleinen Otto III. samt den Kroninsignien an seine Mutter Theophanu.

Im Mai 985 wurde Kaiserin Theophanu auf dem Reichstag in Frankfurt am Main die Übernahme der Regierung für ihren unmündigen Sohn Otto III. offiziell zugesprochen, nachdem es zu einem Ausgleich mit Heinrich dem Zänker gekommen war, der sein altes Lehen, das Herzogtum Bayern, in etwas reduzierter Form zurückerhielt. Die Byzantinerin muss eine bemerkenswerte Persönlichkeit mit enormer politischer Durchsetzungsfähigkeit gewesen sein, da es ihr relativ rasch gelungen war, sich im Machtpoker ohne große eigene Hausmacht zu bewähren. Es gab durchaus Vorbehalte gegen sie im Reich – Abt Odilo von Cluny, der spätere Biograf von Kaiserin Adelheid, sprach sicherlich vielen Zeitgenossen aus der Seele, als er sie nach ihrem Tod herabsetzend nur als *„jene Griechin"* titulierte. Theophanu erreichte es nach der Regentschaftsübernahme, sich auch gegen ihre mächtige Schwiegermutter Adelheid zu behaupten, die daraufhin wieder nach Italien ging. Zu Theophanus Beraterkreis gehörten in erster Linie Erzbischof Willigis von Mainz und Bischof Hildebald von Worms. Sie leitete eine Phase des inneren Friedens ein und festigte die Reichsherrschaft. Durch die Anerkennung des neuen französischen Königs Hugo Capet sicherte sie die Zuordnung des Herzogtums Lotharingien zum Reich. Im Kampf um die von den Slawen bedrohte Ostgrenze des Reichs gewann sie in Herzog Mieszko von Polen einen zuverlässigen Verbündeten, mit dessen Hilfe sie mehrere Feldzüge gegen die Slawen durchführen ließ. In Italien trat sie in offiziellen Dokumenten, im Gegensatz zur bisherigen Praxis bei Kaiserinnen, mit ungewöhnlichem Selbstbewusstsein auf. In der Ravennater Urkunde vom 1. April 990 signierte sie gemäß byzantinischer Tradition als Kaiser, nicht als Kaiserin. Wie bei einem Kaiser männlichen Geschlechts wurden die Jahre in der Urkunde nach ihr gezählt, beginnend mit dem Jahre 972.

Nach kurzer Krankheit starb Theophanu, die zu dieser Zeit auf dem Gipfel ihrer Macht stand, am 15. Juni 991 in der Pfalz Nimwegen. Über die Todesursache ist nichts überliefert. Der elfjährige Otto III. war in ihrer Todesstunde bei ihr. Durch ihre kluge Machtpolitik war es Theophanu gelungen, ihrem Sohn, dem sie eine hervorragende Erziehung zuteil werden ließ, nicht nur den Kaiserthron zu sichern, sondern ihm auch die Herrschaft weitgehend in ihrem alten Rang und Umfang zu bewahren. Kaiserinwitwe Adelheid konnte nach dem Tod der Schwiegertochter ohne Schwierigkeiten die Regentschaft für ihren Enkel Otto III. bis Ende 994 weiterführen, bis dieser selbst die Herrschaft übernahm. Voll Anerkennung über Theophanus Leistungen als Regentin schrieb zwei Jahrzehnte nach ihrem Tod der Chronist Thietmar von Merseburg: *„Wiewohl sie vom schwachen Geschlechte war, eignete ihr doch besonnenes Selbstvertrauen und, was in Griechenland selten ist, ein trefflicher Lebenswandel. Und mit männlicher Wachsamkeit wahrte sie ihres Sohnes Herrschaft in ständiger Freundlichkeit gegenüber Rechtschaffenen, in furchtgebietender Überlegenheit gegenüber Aufsässigen."*

Agnes von Poitou

* um 1025
† 1077 in Rom
Regentin des römisch-deutschen
Reichs 1056–1062/65

Die Leistungen von Agnes von Poitou als Regentin waren bei ihren Zeitgenossen umstritten. Häufig wurde gegen ihre Regierungstätigkeit der Vorwurf der Schwäche und Unschlüssigkeit erhoben. Das von ihr mitverschuldete Papstschisma von 1061 und ihre Aktivitäten in der Folgezeit bildeten in der Beurteilung die entscheidende Zäsur.

Sie kam um 1025 als Tochter des mächtigen Herzogs Wilhelm V. von Aquitanien und Poitou und seiner Gemahlin Agnes von Burgund zur Welt. Aus dynastischen und machtpolitischen Gründen heiratete der verwitwete deutsche König Heinrich III. die französische Herzogstochter im November 1043 in Ingelheim. Zuvor wurde Agnes in Mainz bereits zur deutschen Königin gekrönt. Durch ihr von tiefer Religiosität geprägtes Wesen passte Agnes gut zu dem Salierkönig, dessen sakrale Herrschaftsauffassung und kirchenreformatorische Ideen sie teilte. Zu Lebzeiten Heinrichs trat sie allerdings nicht als politisch Handelnde hervor. Zwischen 1045 und 1054 brachte sie sechs Kinder zur Welt, von denen drei jedoch im Kindes- oder Jugendalter starben. Am Weihnachtstag 1046 erhielten Heinrich III. und Agnes zusammen die Kaiserkrönung in Rom.

Als Kaiser Heinrich III. am 5. Oktober 1056 verstarb, war der einzige überlebende Sohn des Kaiserpaars zwar bereits von den Fürsten des Reichs als König Heinrich IV. anerkannt worden, doch machte seine Minderjährigkeit eine Regentschaft für ihn erforderlich. Seine Mutter Agnes übernahm diese Aufgabe. Wichtig war für Agnes nach dem Tod ihres

Gatten vor allem die politische Unterstützung durch Papst Viktor II., der in seiner Eigenschaft als Bischof von Eichstätt und Reichsverwalter die Weichen für die problemlose Übernahme der Vormundschaftsregierung stellte, bevor er 1057 nach Rom zurückkehrte. Der verwitweten Kaiserin wurde daher von den Fürsten sogar zugesichert, dass sie im Falle eines vorzeitigen Ablebens von Heinrich IV. einen Nachfolger designieren dürfe.

Am Anfang ihrer Regentschaft führte Agnes weitgehend die Politik ihres verstorbenen Mannes fort, traf aber auch durchaus eigenständige Entscheidungen. Sie trat für eine Politik des Ausgleichs und der Friedenserhaltung ein. Lobend hielt der Chronist Lampert von Hersfeld fest, dass *„die tiefgreifende Veränderung der Lage keinerlei Unruhen und Anfechtungen hervorrief"*. Die Regentin besuchte jährlich mit ihrem Sohn alle Teile des Reichs, hielt Hoftage ab, war bei Gerichtssitzungen anwesend, belehnte einflussreiche Adelige mit Herzogtümern und beschenkte im Namen von Heinrich IV. Bistümer, Kirchen und Klöster. Das glanzvollste Ereignis ihrer Regentschaft stellte die Schlussweihe des 1061 vollendeten Speyerer Doms dar.

Mit dem Tod von Papst Viktor II. im Juli 1057 endete die enge Verbindung zwischen Papsttum und deutschem Kaisertum. Die innerkirchliche Reformbewegung drängte das kaiserliche Mitspracherecht zurück. So wurde Stephan IX. ohne Wissen der Reichsregierung zum Papst gewählt. Der nächste Papst Nikolaus II. bestimmte an Ostern 1059 per Dekret, dass die künftigen Papstwahlen ausschließlich durch die Kardinäle erfolgen sollten. Der Kaiser sollte nur noch vom Wahlergebnis unterrichtet werden. Nach dem Tod von Nikolaus II. im Juli 1061 wählten die Kardinäle am 30. September den zur Reformpartei zählenden Bischof Anselm von Lucca als Alexander II. zum Papst. Auf Drängen der deutschen Fürsten und der römischen Aristokratie verweigerte Agnes dem neuen Papst die Anerkennung. Der deutsche Hof erhob stattdessen im Oktober 1061 Bischof

Cadalus von Parma als Honorius II. zum Papst. Kaiserin Agnes ließ es danach aber an wirkungsvoller Unterstützung für den Gegenpapst fehlen, der sich in Rom nicht behaupten konnte. Das Papstschisma sollte erst im Mai 1064 auf der Synode von Mantua mit der Bestätigung von Alexander II. als legitimem Papst sein Ende finden.

Die Entwicklung in der Papstfrage und die Spaltung der Kirche belasteten die fromme Regentin mit Schuldgefühlen. Es war keineswegs in ihrem Sinne gewesen, dass sich der deutsche Hof zum Gegner des Reformpapsttums ausbildete. In einem Brief an das italienische Kloster Fruttuaria bezeichnete sie sich selbst als *„Kaiserin und Sünderin"*. Agnes übernahm die persönliche Verantwortung für diese Fehlentscheidung und zog sich aus der aktiven Regierungsverantwortung zurück. Ende 1061 nahm sie in Speyer den Schleier und trat in den Stand der gottgeweihten Witwe über. Dies bedeutete allerdings nicht, dass sie Nonne wurde. Da sie nur noch nominell der Reichsregierung als Regentin vorstehen wollte, gleichzeitig ihrem minderjährigen Sohn die Herrschaft weiterhin sichern musste, setzte sie ihren wichtigsten Ratgeber, Bischof Heinrich von Augsburg, als Leiter der Staatsgeschäfte ein.

Die Mehrheit der Fürsten war mit dieser herausgehobenen Position für den Augsburger Bischof nicht einverstanden. Es kursierten sogar Gerüchte über ein angeblich zu intimes Verhältnis zwischen dem Bischof und der kaiserlichen Witwe. Für Missfallen sorgte bei Adel und Klerus außerdem, dass unfreie königliche Dienstleute, Ministeriale, am Hof an Bedeutung gewannen. Generelle Kritik am Regiment einer Frau kam auf. Anfang April 1062 wurde der junge König Heinrich IV. aus der Pfalz Kaiserswerth von Erzbischof Anno II. von Köln und seinen fürstlichen Mitverschwörern staatsstreichartig entführt. Vorsorglich wurden auch die Reichsinsignien geraubt. Die Kaiserin, der damit die Regentschaft sinnfällig entzogen worden war, nahm das Geschehen wohl als Gottesurteil hin und ging nicht mit

kriegerischen Mitteln dagegen an. Die Regierungsverantwortung lag nun bei dem Kölner Erzbischof Anno, Erzbischof Siegfried I. von Mainz und später auch bei Erzbischof
Adalbert von Bremen. Nachdem sie sich vorübergehend
nach Regensburg zurückgezogen hatte, kehrte Agnes jedoch wieder in das Umfeld des Hofes zurück, um Heinrichs
Herrschaftsansprüche auf das Reich zu erhalten. Erst als
Heinrich IV. durch die zeremonielle Schwertumgürtung am
29. März 1065 mündig wurde, ging Agnes nach Rom, damit
sie ihr religiöses Lebensideal verwirklichen konnte.

In Italien führte Agnes allerdings nicht nur ein Leben in
frommer Buße, sondern sie unterstützte auch nachhaltig
das Reformpapsttum. In ihrer Eigenschaft als Beraterin von
Papst Alexander II. und von Papst Gregor VII. wirkte sie
zum Teil sogar den Interessen ihres Sohnes Heinrich IV.
entgegen. Auf drei Reisen nach Deutschland warb sie als
päpstliche Spitzendiplomatin für das Reformpapsttum
und dessen Kampf gegen Ämterkauf und Priesterehe. Die
Förderung der Reformbewegung in den Klöstern lag Agnes
ebenso am Herzen. In dem sich verschärfenden Investiturstreit, in dem es um die Einsetzung von Bischöfen durch
den König ging, versuchte die Kaiserinwitwe 1074 zwischen
Heinrich IV. und Gregor VII. zu vermitteln. Ausdrücklich
lobte sie der Papst, auf dessen Seite sie sich gestellt hatte,
für ihren Einsatz: *„Wir wissen fürwahr, daß Ihr für den Frieden
und die Eintracht der universalen Kirche vielfach tätig seid."* Am
14. Dezember 1077 verstarb Agnes von Poitou in Rom, wo
sie in einer Seitenkapelle des alten Petersdoms beigesetzt
wurde.

Mathilde von Tuszien

* um 1046 in Mantua (?)
† 1115 in Bondeno di Roncore
Markgräfin von Tuszien
1076–1115

Der Name dieser einflussreichen Frau, die als Herrin über große Gebiete in Norditalien eine Schlüsselposition einnahm, ist aufs Engste mit dem Investiturstreit verknüpft. In diesem mit heftigen Mitteln geführten Machtkampf zwischen geistlicher und weltlicher Gewalt kam ihr als Bundesgenossin des Papstes eine wichtige Rolle zu.

Mathilde war das einzige überlebende Kind des mächtigen Markgrafen Bonifaz von Tuszien, dessen Herrschaftsgebiet sich zu beiden Seiten des Apennin erstreckte, und von dessen zweiter Gemahlin Beatrix von Lothringen. Nachdem der Markgraf 1052 ermordet worden war, übernahm Mathildes Mutter die Regierung über die Markgrafschaft. Im Frühjahr 1054 vermählte sich Beatrix in zweiter Ehe mit ihrem Cousin Herzog Gottfried III. dem Bärtigen von Oberlothringen, womit Kaiser Heinrich III. zunächst nicht einverstanden war, da der Herzog mehrfach gegen ihn rebelliert hatte. Nach der Aussöhnung mit dem Kaiser und seiner Wiedereinsetzung als Herzog in Lothringen wurde Gottfried der Bärtige zu einem der maßgeblichsten Fürsten in Italien, da er nun wieder über die Markgrafschaft Tuszien und die Güter seiner Gattin verfügen konnte. Noch vor seinem Tod im Dezember 1069 arrangierte er aus dynastischen Gründen die Heirat seiner Stieftochter Mathilde mit seinem Sohn aus erster Ehe. Offenbar brachte die junge Erbin ihrem Ehemann Herzog Gottfried IV. von Niederlothringen, genannt der Bucklige, von Anfang an nicht viel Zuneigung entgegen. Nach der Geburt einer Tochter im Sommer 1071, die bloß kurze Zeit lebte, verließ Mathilde ihren Gemahl und kehrte zu ihrer Mutter nach Italien zurück. Zu einer Wiederaufnahme der ehelichen Gemeinschaft war sie nicht mehr zu bewegen. Ihre zerrüttete Ehe endete wenige Jahre später, als Gottfried im Februar 1076 einem Mordanschlag zum Opfer fiel. Als zwei Monate danach Markgräfin Beatrix starb, konnte Mathilde nicht nur erstmals allein über das große Familienerbe verfügen, sondern auch im Widerspruch zu allen Lehnsgewohnheiten über die Markgrafschaft Tuszien regieren. Da ihre Mutter sie bereits an der Verwaltung und Rechtsprechung beteiligt hatte, ging der Regierungswechsel problemlos vonstatten.

Überschattet wurde Mathildes Regierungszeit von dem Investiturstreit, der sich 1075 an der Besetzung des Mailänder Bischofsstuhls entzündet hatte. Vorrangig ging es bei der Auseinandersetzung um die Einsetzung von Bischöfen durch den König. Aus päpstlicher Sicht stand dem Herrscher dies als einfachem Laien nicht zu. Nach den Vorstellungen der Kirchenreformer hatte lediglich die Wahl durch das jeweilige Domkapitel und die anschließende Bestätigung durch den Papst als einzig legitime Form der Bischofserhebung zu gelten. Das königliche Investiturrecht stellte im Reichskirchensystem der Ottonen und Salier allerdings einen wesentlichen Bestandteil der Reichsverfassung dar, da es das geistliche Amt eng mit der Ausübung weltlicher Macht verknüpfte. In dem rasch eskalierenden Streit zwischen König Heinrich IV. und Papst Gregor VII. fiel der Markgräfin zunächst eine Vermittlerrolle zu, da sie einerseits eine Cousine zweiten Grades von Heinrich war, andererseits sich dem Reformpapst Gregor religiös tief verbunden fühlte, was sie später dem Verdacht der *„unkeuschen Liebe"* aussetzte.

Nachdem Heinrich IV. den Papst 1076 durch eine Synode in Worms hatte absetzen lassen, wurde er seinerseits von Gregor mit dem Kirchenbann belegt und für abgesetzt erklärt. In dieser kritischen Situation entschloss sich Heinrich, zur Rettung seines Königtums nach Italien zu gehen, um die Auflösung des Banns zu erreichen. Er zog zu der Burg Canossa im Apennin, dem Stammsitz von Mathildes Vorfahren, wohin sich Papst Gregor VII. zurückgezogen hatte. Als Büßer harrte Heinrich IV. vom 25. bis zum 27. Januar 1077 barfuß vor den Burgtoren im Schnee aus, bis er vor allem dank der Intervention der Markgräfin die Lösung vom Kirchenbann durch Gregor erlangte. Laut der Überlieferung von Mathildes Biograf Donizo hatte der König angeblich seine Verwandte sogar kniefällig um ihre Fürsprache gebeten: *„Mächtige Cousine, geh, erwirke mir den Segen."*

Die Versöhnung zwischen Heinrich IV. und Papst Gregor VII. erwies sich als kurzlebig. Als der Investiturstreit 1080 wieder aufflammte, griff Mathilde mit eigenen Streitkräften zugunsten des Papstes ein, den sie auch finanziell unterstützte. Wegen der großen Unzufriedenheit unter ihren Vasallen, den Bürgern und Teilen des Klerus ihrer Markgrafschaft mit ihrem autoritären Regierungsstil brach jedoch zeitweilig ihre Herrschaft in ihren Stammlanden zusammen. Da sie Heinrich den ihm als Lehnsherrn geschuldeten Beistand verweigerte, wurde sie im Juli 1081 des Hochverrats für schuldig befunden. Die Reichsacht wurde über sie verhängt, alle Reichslehen wurden ihr abgesprochen. Mathilde konnte sich trotzdem in den folgenden Jahren gegen Heinrich behaupten, der sich 1084 von dem Gegenpapst Clemens III. zum Kaiser hatte krönen lassen.

Mathilde stand auch den reformorientierten Nachfolgern Gregors VII. im Vatikan nahe. Auf Wunsch von Papst Urban II. heiratete sie 1088 oder 1089 den über 25 Jahre jüngeren Welf V., den ältesten Sohn des von Heinrich IV. geächteten Herzogs Welf IV. von Bayern. Laut dem Chronisten Bernold von St. Blasien war der Zweck dieser Ehe, dass man dadurch *„um so männlicher der heiligen römischen Kirche gegen die Exkommunizierten beistehen konnte"*. In der Tat verbanden sich auf diese Weise die wichtigsten oberitalienischen und süddeutschen Verbündeten des Papstes in bedrohlicher

Weise für den Kaiser. Das ungleiche Ehepaar lebte meistens getrennt voneinander, weil es sich bei dieser Verbindung in Wahrheit um eine Scheinehe handelte. Dieses politische Zweckbündnis zerbrach wenige Jahre später wieder, sowie sich die Hoffnungen der Welfen auf einen Machtzuwachs in Italien zerschlagen hatten. Nicht nur hatte Mathilde schon früher ihr gesamtes Eigengut in Italien und Lothringen der römischen Kirche für den Fall ihres kinderlosen Ablebens vermacht, sie war auch generell nicht gewillt, ihrem Gemahl irgendwelche Herrschaftsrechte zu überlassen. Nachdem sich Welf V. im Sommer 1095 von Mathilde getrennt hatte, versöhnten sich die Welfen wieder mit Heinrich IV. und erhielten Bayern zurück.

Als Heinrich V. die Politik seines verstorbenen Vaters Heinrich IV. gegenüber dem Papsttum erneut aufnahm, mischte sich Mathilde nicht mehr zugunsten von Papst Paschalis II. ein, zu dem sie offenbar ein distanziertes Verhältnis hatte. Während der Kaiser den Reichsbann gegen sie aufhob, setzte sie ihn 1111 zum Erben ihres Hausguts ein, das sie eigentlich bereits der Kurie geschenkt hatte. Um diese Mathildischen Güter gab es daher nach ihrem Tod einen langen Streit zwischen Kaiser und Papst, bis Kaiser Friedrich II. 1213 den endgültigen Verzicht darauf erklärte.

In ihren letzten Lebensjahren widmete sich die Markgräfin vor allem der Frömmigkeit. Nach ihrem Lebensende am 24. Juli 1115 wurde sie zunächst in der Kirche des Klosters San Benedetto di Polirone beerdigt. Auf Anordnung von Papst Urban VIII. wurden ihre Gebeine 1634 in den Petersdom nach Rom übertragen. Sie war die erste Frau, der diese Ehre zuteil wurde. Ihr von Gian Lorenzo Bernini entworfenes Grabmonument verherrlicht Mathilde mit barockem Pathos als kämpferische Schirmherrin des Papsttums.

Eleonore von Aquitanien

* um 1122 in Poitiers
† 1204 im Kloster Fontevrault
Herzogin von Aquitanien
1137–1204, Regentin bzw.
Mitregentin des Königreichs
England 1155–1168, 1190–1194

Eine der einflussreichsten und zugleich umstrittensten
Frauen des Mittelalters war Eleonore von Aquitanien, die
durch ihre beiden Heiraten erst Königin von Frankreich,
dann Königin von England wurde. Vor allem während ihrer
Witwenschaft konnte sie alle Machtspielräume nutzen, die
sich ihr boten.

Die um 1122 geborene Eleonore war die älteste Tochter
von Herzog Wilhelm X. von Aquitanien, einem mächtigen
Vasallen der französischen Krone, und dessen Gemahlin
Aenor von Châtelleraut. Da ihr einziger Bruder früh verstarb, erbte die gebildete und kultivierte Herzogstochter
nach dem Tod ihres Vaters im April 1137 das im äußersten
Südwesten Frankreichs gelegene blühende Herzogtum
Aquitanien. Nur wenige Monate später, im Juli, heiratete
sie in Bordeaux den französischen Kronprinzen aus dem
Geschlecht der Kapetinger, der bereits kurz nach der Hochzeit als Ludwig VII. König wurde. Zunächst schien sich die
Ehe des jungen Paars trotz unterschiedlicher Lebenseinstel-
lungen positiv zu entwickeln. Während die lebenslustige
Eleonore in einer heiteren und sinnenfrohen Umgebung
aufgewachsen war, bevorzugte Ludwig, der ursprünglich
die geistliche Laufbahn einschlagen wollte, einen mönchi-
schen Lebensstil.

Die in den ersten Ehejahren offenbar bestehende Har-
monie ging im Verlauf des erfolglosen Zweiten Kreuzzugs,

der von 1147 bis 1149 dauerte, verloren. Die Königin begleitete ihren Gatten auf seinem Kriegszug. Während des Aufenthalts bei Eleonores Onkel, dem Fürsten Raimund von Antiocchia, zerstritt sich das Königspaar über den in dem Krieg nun einzuschlagenden Weg. Die sehr selbstbewusste Königin, die sich am französischen Hof zunehmend in ihrer Lebensführung eingeschränkt fühlte, sprach erstmals von einer Auflösung ihrer Ehe. Bezeichnenderweise tauchen gerade in Verbindung mit Eleonores Aufenthalt im Heiligen Land zum ersten Mal Skandalgeschichten über ihr angeblich sexuelles Fehlverhalten auf, obwohl es keine wirklichen Quellenbelege dafür gibt.

Nach der Rückkehr nach Frankreich kam das Thema einer Eheauflösung bald wieder auf die Tagesordnung. Da Eleonore ihrem Ehemann nur zwei Töchter geboren hatte, forderte jetzt auch Ludwig VII. die Nichtigerklärung seiner Ehe, was ganz den Wünschen seiner Gattin entsprach. Auf dem Konzil von Beaugency wurde die Ehe des Königspaars am 21. März 1152 offiziell annulliert. Als Grund hierfür wurde eine zu nahe Verwandtschaft angeführt. Eleonore überließ ihrem früheren Mann die beiden gemeinsamen Töchter. Ihr väterliches Erbe Aquitanien behielt sie dagegen und übte wieder ihre landesherrlichen Befugnisse aus.

Als sie keine zwei Monate nach der Annullierung ihrer ersten Ehe den rund zehn Jahre jüngeren Heinrich Plantagenet, Graf von Anjou und Herzog der Normandie, der zugleich Erbe der englischen Krone war, in Poitiers heiratete, stellte dies einen ungeheuren Affront für Ludwig VII. dar. Durch ihre Verbindung mit Ludwigs gefährlichstem Rivalen wurde ein beängstigendes Szenario heraufbeschworen: Mittels der Zusammenführung der Besitztümer der Plantagenet mit den Territorien Eleonores war ein Länderkomplex entstanden, der das auf die Île de France konzentrierte Königreich Frankreich bedrohte. Nachdem es Eleonores zweitem Gatten 1154 gelungen war, sich in England als König Heinrich II. durchzusetzen, umfasste das sogenannte Angevinische Reich England und fast die Hälfte Frankreichs. Letztendlich legte die zweite Eheschließung Eleonores den Grund mit für den 1337 ausbrechenden „Hundertjährigen Krieg" zwischen England und Frankreich.

Zu Beginn ihrer Ehe, aus der acht Kinder stammten, verstanden sich Eleonore und Heinrich II. scheinbar gut. Während der häufigen Abwesenheiten ihres Gemahls auf dem Kontinent führte Eleonore in England die Regierungsgeschäfte als Regentin. Für einige Jahre wurde der englische Königshof außerdem zu einem Fixpunkt ritterlich-höfischer Kultur. In den 60er Jahren verminderte sich Eleonores Einfluss zusehends. Immer mehr musste sie hinter dem dominierenden Heinrich II. zurückstehen. Eine wachsende Entfremdung breitete sich zwischen dem Königspaar aus. 1168 zog sich Eleonore nach Aquitanien zurück, dessen Verwaltung sie sich verstärkt widmete.

Die von dem französischen König Ludwig VII. nur zu gern geförderte Rebellion der drei Königssöhne Heinrich, Richard und Gottfried im Jahr 1173 gegen ihren Vater Heinrich II. fand auch die Unterstützung Eleonores. Die drei Brüder hatten eine Beteiligung an der Herrschaft gefordert. Aus den mahnenden Worten des Erzbischofs von Rouen an Eleonore wird deutlich, wie sie durch ihr Verhalten gegen den damaligen Sittenkodex verstieß: *„Bevor uns die Ereignisse zu einem schrecklichen Ende führen, komm mit Deinen Söhnen zu Deinem Gatten zurück, dem Du gehorchen und bei dem Du leben sollst."* Letzten Endes behielt Heinrich II. die Oberhand. Es gelang ihm, seiner Gemahlin habhaft zu werden und sie gefangen zu setzen. Während er seinen Söhnen verzieh, wurde Eleonore fast sechzehn Jahre in verschiedenen englischen Burgen bei wechselnder Strenge der Verwahrung festgehalten, um ihren Einfluss auf die Söhne zu unterbinden. Ihr Rang als Königin wurde dabei nie angetastet.

Nach dem Tod ihres Ehemannes 1189 kam Eleonore endgültig frei und spielte unter ihrem Lieblingssohn König

Richard I. Löwenherz, der neuer Herrscher von England wurde, eine bedeutsame politische Rolle. In der Zeit von Richards langjähriger Abwesenheit auf dem Dritten Kreuzzug, zu dem er 1190 aufbrach, war sie an der Regentschaft beteiligt. Sie wohnte den Sitzungen der königlichen Ratsgremien bei, erließ Weisungen und beglaubigte Urkunden. Als Richard auf seinem Rückweg von Herzog Leopold V. von Österreich gefangen genommen und dann von dem römisch-deutschen Kaiser Heinrich VI. interniert wurde, führte Eleonore die Verhandlungen über die Lösegeldsumme. Durch eine radikale Besteuerung beschaffte sie das Lösegeld in Höhe von 150 000 Silbermark. Außerdem unterdrückte sie eine Rebellion ihres jüngeren Sohnes Johann Ohneland, der die Gunst der Stunde zu nutzen versuchte, um sich des Throns zu bemächtigen. Eleonore überbrachte persönlich das Lösegeld nach Speyer. Im März 1194 konnte sie zusammen mit Richard nach London zurückkehren. Nach Richards Tod, der fünf Jahre später bei einer kriegerischen Auseinandersetzung tödlich verwundet wurde, stand sie dem zur Königswürde gelangten Johann Ohneland zur Seite, unter dessen Regierung das Angevinische Reich schließlich zerbrach. Eleonores Versuch, einen längerfristigen Frieden zwischen den Häusern der Plantagenets und der Kapetinger mittels einer Heirat zu erreichen, blieb der erhoffte Erfolg versagt. Eigens war sie nach Kastilien gereist, um dort ihre Enkelin Blanka abzuholen, die im Mai 1200 den französischen Thronfolger, den späteren König Ludwig VIII., heiratete. Kurz vor ihrem Tod zog sich die Königinwitwe Eleonore endgültig in die von ihr seit Jahren unterstützte französische Abtei Fontevrault zurück, in der sie hochbetagt am 31. März oder 1. April starb. Der englische Chronist Richard von Devizes hatte sich Ende des 12. Jahrhunderts um ein ausgewogenes Urteil über Eleonore bemüht, *„über deren Fähigkeit ihr Zeitalter erstaunen kann"*.

Konstanze von Sizilien

* 1154
† 1198 in Palermo
Regentin des Königreichs
Sizilien 1195–1197, Königin von
Sizilien 1197–1198

Über die Persönlichkeit Konstanzes, dieser bedeutenden Herrscherin aus dem Geschlecht der Hauteville und Mutter des berühmten Stauferkaisers Friedrich II., ist kaum etwas bekannt. An ihrer Person und ihrem Handeln entzündete sich gleichwohl immer wieder die Fantasie der Chronisten und Historiker, die dabei selbst vor Rufmord nicht zurückschreckten.

Konstanze kam als posthum geborene Tochter von König Roger II. von Sizilien auf die Welt. Ihre Mutter, Beatrix von Rethel, war die dritte Ehefrau dieses Begründers des normannischen Großmachtstaates in Italien. Da ihr wesentlich älterer Halbbruder Wilhelm I. bei seinem Tod 1166 nur einen Sohn, Wilhelm II., hinterließ und dessen 1177 geschlossene Ehe kinderlos verblieb, zeichnete sich ab, dass Konstanze die einzige legitime Erbin der normannischen Krone werden würde. Umso mehr erstaunt es, dass die Prinzessin, obwohl sie eine glänzende Partie darstellte, erst mit knapp 32 Jahren verheiratet wurde – ein für damalige Verhältnisse mehr als spätes Heiratsalter. Seit dem Spätmittelalter tauchte deshalb die Behauptung auf, sie sei vor ihrer Hochzeit Nonne gewesen. Ihre Heirat mit dem viel jüngeren römisch-deutschen König Heinrich VI. war allein politischen Zwecküberlegungen geschuldet. Für Kaiser Friedrich I. Barbarossa, Heinrichs Vater, bot sich dadurch die Chance, auf friedlichem Weg die Herrschaft über Süditalien zu erringen. Für das noch „junge" normannische Königshaus bedeutete diese

Heirat nicht nur eine Aufwertung seines Ranges, sondern vor allem auch eine generelle Anerkennung des Königtums der Hauteville durch das römische Kaisertum. Außerdem konnte mithilfe der mächtigen Staufer die Erbfolge Konstanzes gesichert und die Einheit des Königreichs Sizilien erhalten werden. Wenig angetan von der Heirat war dagegen der Papst, da er eine dauerhafte Umklammerung des Kirchenstaates durch die Staufer befürchten musste. Am 27. Januar 1186 fand die prunkvolle Hochzeit von Konstanze und Heinrich in Mailand statt, bei der die Braut auch zur römisch-deutschen Königin gekrönt wurde.

Obwohl Wilhelm II. von Sizilien die geistlichen und weltlichen Würdenträger seines Reichs einen Eid leisten ließ, dass sie im Falle seines kinderlosen Todes seine Tante und deren Ehemann als gemeinsame Thronfolger anerkennen würden, konnte nach dem unerwarteten Tod des Königs am 18. November 1189 ein Verwandter, Graf Tankred von Lecce, den Thron usurpieren. Wenngleich er von unehelicher Geburt war, wurde Tankred im Januar 1190 zum König gekrönt.

Der Aufbruch Heinrichs VI. nach Italien verschob sich wegen der Nachricht vom Tod Kaiser Friedrich Barbarossas auf dem Dritten Kreuzzug. Erst nachdem Heinrich und Konstanze am 15. April 1191 in Rom zu Kaiser und Kaiserin gekrönt worden waren, konnte sich der Staufer der Durchsetzung seines Anspruchs auf das sizilische Regnum zuwenden. Während sein Zug gen Süden wegen einer bei der Belagerung von Neapel ausgebrochenen Seuche vorerst scheiterte, geriet Konstanze in Salerno in die Gefangenschaft Tankreds. Auf Intervention von Papst Coelestin III. entließ er sie in dessen „Obhut". Auf dem Weg nach Rom gelang es der Kaiserin zu entfliehen und nach Deutschland zurückzukehren. Nach Tankreds überraschendem Tod im Februar 1194 zog Heinrich VI., der nun in seiner Kriegskasse über das enorme Lösegeld für die Freilassung des seit 1192 gefangen gehaltenen englischen Königs Richard

Löwenherz verfügen konnte, mit einem großen Heer nach Italien, um sich dieses äußerst günstigen Moments zur Machtübernahme im Königreich Sizilien zu bedienen. Am Weihnachtstag 1194 ließ er sich in Palermo zum König des sizilischen Regnum krönen.

Konstanze reiste ihrem Gemahl wegen ihrer Schwangerschaft langsamer hinterher. Am 26. Dezember 1194 brachte sie in Jesi bei Ancona ihren Sohn Friedrich zur Welt. Wegen des relativ hohen Alters der Erstgebärenden und der acht Jahre dauernden Kinderlosigkeit ihrer Ehe streuten Gegner der Staufer alsbald Zweifel an der Legitimität des Thronfolgers aus und schreckten auch nicht vor üblen Verleumdungen Konstanzes zurück. Wegen der unsicheren Lage im Königreich Sizilien musste die Kaiserin ihren Sohn bereits wenige Wochen nach seiner Geburt in die Obhut der Gemahlin des Konrad von Urslingen geben, da ihre Anwesenheit in Süditalien dringend nötig war. Auf dem an Ostern 1195 in Bari abgehaltenen Hoftag wurde sie von Heinrich VI. als Reichsverweserin des sizilischen Regnum für die Zeit seiner Abwesenheit eingesetzt. Bei der Wahrnehmung ihrer Aufgabe sollte sie von Walter von Pagliara, dem Bischof von Troia, als Kanzler und Konrad von Urslingen als Reichsvikar unterstützt werden, die aber beide nicht wirklich in Erscheinung traten. Selbstbewusst wehrte sie im Oktober 1195 die Versuche Papst Coelestins III. ab, in die Verhältnisse des Königreichs Sizilien einzugreifen. Sie wies den Papst darauf hin, dass sie *„dieses Erbreich durch die Fülle des väterlichen Rechts"* besitze und sie es daher nicht dulden könne, *„dass in uns die Würde unserer Vorgänger gemindert werde"*. Konstanze betrachtete sich also nicht als bloße Statthalterin des Kaisers. Im Sommer 1197 kehrte Heinrich VI. nach Italien zurück, um von dort zu einem neuen Kreuzzug aufzubrechen. Im Vorfeld hatte er noch durchgesetzt, dass sein Sohn im Dezember 1196 in Frankfurt von den Reichsfürsten zum römisch-deutschen König gewählt wurde.

Vor seiner Abreise ins Heilige Land starb Kaiser Heinrich VI., der in Sizilien wegen seiner harten und grausamen Maßnahmen verhasst war, am 28. September 1197 jedoch unerwartet an einer Malariainfektion. Sein plötzlicher Tod gab prompt Anlass zu Gerüchten, dass ihn seine Gemahlin vergiftet habe. Dies ist höchst unwahrscheinlich, da Konstanze nach dem Tod Heinrichs bei ihrer Herrschaftssicherung für sich und ihren Sohn in einem schwierigen Umfeld ohne den starken Rückhalt ihres Mannes auskommen musste. In den Wirren, die nach dem Tod des Kaisers ausbrachen, drohten die Gegner der Staufer die Oberhand zu gewinnen. Ohne auf ihren eigenen Kaisertitel zu verzichten, beschloss Konstanze nüchtern, sich zunächst mit der Sicherung des sizilischen Regnum zu bescheiden. Sie trat dabei als souveräne Herrscherin Siziliens auf, nicht etwa als reine Regentin für ihren Sohn. Sie ließ den dreijährigen Friedrich unverzüglich nach Sizilien bringen, setzte ihn formal zum Mitregenten ein und ließ ihn am 17. Mai 1198 in Palermo zum König von Sizilien krönen. Erst danach gab sie in Anbetracht der Wahl ihres Schwagers Philipp von Schwaben zum deutschen König Friedrichs Anspruch auf die deutsche Krone auf. Trotzdem versuchte sie gleichzeitig für ihren Sohn spätere Optionen offenzuhalten. Zusätzlich verbannte sie umgehend die unpopulären deutschen Parteigänger Heinrichs VI. aus ihrem Königreich. Aus dem Bewusstsein heraus, dass es dringend erforderlich war, zu einer Übereinkunft mit dem Papst wegen der Anerkennung der sizilischen Königskrone für sich und Friedrich zu gelangen, nahm Konstanze Verhandlungen mit dem Heiligen Stuhl auf. Die Unterzeichnung des Vertrags, in dem sie sich zur Leistung des Lehnseides und zum Verzicht auf fast jeden königlichen Einfluss auf die Kirche im Königreich Sizilien bereit erklärte, kam nicht mehr zustande, da Konstanze überraschend am 28. November 1198 verstarb. Sie wurde wie ihr Mann im Dom von Palermo beigesetzt. Die Vormundschaft für ihren unmündigen Sohn Friedrich II.

übernahm auf ihren Wunsch hin Papst Innozenz III., der auch zum Verweser des Königreichs bestimmt wurde. Konstanze ging von der richtigen Annahme aus, dass der Papst als Einziger in der Lage sein würde, Friedrich die Herrschaft über Sizilien zu erhalten.

Margarete I.

* 1353 auf Schloss Søborg
† 1412 in Flensburg
Regentin, dann Königin von
Dänemark 1376–1412, Norwegen
1380–1412 und Schweden
1388–1412

Margarete I. nimmt als Begründerin des skandinavischen Reichsverbundes in der Geschichte aller nordischen Länder einen eminent wichtigen Platz ein. In der um 1440 verfassten sogenannten schwedischen Reimchronik heißt es lobend: *„Nur sehr selten wird eine solche Frau geboren."* Generell zählt sie zu den bedeutendsten Herrschergestalten des Mittelalters in Europa.

Margarete, die im März 1353 auf Schloss Søborg das Licht der Welt erblickte, war die jüngste Tochter des dänischen Königs Waldemar IV. Atterdag und dessen Gemahlin Heilwig von Schleswig. Bereits im Alter von zehn Jahren wurde sie am 9. April 1363 mit dem zwölf Jahre älteren norwegischen König Haakon VI. Magnusson, einem Sohn des schwedischen Königs Magnus Erichson, verheiratet. Zu Norwegen gehörten damals Grönland, Island, die Färöer-Inseln, die Shetland-Inseln und die Orkney-Inseln. Als die blutjunge Königsgemahlin nach Norwegen kam, erhielt sie in Merete Ulvsdatter, einer Tochter der später heiliggesprochenen Birgitta von Schweden, eine strenge Erzieherin. Der Chronist des Klosters von Vadstena überliefert, dass sie *„häufig geschlagen wurde"*.

Beim Tod von Margaretes Vater König Waldemar IV. im Oktober 1375 gab es keinen direkten männlichen Erben für den dänischen Thron. Margarete wusste die Situation für ihren im Dezember 1370 geborenen Sohn Olaf Haakonson zu nutzen. Durch geschicktes Verhandeln und mithilfe der mächtigen Hanse, jener von deutschen Kaufleuten und Handelsstädten dominierten genossenschaftlichen Vereinigung, konnte sie erreichen, dass ihr minderjähriger Sohn Olaf König von Dänemark wurde. Zusammen mit dem dänischen Reichsrat übte sie für ihn die Regentschaft aus. Sie setzte das Regierungsprogramm ihres Vaters fort und besetzte wie er alle Schlüsselstellungen mit ihr ergebenen Gefolgsleuten. Nur wenige Jahre später, 1380, verstarb ihr Ehemann, und Margarete übernahm für ihren Sohn auch die Regentschaft über Norwegen. Bis 1814 sollte diese dänisch-norwegische Personalunion bestehen bleiben.

Es war für sie sicherlich ein Schock, als ihr einziges Kind, der siebzehn Jahre alte Olaf, am 3. August 1387 verstarb. Nach geltendem Staatsrecht wäre damit Margaretes Regentschaft eigentlich beendet gewesen, doch die energische und offensichtlich sehr durchsetzungsfähige Fürstin verstand es, die Reichsräte der beiden Königreiche auf ihre Seite zu ziehen. Margarete wurde zunächst vom dänischen Reichsrat als Interims-Herrscherin Dänemarks anerkannt. Sie sollte so lange herrschen, bis eine Regelung über die Nachfolge getroffen war. Im Februar 1388 folgte der norwegische Reichsrat Dänemarks Vorbild und bestimmte sie zur Herrscherin auf Lebenszeit. Einen Monat später wählte sie auch ein einflussreicher Teil der schwedischen Magnaten zur Herrscherin von Schweden, obwohl in der Person Albrechts von Mecklenburg bereits ein König in diesem nordeuropäischen Staat vorhanden war. In Schweden bestand damals wie in Dänemark die Form einer Wahlmonarchie. Die ehrgeizige Margarete hatte schon seit Längerem auf das Ziel hingearbeitet, ein Ostseeimperium zu schaffen, und hatte deshalb jede Gelegenheit genutzt, die wachsende Unzufriedenheit der Schweden über ihren Monarchen zu schüren. Der von dem aufrührerischen Adel ursprünglich zum König gewählte Mecklenburger hatte sich nicht als so gefügig erwiesen wie gehofft, sondern hatte immer mehr seiner norddeutschen Vasallen auf Schlüsselpositionen in Schweden gesetzt. Mit der Rückendeckung einflussreicher Kreise begann Margarete einen Krieg gegen Albrecht, der sie als „König Hosenlos" verhöhnt hatte. Aus der kriegerischen Auseinandersetzung ging sie im Februar 1389 als Siegerin hervor, da Albrecht und sein Heer in der Schlacht von Åsle bei Falköping im Südwesten Schwedens vernichtend geschlagen werden konnten. Margarete ließ ihren gefangen genommenen Gegner für sechs Jahre inhaftieren, bis Albrecht seinen Verzicht auf das schwedische Königtum aussprach.

Margarete I. sah sich nun in der günstigen Lage, weitgehend selbst zu bestimmen, wer in Zukunft als König in den drei nordeuropäischen Staaten herrschen sollte. Ihre Wahl fiel auf ihren unmündigen Großneffen Bogislaw von Pommern, der den für einen nordischen Herrscher passenderen Namen Erich erhielt und von Margarete adoptiert wurde. Während er schon 1389 vom norwegischen Reichsrat als Erbkönig anerkannt wurde, kam die Zustimmung von Dänemark und Schweden erst 1396.

Am 17. Juni 1397 wurde Erich in Kalmar zum König von Dänemark, Norwegen und Schweden gekrönt. Im Anschluss daran wurden die Regierungsmodalitäten mit den adeligen und geistlichen Spitzen aus den drei Ländern ausgehandelt. Es war dies die Geburtsstunde der Kalmarer Union, die dem Norden Europas für längere Zeit Ruhe garantieren sollte. Der Plan Margaretes, die drei skandinavischen Staaten zu einem Großreich zu vereinigen, wurde damit Wirklichkeit. Eine endgültige Vertragsfassung kam freilich nicht zustande, doch die Union sollte trotzdem erst zu Beginn der 1520er Jahre zerbrechen. Königin Margarete bekam eine lebenslängliche Generalvollmacht: *„Außerdem soll unsere Frau Königin Margarete zu ihren Lebzeiten ungehindert und mit allem königlichen Recht – nichts ausgenommen – nach ihrem Willen alles besitzen und nutzen, beherrschen und behalten."* Die jeweiligen Reichsräte und unterschiedlichen

Gesetzes- und Verwaltungsnormen der drei Staaten blieben bestehen, aber nach Außen traten die drei Reiche gemeinsam auf. Für den Kriegsfall gelobten sie einander gegenseitige Hilfe. Zudem erhielten sie eine gemeinsame Thronfolgeregelung. Der Unionskönig sollte zwar ein gewählter Monarch sein, dennoch sollte vorzugsweise die männliche Nachkommenschaft Erichs berücksichtigt werden.

Im Oktober 1412 reisten Margarete I., die 1407 auch noch die Herrschaft über die Insel Gotland erlangt hatte, und Erich nach Flensburg, um sich dort der Gefolgschaft der einflussreichen Flensburger Kaufleute zu versichern und das Herzogtum Schleswig fester an das Reich zu binden. Plötzlich erkrankte Margarete wohl an der Pest und verstarb am 28. Oktober auf einem Schiff im Flensburger Hafen. Ihr inzwischen 30 Jahre alter Neffe Erich XIII. wurde damit endgültig Alleinherrscher des nordischen Großreichs. Er setzte die Politik seiner Großtante fort, wurde aber wegen seines autokratischen Regierungsstils, seiner Großmachtpolitik und Erbreichspläne 1439 in Dänemark und Schweden sowie 1441 auch in Norwegen abgesetzt. Margaretes Sarkophag, den eine lebensgroße Figur der Herrscherin ziert, fand in der Domkirche von Roskilde einen herausgehobenen Platz mitten vor dem Altar. Dies zeugt von dem großen Respekt, der ihrer Lebensleistung entgegengebracht wurde.

Isabeau von Bayern

* 1370 wohl in München
† 1435 in Paris
Regentin des Königreichs
Frankreich 1403–1422

Das von Glanz und Elend gleichermaßen geprägte Leben der Königin Isabeau, die in einer unruhigen Krisenzeit Frankreich phasenweise stellvertretend für ihren Ehemann regierte, inspirierte jahrhundertelang Literaten und Künstler. Häufig diente die Wittelsbacherin dabei als lasterhaftes Gegenbild zur verklärten Lichtgestalt der französischen Nationalheiligen Jeanne d'Arc, der Jungfrau von Orléans.

Isabeau hieß eigentlich Elisabeth und kam 1370 wohl in München zur Welt. Ihre Eltern waren Herzog Stephan III. von Bayern-Ingolstadt und Thaddäa Visconti, eine Mailänder Fürstentochter. Aus dynastisch-politischen Erwägungen wurde Elisabeth im Alter von fünfzehn Jahren mit dem noch nicht mündigen französischen König Karl VI. am 17. Juli 1385 in Amiens verheiratet. Der junge Valois-König zeigte sich von seiner schönen Braut entzückt, obwohl sie bei ihrer Ankunft in Frankreich nicht des Französischen mächtig war. Der anfänglich offenbar glücklichen Ehe entstammten insgesamt zwölf Kinder, die zwischen 1386 und 1407 geboren wurden.

1388 übernahm Karl VI. selbst die Regierung, doch erwies er sich als sprunghafte und labile Persönlichkeit. Im August 1389 erfolgte Isabeaus unter großem Prachtaufwand zelebrierter Einzug in Paris, wo sie gekrönt wurde. Die junge Königin hielt sich in den Anfangsjahren ihrer Ehe von den Staatsgeschäften fern. Ihr Interesse galt ursprünglich vor allem Kunst und Literatur. Zu den von ihr geförderten Künstlern gehörte auch die berühmte Dichterin und frühe

Frauenrechtlerin Christine de Pizan, die ihr einzelne Werke widmete.

Im Sommer 1392 traten erstmals Anfälle von Wahnsinn bei König Karl VI. auf, die ihn bis an sein Lebensende immer öfter heimsuchen sollten. Isabeau sah sich in dieser Situation von den Onkeln des Königs beiseitegeschoben. Ihr und ihren Kinder drohte die Gefahr, zum Spielball der um die Macht rivalisierenden Herzöge zu werden. 1393 ordnete der vorübergehend wieder genesene König an, dass seine Gemahlin die Vormundschaft über die gemeinsamen Kinder erhalten sollte. Unterstützt werden sollte sie dabei von den drei Onkeln des Königs, den Herzögen von Burgund, Berry und Anjou, von dem jüngeren Bruder des Königs, Herzog Ludwig von Orléans, und von ihrem eigenen Bruder, Herzog Ludwig (VII.) von Bayern-Ingolstadt. Außerdem wurden ihr große Ländereien als Witwenapanage zugesprochen. Mit diesen Regelungen erhielt Isabeau eine gesicherte Position für die Zukunft. Im März 1402 wurde die Machtstellung der Königin weiter ausgebaut, als sie mit der Vertretung des Gatten in den Zeiten seiner Krankheitsschübe betraut wurde: „(...) im Falle der Abwesenheit des Königs oder einer anderen Verhinderung (...), will und befiehlt der König, daß von jetzt ab und in diesem Fall (...) und während der ganzen Dauer der Abwesenheit oder der anderen Verhinderung des Königs alles so gemacht würde, als wenn er in Person anwesend wäre. Und um dies zu tun, gibt er von jetzt an und für immer der Königin volle Gewalt und Autorität." Die Oberaufsicht über die Finanzverwaltung sowie die Aufsicht über die Krondomänen wurden Isabeau etwas später auch übertragen. Im April 1403 erhielt sie noch den Vorsitz im Kronrat. Bei der Leitung der Regierung wurde sie von den Herzögen unterstützt. Es handelte sich dabei jedoch um eine Regentschaft, die immer nur dann galt, wenn König Karl VI. geistig umnachtet war, ansonsten lag die Staatsgewalt bei ihm.

Nach dem im April 1404 erfolgten Tod des Herzogs Philipp II. des Kühnen von Burgund, der bisher mit großem

taktischen Geschick die Politik am französischen Königshof dominiert hatte, nahm der Machtkampf zwischen den
Herzögen von Burgund und Orléans und ihren jeweiligen
Anhängern am Königshof eine neue Dimension an. Ludwig von Orléans gedachte seinen Regierungsanspruch nun
durchsetzen zu können. Die Königin, auf einen einflussreichen Unterstützer angewiesen, wandte sich ihrem Schwager
zu. Ludwigs schlechter Leumund schadete freilich Isabeaus
Ansehen und gab Anlass zu allerlei Gerüchten über ihr
gegenseitiges Verhältnis. Erstmals wurden der Wittelsbacherin von ihren Gegnern Sittenlosigkeit, Verschwendungssucht und Frivolität vorgeworfen.

Der Streit zwischen den Häusern Burgund und Orléans
eskalierte im November 1407, als der neue Herzog von Burgund, Johann Ohnefurcht, seinen politischen Gegner Ludwig von Orléans durch einen Mordanschlag ausschalten
ließ. Isabeaus engster Vertrauter wurde danach ihr Bruder
Herzog Ludwig, der sich in den Jahren 1407 bis 1415 meistens
in Paris aufhielt und sie in ihrer Regierung mit wechselnden
Allianzen unterstützte. Um 1410 nahm die Auseinandersetzung zwischen den beiden Lagern bürgerkriegsähnliche
Formen an. Weite Teile Frankreichs wurden verwüstet, die
Bevölkerung war Willkür und Gewalt ausgesetzt. Isabeau
hatte dem mit ihren unermüdlichen Vermittlungsbemü-
hungen wenig entgegenzusetzen.

Die chaotischen Zustände in Frankreich stellten für den
englischen König Heinrich V. geradezu eine Einladung zum
Griff nach der französischen Krone dar. Der seit 1337 mit
Unterbrechungen dauernde Hundertjährige Krieg zwischen England und Frankreich erfuhr deshalb im Sommer
1415 seine Fortsetzung, als Heinrich mit seinen Truppen
in Frankreich landete. Am 25. Oktober 1415 unterlag das
zahlenmäßig weit überlegene französische Heer den Eng-
ländern in der Schlacht von Azincourt. Der bisher neut-
ral gebliebene Herzog Johann von Burgund schloss mit
England einen Bündnispakt gegen Frankreich. 1417 wurde

Königin Isabeau, unter dem Verlust aller Vollmachten, von der orléanistischen Partei nach Tours verbannt. Ihr einziger noch lebender Sohn Karl wurde mit der Regentschaft in Vertretung des Königs und dem Vorsitz im Kronrat betraut. Der burgundische Herzog Johann Ohnefurcht befreite die Königin aus ihrer Gefangenschaft, die wieder die Regentschaft für sich reklamierte. Isabeau war nun allerdings dem Burgunder Herzog verpflichtet. Kronprinz Karl bildete daraufhin eine Gegenregierung in Bourges.

Isabeaus Bemühungen um Friedensverhandlungen wurden 1419 durch den Mord an Herzog Johann Ohnefurcht zunichtegemacht. Der Bürgerkrieg ging weiter, so dass kein Widerstand gegen die englische Übermacht möglich war. Der neue Herzog von Burgund, Philipp III. der Gute, der nach Burgunds Unabhängigkeit von Frankreich strebte, suchte das Bündnis mit Englands König Heinrich. Das französische Königspaar war vollständig abhängig von der burgundischen Schutzmacht. In Troyes wurde am 21. Mai 1420 ein Vertrag unterzeichnet, der dem englischen Herrscher den Anspruch auf den Thron Frankreichs nach König Karls Tod bestätigte. Der französische Thronfolger, der spätere Karl VII., wurde enterbt. Isabeaus Zustimmung zu diesem Vertrag war der letzte politische Akt von Bedeutung, den sie vollzog und der ihr Ansehen endgültig schädigte. Mit dem kurz hintereinander erfolgten Tod des englischen Königs Heinrich V. und des französischen Königs Karl VI. im Jahr 1422 trat Königin Isabeau von der politischen Bühne ab, da sie jetzt über keinerlei Einfluss mehr verfügte. Ihren Lebensabend verbrachte sie zurückgezogen und verarmt in Paris, wo sie am 30. September 1435 verstarb.

Henriette von Mömpelgard (Montbéliard)

* zwischen 1384 und 1391 in
Mömpelgard (?)
† 1444 in Mömpelgard
Regentin der Grafschaft
Württemberg 1419–1421, Gräfin
von Mömpelgard 1419–1444

Über Henriette von Mömpelgard ist relativ wenig bekannt, obwohl das Haus Württemberg ihrer Ehe mit dem württembergischen Grafen Eberhard IV. den größten territorialen Zuwachs verdankte, den es in seiner Geschichte mittels Heirat erlangte. Bis 1802 blieb dieses französische Territorium mit Württemberg verbunden.

Henriettes genaues Geburtsjahr lässt sich nicht feststellen. Sie war die älteste von vier Töchtern des Heinrich von Orbe, Graf von Montbéliard-Montfaucon, und der Gräfin Maria von Châtillon. Nachdem die Mutter schon vorher verstorben war, fiel ihr Vater 1396 in der Schlacht bei Nikopolis, auf dem sogenannten letzten Kreuzzug gegen die Osmanen. Da es keine legitimen männlichen Nachkommen im Hause Montfaucon mehr gab, bestimmte Henriettes Großvater, Graf Stephan, kurz vor seinem Tod am 1. November 1397 seine älteste Enkelin zur Haupterbin. Sie sollte die Grafschaft Mömpelgard und die dazugehörigen Herrschaften samt einem Drittel der Hauskleinodien erhalten. Diese Gelegenheit, seinem Haus große linksrheinische Besitzungen zu verschaffen, wusste der württembergische Graf Eberhard III. zu nutzen und schloss am 13. November 1397 mit dem Vormund der minderjährigen Henriette einen Heiratsvertrag für seinen ebenfalls noch minderjährigen Sohn Eberhard ab. Der genaue Hochzeitstermin von

Henriette und Eberhard ist unbekannt, doch dürfte die Heirat spätestens 1407 gefeiert worden sein. 1409 erhielt Henriettes Gatte die Regierung über die Grafschaft Mömpelgard. Sie selbst scheint erst als Witwe mit den dortigen Regierungsgeschäften befasst gewesen zu sein.

Aus ihrer Ehe mit Graf Eberhard IV. gingen drei Kinder hervor, die 1408 geborene Tochter Anna und die 1412 bzw. 1413 zur Welt gekommenen Söhne Ludwig und Ulrich. Zumindest die letzten Ehejahre waren von Differenzen überschattet, das Grafenpaar lebte sogar zeitweilig getrennt voneinander.

Eberhard IV., der nach dem Tod seines Vaters im Mai 1417 die Regierung in Württemberg angetreten hatte, verstarb bereits im Alter von nicht ganz 31 Jahren am 2. Juli 1419. Seine Witwe wurde daraufhin die Vormünderin für die gemeinsamen Kinder, deren Erziehung sich Henriette laut der Chronik David Wollebers *„als einer scharpfen schuelmeisterin"* annahm. Da die beiden Grafensöhne noch unmündig waren, musste eine Regentschaft installiert werden, deren Ausübung Gräfin Henriette und über 30 Räten oblag. Nach geltendem Recht hätte die Vormundschaftsregierung eigentlich von dem nächsten männlichen Verwandten geführt werden müssen. Die von Herzog Karl von Lothringen mehrfach beanspruchte Vormundschaft konnte jedoch abgewiesen werden. Henriette bedankte sich deshalb ausdrücklich bei Kurfürst Ludwig III. von der Pfalz für seine Unterstützung in dieser Sache. Passend zu der Politik einer Annäherung an die Kurpfalz wurde im November 1419 ihr ältester Sohn Ludwig mit Mechthild, der erst wenige Monate alten Tochter von Ludwig III., verlobt.

Im politischen Alltag scheint es in Württemberg zu einer Art Aufgabenteilung zwischen der verwitweten Gräfin und den Räten gekommen zu sein. Das Kirchwesen führte sie wohl allein. Dagegen überließ Henriette das Lehnswesen oder die territorialen Geschäfte fast ganz den Räten. In der Grafschaft Mömpelgard regierte sie im Gegensatz dazu aus eigenem Recht. 1431 ließ sie sich eigens von dem deutschen König Sigismund mit der Grafschaft Mömpelgard belehnen. In der zu diesem Zweck ausgestellten Urkunde ist weder von ihrem verstorbenen Mann noch von den beiden Söhnen die Rede.

Ende 1421 zog sich Henriette aus der württembergischen Regierung zurück. Die genauen Gründe dafür liegen im Dunkeln. Vor ihrem Rückzug regelte sie ihre persönliche Witwenausstattung. In dem darüber mit den Räten ausgebrochenen Streit konnte der Pfälzer Kurfürst einen Ausgleich herbeiführen. Trotz dieses Rückzugs scheint Henriette später noch Einfluss in Württemberg innegehabt zu haben. Nach dem Regierungsantritt ihres ältesten Sohnes, des Grafen Ludwig I., in Württemberg 1426 lässt sich ihre Tätigkeit gerade im Bereich der Kirchenpolitik nachweisen. So übte sie etwa 1431 für König Sigismund einen Schirmauftrag über das durch Raub und Plünderung bedrängte Kloster Königsbronn aus. In dem über Reformen ausgebrochenen Streit zwischen dem Zisterzienserinnenkloster Rechentshofen bei Bietigheim und dem Maulbronner Abt wurde sie als Vermittlerin angerufen. Sie bestimmte daraufhin drei gelehrte Mitglieder des Chorherrenstifts Sindelfingen als Urteiler und besiegelte deren Erklärung im Dezember 1432. Ebenso wurde Henriette auf weltlichem Gebiet als Schiedsrichterin aktiv. 1431 intervenierte sie im Verein mit neun württembergischen Räten in einer Auseinandersetzung zwischen dem Freiherrn Georg von Enne und einigen Reichsstädten, der eine über Jahre anhaltende Fehde beendete. Im Juni 1433 entschied sie zusammen mit den Räten in einem Streit zwischen Württemberg und Georg von Urbach um diverse Rechte in Urbach. Als Graf Ludwig I. gemeinsam mit der Stadt Straßburg und dem Städtebund die Burg Schauenburg bei Oberkirch im Spätsommer 1432 belagerte, war Henriette damit ebenfalls befasst. Mehrfach taucht ihr Name in der Korrespondenz zu dieser Fehde gegen Friedrich Bock von Staufenberg und Wilhelm von

Schauenburg auf. Offensichtlich beriet sie ihren Sohn in dieser Angelegenheit.

Während die Teilungen Württembergs zwischen ihren Söhnen Ludwig I. und Ulrich V. 1441 und Anfang 1442 noch mit ihrer Zustimmung erfolgt waren, entstand wenig später Streit um das Erbe für ihre Tochter. Gräfin Henriette wollte Anna, die 1420 den Grafen Philipp von Katzenelnbogen geheiratet hatte, zusätzlichen Besitz sowohl auf württembergischem als auch auf Mömpelgard zugehörigem Gebiet vermachen. Ludwig und Ulrich fanden den Plan *„unmuterlich"* und *„unfruntlich"*. Die Auseinandersetzungen eskalierten so weit, dass die Söhne ihre Mutter vorübergehend in Nürtingen festsetzten. Am 13. August 1442 kam es zu einem Vergleich, in dem Henriette die geplante Bevorzugung der Tochter zurücknahm.

Erst nach ihrem Rückzug aus der württembergischen Regierung scheint sich Gräfin Henriette intensiver um die Mömpelgarder Geschäfte gekümmert zu haben. Im weltlichen Bereich schaffte sie als Ausgleich für die vorangegangenen Pestepidemien für die Untertanen in Mömpelgard und den zugehörigen Herrschaften Etobon und Belieu 1431 den Leibfall ab, jene beim Tod eines Hörigen fällige Naturalabgabe an den Grundherrn. Bereits 1424 verzichtete sie auf die Weinsteuer zugunsten der Bürger der Stadt Mömpelgard, nachdem diese darauf verwiesen hatten, dass diese Steuer der Stadt seit alters für Reparatur- und Ausbaumaßnahmen an der Stadtmauer zugestanden habe. Zweimal gelang es ihr, ihr Territorium durch Kauf zu erweitern: im Oktober 1424 um die Herrschaft Belieu und 1427 um den westlichen Teil von Ajoie. Auch auf kirchlichem Gebiet war die Gräfin aktiv. So war sie etwa mit der Reform des Mömpelgarder Stifts St. Maimbœuf befasst. In der dortigen Stiftskirche fand sie nach ihrem Tod am 14. Februar 1444 ihre letzte Ruhestätte.

Isabella I., die Katholische

* 1451 in Madrigal de las Altas
Torres
† 1504 in Medina del Campo
Königin von Kastilien und León
1474–1504

Isabella, die am 22. April 1451 als Tochter des Königs Johann II. von Kastilien und León und dessen zweiter Gattin Isabella von Portugal vermutlich in Madrigal de las Altas Torres geboren wurde, erhielt nach dem frühen Tod ihres Vaters eine eher lückenhafte Ausbildung. Nachdem sie 1464 an den Hof ihres Halbbruders Heinrich IV. in Segovia geholt worden war, konnte sie in der dortigen Bibliothek ihre Bildung durch Lektüre verbessern.

Schon frühzeitig wurde Isabella als Ehekandidatin gehandelt. Als die Verheiratungspläne ihres Halbbruders zum Teil auch an ihrem Widerstand gescheitert waren, beschloss Isabella, die seit 1468 als Thronfolgerin galt, sich selbst einen Ehemann zu wählen, um weiteren brüderlichen Heiratsprojekten zuvorzukommen. Der künftige König Ferdinand II. von Aragón, der ein Jahr jünger als sie selbst war, schien ihr dafür geeignet zu sein. Die denkbare politische Bevormundung durch einen älteren Ehemann entfiel bei ihm. Hinzu kam, dass Ferdinand von dem mächtigen Erzbischof von Toledo, Carrillo, favorisiert wurde. Dass der siebzehn Jahre alte Auserwählte bereits über eine Mätresse verfügte, mit der er zwei Kinder hatte, störte dabei nicht. Da eine offizielle Werbung Ferdinands wegen der eigenen Planungen von König Heinrich IV. nicht möglich war, reisten Ferdinand und seine wenigen Begleiter als Kaufleute verkleidet nach Valladolid, wohin sich Isabella geflüchtet hatte. Die Prinzessin hatte einen

Besuch bei ihrer Mutter vorgetäuscht. Am 19. Oktober 1469 fand in Valladolid die Hochzeit der beiden Thronerben wegen der fehlenden Zustimmung von Isabellas Bruder im Geheimen statt. Weil es sich bei dem Brautpaar um Verwandte zweiten Grades handelte, hätte eigentlich eine päpstliche Dispens vorliegen müssen. In der Annahme, dass diese sicherlich nachgereicht werden würde, wurde eine Fälschung des notwendigen Schriftstücks fabriziert. Erst im Dezember 1471 lag die echte Dispens vor. Aus der Ehe stammten insgesamt zehn Kinder, von denen fünf das Erwachsenenalter erreichen sollten.

Als ihr Halbbruder Heinrich IV. 1474 ohne Hinterlassung eines Testaments verstarb, konnte Isabella den kastilischen Thron besteigen. Sie ging dabei rasch vor und verlor keine Zeit. Sie befand sich zu dieser Zeit in Segovia, während sich Ferdinand in Aragón aufhielt. Am 13. Dezember ließ sie sich zur Königin von Kastilien und León ausrufen und von den anwesenden Granden huldigen. Ihr Ehemann war mit dieser Entwicklung nicht einverstanden, da er davon ausgegangen war, dass ihm die Krone von Kastilien zustehen würde. Isabella sollte von den Regierungsgeschäften ausgeschlossen sein. Um ein drohendes Zerwürfnis zu vermeiden, wurde am 15. Januar 1475 das Abkommen von Segovia geschlossen, das die Rechte beider Ehepartner fixierte. Ferdinand erhielt danach den Königstitel und blieb kein bedeutungsloser Prinzgemahl, aber Isabella wurde zur „Besitzerin" des Reichs bestimmt. Ihr allein stand das Vererbungsrecht zu. Trotz des Mitsprachezugeständnisses an ihren Ehemann war Isabella die einzig rechtmäßige Herrscherin von Kastilien.

Die Erbfolge in Kastilien war damit noch nicht endgültig geklärt. Es gab in der Person der Prinzessin Johanna von Kastilien eine Thronkonkurrentin. Diese für illegitim erklärte Tochter Heinrichs IV. wurde von einem Teil des Adels und von Portugal unterstützt. In der letzten großen Ritterschlacht auf spanischem Boden unterlagen 1476 Portugals

Truppen jenen von Ferdinand. Johanna wurde schließlich zum Eintritt in ein Kloster genötigt.

Nachdem Ferdinand II. 1479 seinem Vater auf den Thron gefolgt war, regierten Isabella und ihr Gemahl Aragón und Kastilien gemeinsam, wobei aber die beiden Königreiche ihre Autonomie wahrten und ihre jeweils eigenen Institutionen besaßen. Durch diese gemeinsame Regierung entstand die Grundlage für ein späteres gesamtspanisches Königreich.

Dank des zumindest nach außen immer guten Einvernehmens des Herrscherpaars ist es kaum möglich festzustellen, welche politische Entscheidung letztlich auf welchen Ehepartner zurückging. Die ersten Regierungsjahre waren der Innenpolitik gewidmet, hauptsächlich einer Finanzreform und der Beseitigung von Korruption und Protektionismus bei der Ämterbesetzung. 1476 wurde die „Sante Hermandad", die Heilige Bruderschaft, als wichtiges Machtinstrument wieder eingeführt. Durch dieses landesweite Polizei- und Justizsystem, das 1498 wieder aufgelöst wurde, wurden die Rechte der lokalen Aristokratie eingeschränkt.

Parallel zum Beginn einer Reform des Welt- und Ordensklerus führte das Königspaar basierend auf einer päpstlichen Bulle von 1478 die staatlich kontrollierte Inquisition ein. 1483 begründeten sie den „Consejo de la Suprema y General Inquisición", eine zentrale Ratsbehörde für alle Angelegenheiten der Inquisition, um die religiöse Einheit im Staat herbeizuführen. Die mit außerordentlicher Härte vorgehende Inquisition richtete sich in erster Linie gegen die zum Christentum konvertierten Juden, die verdächtigt wurden, im Geheimen ihrem alten Glauben anzuhängen. Da die Güter der Festgenommenen sofort von der Krone konfisziert wurden, konnte mit den daraus erzielten Einnahmen der Krieg gegen Granada und die Expansion im Mittelmeerraum bestritten werden. Daneben wurden mit diesen Geldern

Kirchenbauten, fromme Stiftungen und Armenunterstützungen finanziert.

Mit der Eroberung des Emirats von Granada 1492 wurde die „Reconquista", die christliche Rückeroberung, abgeschlossen, die die jahrhundertelange Präsenz der muslimischen Mauren auf der iberischen Halbinsel beendete. Vor allem Isabella hatte auf der Eroberung Granadas bestanden. Am 2. Januar 1492 wurde diese letzte Hochburg der Mauren übergeben. In der Folgezeit gingen Ferdinand und Isabella mit großer Brutalität gegen die Juden und Mauren vor. Mit dem Alhambra-Edikt vom März 1492 wurden alle Juden gezwungen, innerhalb von vier Monaten entweder zum Christentum zu konvertieren oder das Land zu verlassen. Papst Alexander VI. verlieh dem Herrscherpaar dafür 1494 den Ehrentitel „Katholische Könige". Im Februar 1502 wurden die verbliebenen Mauren ausgewiesen, wenn sie nicht zur Bekehrung bereit waren, was dem bei der Übergabe Granadas ausgehandelten Vertrag widersprach. Die Vertreibung der Mauren und Juden bedeutete einen kulturellen und wirtschaftlichen Aderlass, aber formal war die Glaubenseinheit geschaffen.

Für Spaniens späteren Aufstieg zur ersten kolonialen Weltmacht bedeutsam wurde, dass Königin Isabella die Expedition des genuesischen Seefahrers Christoph Kolumbus zur Entdeckung eines westlichen Seewegs nach Indien unterstützte. Sie versprach sich davon finanzielle Vorteile, teilte gleichwohl auch die Forderung des Papstes, dass „die Eingeborenen im christlichen Glauben zu unterweisen" seien. Kolumbus' Vorhaben führte zur „Entdeckung" Amerikas 1492.

Isabella I. starb am 26. November 1504 in Medina del Campo. Ihrer Gesundheit hatte bereits eine Reihe familiärer Unglücksfälle zugesetzt. Testamentarisch setzte sie ihren Ehemann Ferdinand als Regenten für die gemeinsame Tochter Johanna ein, die nach dem frühen Tod der älteren

Geschwister zur Nachfolgerin auf dem kastilischen Thron bestimmt worden war, deren Geisteszustand jedoch Zweifel an ihrer Regierungsfähigkeit erweckte. Dem nach Isabellas Tod entbrannten Machtkampf um die Regentschaft in Kastilien zeigte sich die gemütskranke Johanna in der Tat nicht gewachsen und ging als „die Wahnsinnige" in die Geschichte ein.

Margarete von Österreich

* 1480 in Brüssel
† 1530 in Mecheln
Generalstatthalterin der
Niederlande 1507–1515 und
1517–1530

Margarete von Österreich war die einzige Tochter von Kaiser Maximilian I. und seiner ersten Gemahlin Maria von Burgund. Bereits im Alter von zwei Jahren verlor das am 10. Januar 1480 geborene kleine Mädchen seine Mutter, die an den Folgen eines Reitunfalls verstarb. Schon frühzeitig wurde die Prinzessin zu einer politischen Schachfigur, als der 1482 von den niederländischen Ständen mit Frankreich abgeschlossene Friedensvertrag von Arras bestimmte, dass Margarete den künftigen französischen König Karl VIII. heiraten sollte. Gegen den Willen Maximilians wurde seine dreijährige Tochter zur weiteren Erziehung an den französischen Hof verbracht, wo sie auf ihre zukünftige Rolle als Königin vorbereitet werden sollte. Die politisch versierte Anna von Beaujeu, die ab 1483 die Regentschaft für ihren unmündigen Bruder Karl VIII. führte, überwachte die Ausbildung der kleinen Habsburgerin und wurde zu Margaretes Vorbild. Obwohl es im Juli 1483 zu einer vorläufigen Eheschließung zwischen Margarete und dem Dauphin gekommen war, heiratete Karl VIII. im Dezember 1491 aus politischen Gründen die Erbin Anna von Bretagne. Die in ihrem Stolz gekränkte Margarete kehrte im Juni 1493 in die Niederlande zurück.

1495 gelang es Maximilian I., eine politisch vielversprechende Heiratsverbindung mit Spanien zu arrangieren, von der sich beide Vertragsseiten eine Eingrenzung des französischen Expansionsdranges in Italien versprachen.

Maximilian einigte sich mit dem Königspaar Ferdinand II. von Aragón und Isabella I. von Kastilien auf eine Doppelhochzeit für ihre Kinder. Während Maximilians Sohn Philipp der Schöne mit der Infantin Johanna vermählt wurde, heiratete Margarete im Gegenzug am 3. April 1497 den spanischen Thronfolger Johann. Dem anfänglichen Glück des jungen Paars war keine Dauer beschieden, da der Infant bereits wenige Monate nach der Eheschließung verstarb und Margarete ein totes Kind zur Welt brachte. Erst nachdem die Verhandlungen wegen ihrer Witwenversorgung und ihrer Mitgift abgeschlossen waren, konnte die junge Witwe im März 1500 nach Gent heimkehren.

Ihr Vater und ihr Bruder Philipp hatten schon einen neuen Gemahl für Margarete ins Auge gefasst. Aufgrund der wichtigen militärisch-strategischen Lage des Herzogtums Savoyen erschien eine Heirat der Kaisertochter mit dem regierenden Herzog Philibert II. wünschenswert. Am 3. Dezember 1501 fand die Vermählung in Romainmôtier statt. In Savoyen konnte die Habsburgerin erstmals ihr politisches Geschick unter Beweis stellen. Sie brachte es nicht nur fertig, den intriganten Halbbruder ihres Gatten zu entmachten und zu verbannen, sondern konnte auch wegen des geringen Interesses ihres Ehemannes an Politik die Führung der Staatsgeschäfte übernehmen. Die glückliche Ehe fand ein frühes Ende, da Philibert II. bereits im September 1504 plötzlich erkrankte und verstarb. Zu einer weiteren Ehe ließ sich die tief getroffene Margarete, die seitdem nur noch Witwentracht trug, nicht mehr drängen. Die von ihr gewählte neue Lebensdevise spricht eine deutliche Sprache: *„Fortune. Infortune. Fort. Une."* (Glück. Unglück. Stark. Allein.)

Am 18. März 1507 übertrug Kaiser Maximilian I. seiner Tochter Margarete die Regentschaft der Niederlande. Außerdem bestimmte er sie zum Vormund der in den Niederlanden verbliebenen Kinder ihres verstorbenen Bruders Philipp des Schönen. Die kinderlose Margarete kümmerte sich von nun an liebevoll um die Ausbildung ihres Neffen und Patenkindes Karl und seiner Schwestern. In ihrer Residenzstadt Mecheln ließ sich die neue Statthalterin ein Palais erbauen, in dem sie sich gerne mit bedeutenden Künstlern, Musikern, Dichtern und Gelehrten umgab. Ihr Hof entwickelte sich zu einem wichtigen Zentrum des Humanismus. Ihre Bibliothek wie auch ihre Gemäldesammlung wurden gerühmt. Das kostbarste Gemälde in ihrem Besitz dürfte die „Arnolfini-Hochzeit" des Jan van Eyck gewesen sein, das sich heute in der Londoner National Gallery befindet. Margarete war auch selbst künstlerisch begabt, sie schrieb Gedichte und malte. Dank des hohen Ansehens ihres Hofes, an dem sehr kultivierte Sitten herrschten, gaben auch ausländische Adelige ihre Töchter zur Erziehung in Margaretes Obhut. So zählte etwa die spätere englische Königin Anna Boleyn zu Margaretes Schützlingen.

Margaretes Position in den Niederlanden war nicht einfach, da ihre Untertanen in ihr die Repräsentantin ihres wenig beliebten Vaters sahen, dessen frankreichfeindliche Politik bei den Ständen vielfach auf Widerstand stieß. Das rebellische Herzogtum Geldern, das von Frankreich unterstützt wurde, zwang ihr zusätzlich den Geldernkrieg auf, der sich über Jahre hinzog, bevor er 1513 weitgehend und 1528 endgültig beendet werden konnte. Im Interesse der Niederlande war Margarete vor allem an einem Zusammenwirken mit England gelegen, weshalb sie sich maßgeblich für das Zustandekommen von entsprechenden Verträgen engagierte.

Mit der vorzeitigen Großjährigkeitserklärung ihres Neffen Karl auf Wunsch der niederländischen Stände am 5. Januar 1515, die sich mittels einer Geldzahlung das Einverständnis von Maximilian I. dazu erkauft hatten, büßte Margarete das ihr lieb gewordene Amt als Statthalterin ein. Verbittert stellte sie fest: *„Ich habe stets mein Möglichstes getan und mein Letztes gegeben, jetzt habe ich alles verloren. Ich fühle mich so traurig, so bekümmert, so elend, daß ich wünschte, nie geboren zu sein."* Nachdem Karl im Januar 1516 König von

Aragón und stellvertretend für seine nicht regierungsfähige Mutter Johanna (die Wahnsinnige genannt) König von Kastilien geworden war, setzte er seine Tante Margarete von Österreich 1517 erneut zur Statthalterin ein, ehe er nach Spanien reiste. Nach dem Tod Kaiser Maximilians I. 1519 sah Margarete eine ihrer vordringlichsten Aufgaben darin, ihren Neffen Karl bei der Wahl zum deutschen König zu unterstützen, um zu verhindern, dass König Franz I. von Frankreich gewählt wurde. Karls Krönung am 22. Oktober 1520 in Aachen, der sie als „Erste Dame des Reichs" beiwohnte, stellte sicherlich eine große Genugtuung für sie dar. Bevor Karl V. 1522 wieder nach Spanien zurückkehrte, bestätigte er am 15. April von Neuem Margarete als Statthalterin und stattete sie mit mehr Vollmachten aus als noch zu Zeiten ihres Vaters. Trotz aller dynastischen Verbundenheit verlor die nüchterne Realpolitikerin nie die Interessen der ihr anvertrauten Provinzen aus den Augen, die sie um das Hochstift Utrecht und um Friesland vergrößerte. Weniger von Erfolg gekrönt waren ihre Bemühungen, das Eindringen der Reformation in den Niederlanden abzuwenden.

Als ihr größter diplomatischer Erfolg gilt der Friedensvertrag zwischen Kaiser Karl V. und König Franz I., den Margarete im Sommer 1529 mit der französischen Königinmutter Louise von Savoyen aushandelte. Der sogenannte Damenfrieden von Cambrai brachte ihr den Ehrentitel „Europas bester Diplomat" ein. Mit Ausnahme der Wiedergewinnung von Burgund konnte Margarete für ihren Neffen einen höchst vorteilhaften Vertrag abschließen, der den Habsburgern die Vorherrschaft in Italien eintrug und den Verzicht Frankreichs auf die Lehnshoheit über Flandern und das Artois. Am 1. Dezember 1530 verstarb Margarete in Mecheln an Wundbrand. Die von ihr in Brou bei Bourg-en-Bresse erbaute Kirche mit dem prächtigen Grabmal für ihren Gatten Philibert diente auch ihr als letzte Ruhestätte.

Maria von Ungarn

* 1505 in Brüssel
† 1558 in Cigalés
Generalstatthalterin der
Niederlande 1531–1555

Die Niederlande sahen mehrmals im Lauf der Geschichte weibliche Statthalter an der Spitze des Staates als Vertreterinnen des Herrschers. Maria von Ungarn, die ihrer Tante Margarete von Österreich in das Amt der Generalstatthalterin folgte, war die zweitjüngste Tochter von Philipp dem Schönen und Johanna der Wahnsinnigen und wurde am 17. September 1505 in Brüssel geborenen. Nach dem frühen Tod ihres Vaters und wegen der bedenklichen geistigen Gesundheitsentwicklung ihrer Mutter wurde sie zusammen mit ihrem ältesten Bruder Karl und den Schwestern Eleonore und Isabella in die Obhut ihrer verwitweten Tante Margarete gegeben und an deren Hof in Mecheln erzogen.

Schon im Säuglingsalter wurde die kleine Fürstentochter zum Objekt dynastischer Heiratspolitik. Zur Untermauerung des habsburgischen Erbrechts in Ungarn und Böhmen nahm Marias Großvater Kaiser Maximilian I. Geheimverhandlungen mit König Wladislaw II. von Böhmen und Ungarn auf. Im März 1506 wurde beschlossen, dass einer von Marias Brüdern mit Wladislaws Tochter Anna verheiratet werden sollte. Für Maria wurde dagegen ein zu diesem Zeitpunkt noch nicht einmal geborener Sohn von Wladislaw als Gemahl vorgesehen. Erst im Juli 1506 kam Prinz Ludwig zur Welt. Mit der sogenannten Wiener Doppelhochzeit am 22. Juli 1515 wurde das Eheprojekt für die in den Kinderschuhen steckenden Prinzen und Prinzessinnen vorangetrieben. Während Ludwig und Maria persönlich die Ringe im Wiener Stephansdom tauschten, trat Kaiser Maximilian bei Prinzessin Anna als Stellvertreter für einen seiner Enkel auf. Die beiden blutjungen Bräute blieben danach in Wien und Innsbruck, bevor die „echte" Trauung erfolgte.

Maria reiste erst sechs Jahre später nach Ungarn an den Hof ihres Bräutigams, der 1516 als Ludwig II. König von Böhmen und Ungarn geworden war. Die noch keine sechzehn Jahre alte Maria kam in ein bereits hart von den Türken bedrängtes und in einem chaotischen Zustand befindliches Königreich. Am 11. Dezember 1521 wurde sie zur Königin von Ungarn und am 1. Juni 1522 zur Königin von Böhmen gekrönt. Die eigentliche Hochzeit mit Ludwig fand am 13. Januar 1522 in Ofen statt. Die aus rein machtpolitischen Erwägungen geschlossene Ehe entwickelte sich zu einer ausgesprochen glücklichen Verbindung, die allerdings kinderlos blieb.

Der intelligenten und energischen Habsburgerin gelang es, eine wichtige Ratgeberin für ihren ihr geistig unterlegenen und nicht sehr tatkräftigen Ehemann zu werden. Emsig bemühte sie sich, den habsburgischen Einfluss zu stärken, was sie bei vielen ungarischen Magnaten unbeliebt machte. Im August 1526 kam es bei Mohács im Süden Ungarns zur Entscheidungsschlacht zwischen den ungarischen Truppen und dem siegreich vordringenden und bestens organisierten osmanischen Heer. Die Schlacht nahm für die nicht gut gerüstete und zahlenmäßig schwächere ungarische Armee einen katastrophalen Verlauf. Ludwig II. kam auf der Flucht ums Leben. Maria, die sich in Richtung Pressburg in Sicherheit bringen musste, versuchte in der Folgezeit für ihren Bruder Ferdinand, den die böhmischen Stände schon zum König gewählt hatten, als neuen König von Ungarn zu werben. Der Woiwode von Siebenbürgen, János Zápolya, der die Gunst der Stunde zu nutzen wusste, um sich von einer ungarischen Ständeversammlung zum König wählen zu lassen, unterbreitete ihr einen Heiratsantrag, den sie jedoch brüsk ablehnte. Eine konkurrierende Ständeversammlung wählte wenig später Ferdinand I. zum König von Ungarn, für den Maria zeitweise die Statthalterschaft in Ungarn ausübte.

Für die Königinwitwe Maria, die die schwarze Witwentracht mit der weißen Haube nie mehr ablegte, ergaben sich nach dem Tod ihrer Tante Margarete von Österreich neue Perspektiven fern von dem umkämpften Ungarn. Energisch hatte sie sich gegen verschiedene Heiratspläne zur Wehr gesetzt; denn sie wollte ihrem verstorbenen Gatten treu bleiben, *„pis in mein grub"*. Auf Wunsch ihres Bruders Kaiser Karl V. nahm Maria 1531 das Amt der Statthalterin in den bereits gegen die habsburgische Herrschaft rebellierenden Niederlanden an, das bisher ihre Tante Margarete innegehabt hatte. Sie erklärte dem Bruder, dass sie einzig komme, *„um ihm zu dienen und zu gehorchen"*. Bevor der Kaiser ihr dies Angebot offerierte, hatte er sich ein persönliches Bild von Marias religiösen Überzeugungen verschafft. Es gab Gerüchte über angebliche lutherische Tendenzen bei seiner Schwester. Maria hatte Schriften des Reformators gelesen, der ihr nach der Schlacht von Mohács auch vier tröstliche Psalmen gewidmet hatte.

Die offizielle Bestellungsurkunde wurde am 26. September 1531 ausgestellt. Als Residenzort wählte die Statthalterin Brüssel, in dessen Umgebung sie ihrer Jagdleidenschaft frönen konnte. Trotz schwieriger Finanzlage förderte sie Handwerk und Kunst, die in erster Linie ihrer Repräsentation zu dienen hatten. Sie erweiterte die Kunstsammlung und die Bibliothek ihrer Tante Margarete. Vor allem ihre Kollektion von Bildteppichen war bedeutend. Als große Musikliebhaberin unterhielt sie eine eigene Hofkapelle. Angesichts der erheblichen innenpolischen Spannungen musste Maria bald erkennen, dass sie keine leichte Aufgabe übernommen hatte. Sie hatte das Gefühl, dass man ihr *„einen Strick um den Hals gelegt"* habe. Obwohl sie im Gegensatz zu ihrer Tante Margarete weniger Spielraum für eine selbstständige Politik eingeräumt bekommen hatte, gelang es ihr mit eiserner

Willensstärke, die seit 1543 aus siebzehn Provinzen bestehenden Niederlande zu einem zentral regierten und unab-
hängigen Staatswesen zusammenzufassen, ohne dabei die
Interessen des Hauses Habsburg aus dem Blick zu verlieren.
Gegen die mehrfach das Land mit Krieg überziehenden
ausländischen Truppen, primär jene Frankreichs, organisierte sie trotz Widerständen eine wirksame Landesvertei-
digung. Am Ausbau der Festung Mariembourg nahm sie
persönlichen Anteil. Wegen ihrer unnachgiebigen Haltung
in Fragen der Religion und der Eigenständigkeit genoss sie
eine weit weniger große Popularität als ihre Vorgängerin.
Letztendlich blieb ihr kaum eine Wahl, als die rigorosen
kaiserlichen Edikte durchzuführen.

Als Kaiser Karl V. im Oktober 1555 abdankte und die
Regierung seinem Sohn Philipp II. übergab, folgte Maria
seinem Beispiel. In einem Memorandum führte sie aus: *„Je
mehr Erfahrung ich gewonnen habe, desto mehr mußte ich erkennen, daß ich nicht imstande bin, meine Aufgabe angemessen zu
erfüllen. Wer immer für einen Herrscher als Regent tätig ist, muß,
so meine ich, mehr von den Geschäften verstehen als die Person, die
im eigenen Namen regiert und deshalb nur Gott verantwortlich
ist. (...) Aber ein Regent muß nicht nur vor Gott, sondern auch
vor seinem Souverän Rechenschaft ablegen und vor dessen Untertanen."* Ihrer Ansicht nach eigneten sich Frauen generell
nicht dafür, da sie zu Aktivitäten gezwungen wären, die für
ihre Stellung als Frau unschicklich seien. Gemeinsam mit
Karl und ihrer Schwester Eleonore zog sie sich nach Spanien
zurück. Am 18. Oktober 1558 verstarb sie in Cigalés, nicht
weit von Valladolid. Kurz zuvor hatte sie sich widerwillig
im Interesse der Dynastie nochmals bereit erklärt, ihrem
Neffen Philipp in den Niederlanden beizustehen.

Maria I. Tudor, die Katholische oder die Blutige

* 1516 in Greenwich
† 1558 in London
Königin von England und Irland
1553–1558

Das geschichtliche Nachleben der Tudorkönigin Maria steht ganz im Schatten der von ihr mit harten Mitteln betriebenen Rekatholisierung, obwohl derartige Aktionen im 16. Jahrhundert nichts Ungewöhnliches darstellten. Das Scheitern ihrer Politik trug zu ihrem negativen Image bei, da die Historie üblicherweise mit Siegern gnädiger verfährt.

Die am 18. Februar 1516 geborene Maria war das einzige überlebende Kind des englischen Königs Heinrich VIII. und seiner ersten Gemahlin Katharina von Aragón. Maria war noch ein Kleinkind, als ihr Vaters bereits erste heiratspolitische Erwägungen zu treffen begann. Letztendlich wurde aus keinem der prestigeträchtigen Heiratsprojekte etwas. Unter der Aufsicht ihrer Mutter bekam sie eine gute Ausbildung. Neben dem Unterricht in Sprachen, Religion, Musik und weiblichen Handarbeiten erhielt sie auch eine Einweisung in Geographie, Geschichte, Mathematik und Naturwissenschaften.

1533 brach über Maria eine wahre Katastrophe herein, als ihr Vater, der unbedingt einen männlichen Erben haben wollte, seine erste Ehe für ungültig erklären ließ und Anna Boleyn heiratete. Die Prinzessin wurde zum königlichen Bastard gestempelt und von der Thronfolge ausgeschlossen. Da sich Königin Katharina hartnäckig geweigert hatte, der Annullierung ihrer Ehe zuzustimmen, wurden Mutter und Tochter voneinander getrennt und konnten sich bloß heimlich Briefe schreiben. Selbst an der Beerdigung ihrer Mutter 1536 durfte Maria nicht teilnehmen. Durch die Aufhebung der ersten Ehe Heinrichs VIII. kam es zum Bruch mit dem Papst und zur Entstehung der anglikanischen Staatskirche.

Wegen ihrer Weigerung, den Suprematseid auf die Oberhoheit des Königs über die Kirche zu leisten und sich selbst als illegitim anzuerkennen, fiel Maria in Ungnade. Sie wurde zur Ehrendame ihrer jüngeren Halbschwester Elisabeth degradiert. Diese Erniedrigung vergaß sie zeitlebens nicht, obwohl ihr die schlechte Behandlung Sympathien in der Bevölkerung und bei Teilen des Adels einbrachte, die in ihr weiterhin die einzig legitime Thronfolgerin sahen. Letztendlich konnte sich Maria nur durch ihre Unterwerfung unter den königlichen Willen der Todesstrafe entziehen, die ihr bei weiterem Widerstand als Hochverräterin drohte. Im Juni 1536 unterzeichnete sie unter großen Gewissensqualen das Schriftstück, mit dem sie die von ihrem Vater geforderten Bedingungen akzeptierte. Maria, die bisher immer betont hatte, dem König *„in allem zu gehorchen, das Gewissen ausgenommen"*, kapitulierte vor den realen Machtverhältnissen. Die tiefgläubige Katholikin verzieh sich diesen Verrat nie. Nachdem sie sich gebeugt hatte, wurde sie von ihrem Vater wieder empfangen und erhielt erneut einen eigenen Hofstaat. Vor allem der sechsten und letzten Ehefrau von Heinrich VIII., Katharina Parr, gelang es, das Vater-Tochter-Verhältnis zu normalisieren. Im Februar 1544 wurde Maria von Heinrich VIII. wie ihre Halbschwester Elisabeth per Parlamentsakte wieder in die Thronfolge aufgenommen.

Mit der Nachfolge ihres jungen Halbbruders Eduard VI. im Januar 1547 war Maria widerspruchslos einverstanden. Von ihrem Vater mit einer reichen Erbschaft versehen, zog sie es vor, den von Protestanten beherrschten Königshof zu meiden. Nach Eduards frühem Tod im Juli 1553 brachte sie sich vor dem Lordprotektor John Dudley, Herzog von Northumberland, der ihre protestantische Cousine Jane

Grey staatsstreichartig zur Nachfolgerin auf dem Thron proklamieren ließ, vorsorglich nach Norfolk in Sicherheit. Innerhalb kürzester Zeit setzte sich Maria als die nach dem letzten Willen Heinrichs VIII. einzig rechtmäßige Thronerbin mit Waffengewalt durch. Jane Grey wurde gefangen gesetzt und schließlich 1554 hingerichtet. Am 1. Oktober 1553 wurde Maria in der Westminster Abtei zur ersten Königin Englands aus eigenem Recht gekrönt.

Um eine mögliche protestantische Nachfolge durch ihre Halbschwester Elisabeth zu verhindern, suchte Königin Maria für sich einen geeigneten katholischen Ehemann. Die Frage ihrer Heirat sorgte für Unruhe, da man in England befürchtete, dass ein fremder Fürst als königlicher Gemahl die englische Politik im ausländischen Sinn beeinflussen könnte. Maria war jedoch nicht bereit, einen Untertan zu heiraten, weshalb für sie eine Ehe mit einem englischen Adeligen nicht infrage kam. Obwohl sie sich mit ihrer Entscheidung für den spanischen Kronprinzen Philipp in den Bahnen der traditionellen, auf eine Annäherung an Spanien gegen Frankreich gerichteten Tudorpolitik bewegte, stieß dies bei ihren Untertanen und der politischen Elite auf außerordentliches Missfallen. Die Besorgnis, in die regelmäßigen Konflikte zwischen Spanien und Frankreich verwickelt zu werden, war groß. Die Einsprüche des Parlaments schmetterte Maria mit dem Hinweis ab, dass *„das Parlament üblicherweise keine solche Sprache gegenüber den Königen von England gebrauche"*. Im Sommer 1557 wurde England dann wirklich in den Krieg Spaniens gegen Frankreich hineingezogen. Trotz einiger Siege über die Franzosen kostete dies das Königreich nicht nur finanzielle und menschliche Opfer, sondern es verlor mit der Stadt Calais 1558 auch noch seinen letzten Stützpunkt auf dem europäischen Festland, was als nationale Katastrophe empfunden wurde.

Am 25. Juli 1554 fand Marias Hochzeit mit dem elf Jahre jüngeren Philipp statt, in den sie sich auf der Stelle verliebt hatte. Zwar erhielt der Habsburger den Titel eines Königs von England, seine tatsächliche Position entsprach aber nur der eines Prinzgemahls, da sich Maria entgegen anders lautender Befürchtungen von Philipp die Macht nicht aus der Hand nehmen ließ. Ihre Ehe entwickelte sich für sie zu einer Enttäuschung, weil ihr Philipp distanziert gegenüberstand. Er fand die Königin alt und wenig attraktiv. Zu ihrem Kummer hielt er sich vergleichsweise selten in England auf. Die heiß ersehnte Schwangerschaft stellte sich nicht ein.

Die Wiedereinführung des Katholizismus als Staatsreligion betrachtete Maria als Hauptaufgabe ihrer Herrschaft, wobei sie zunächst die Protestanten tolerierte. Das Parlament zeigte sich nicht bereit, die Wiederherstellung der päpstlichen Autorität und die Rückgabe der einstigen Kirchenländereien zu akzeptieren, von deren Erwerb einst viele Engländer profitiert hatten. Nachdem England die päpstliche Absolution erhalten hatte, begann 1555 die Ketzerverfolgung. Fast dreihundert Protestanten verbrannten auf den Scheiterhaufen. Königin Maria brachte dies später die Beinamen „die Katholische" bzw. „die Blutige" ein. Während in England die Rückkehr zum Katholizismus nur schleppend voranging, machte die Rekatholisierung in Irland bessere Fortschritte. Unter Elisabeth I. wurde die anglikanische Staatskirche wiederhergestellt. Auf wirtschaftspolitischem Gebiet griff Elisabeth dagegen die von Maria begonnenen Reformen und Maßnahmen zur Sanierung des Staatshaushalts und zur Bekämpfung der Wirtschaftskrise auf und führte sie fort.

Erst am 6. November 1558 hatte die todkranke Maria ihre Halbschwester Elisabeth zu ihrer Erbin bestimmt, bevor sie am 17. September wohl an einer Tumorerkrankung verstarb. Ihr abwesender Ehemann König Philipp II. von Spanien bemerkte lediglich, dass er um ihren Tod *„angemessenen Schmerz"* empfunden habe.

Katharina von Medici

* 1519 in Florenz
† 1589 in Blois
Regentin des Königreichs
Frankreich 1560–1563 und 1574

Mit dem Namen von Katharina von Medici sind einige der schrecklichsten Ereignisse der französischen Geschichte verbunden: das Massaker der Bartholomäusnacht in Paris, der Tausende von Hugenotten zum Opfer fielen, und die darauf folgenden Pogrome gegen die Calvinisten in ganz Frankreich. Ihre positiven Leistungen sind dadurch meist übersehen worden. Der „Italienerin" trauten die Franzosen so gut wie alles Üble zu, einschließlich Hexerei und Giftmischerei.

Katharina Maria Romola von Medici entstammte dem Florentiner Patriziergeschlecht der Medici. Sie kam am 13. April 1519 als einziges Kind von Lorenzo II. von Medici, Herzog von Urbino, und dessen Gemahlin Madeleine de la Tour d'Auvergne zur Welt. Da sie kurz nach ihrer Geburt beide Elternteile verlor, wurde zunächst ihr Großonkel Papst Leo X. ihr Vormund, später übernahm ihr Verwandter Papst Clemens VII. die Aufsicht über ihre weitere Erziehung.

Als eine der reichsten Erbinnen ihrer Zeit und Verwandte des Papstes galt Katharina als begehrte Partie auf dem fürstlichen Heiratsmarkt. Nach längeren Verhandlungen einigten sich Papst Clemens VII. und König Franz I. von Frankreich auf eine Verbindung Katharinas mit dem zweitältesten Sohn des Königs, Herzog Heinrich von Orléans, die im Oktober 1533 miteinander in Marseille verheiratet wurden. Obwohl eine Medici-Prinzessin als Abkömmling einer Kaufmanns- und Bankiersfamilie, die erst zu Beginn des 16. Jahrhunderts in den Adelsstand aufgestiegen war, aus Sicht des französischen Adels keine passende Braut für einen Königssohn darstellte, versprach sich Franz I. von dieser Allianz die Hilfe des Papstes bei der Durchsetzung seines Anspruchs auf einige italienische Fürstentümer. Clemens VII. erwartete sich dagegen die Unterstützung von Franz I. gegen Kaiser Karl V. in Italien.

Beim Tod von Clemens VII. im September 1534 waren weder die territorialen Versprechungen des Papstes gegenüber Franz I. erfüllt, noch war Katharinas Mitgift vollständig bezahlt worden. Papst Paul III. fühlte sich nicht an die Abmachungen seines Vorgängers gebunden. Katharina von Medici hatte ihren politischen Wert verloren. Für sie zahlte es sich aus, dass sie es verstanden hatte, sich vor allem bei ihrem Schwiegervater beliebt zu machen. So begleitete sie als begeisterte Reiterin Franz I. auf seinen Jagdvergnügungen. Für den großen Kunstliebhaber war die in Florenz und Rom aufgewachsene Medici, die Latein, Französisch, Italienisch und Griechisch sprach und sich für Mathematik, Astrologie und Physik interessierte, zudem eine anregende Gesprächspartnerin. Ihren Ehemann, dem sie tiefe Zuneigung entgegenbrachte, konnte Katharina nicht für sich gewinnen, weil er zeitlebens seine Geliebte Diana von Poitiers bevorzugte.

Mit dem unerwarteten Tod des unverheirateten französischen Kronprinzen im August 1536 rückte Katharinas Ehemann zum Thronfolger auf. Für seine Gattin bedeutete dies zunächst eine Verschlechterung ihrer Situation, da sich bei ihr bisher keinerlei Schwangerschaft eingestellt hatte. Es wurden Überlegungen laut, ihre Ehe wegen Kinderlosigkeit zu scheiden. Ihre Position war erst gesichert, als sie im Januar 1544 ihren Sohn Franz zur Welt brachte, dem noch neun weitere Kinder folgten. Insgesamt sechs ihrer Kinder erreichten das Erwachsenenalter, aber nur zwei davon sollten sie überleben. Durch die vielen Geburten früh matronenhaft geworden, musste sich Katharina damit abfinden, dass ihr Gemahl, auch nachdem er 1547 als Heinrich II. König geworden war, weiterhin unter dem Einfluss Dianas stand und diese sich in die Erziehung ihrer Kinder einmischte.

Als Heinrich II. 1559 an einer Turnierverwundung verstarb, trat sein ältester Sohn als Franz II. die Nachfolge an, in dessen anderthalb Jahre dauernden Regierungszeit Katharina bloß eine untergeordnete Rolle spielte. Sein früher Tod im Dezember 1560 machte es wegen des jugendlichen Alters seines Bruders Karl IX. erforderlich, dass für ihn eine Regentschaft eingesetzt wurde. Katharina konnte sich als Regentin für ihn durchsetzen. Gegenüber ihrer Tochter Elisabeth erklärte sie: *„Es ist mein erstes Bestreben, Gottes Ehre vor Augen zu haben und meine Autorität zu wahren, nicht für mich selbst, sondern um dieses Königreich zum Nutzen all Deiner Brüder zu erhalten."*

Dieses Bestreben bestimmte in den kommenden Jahrzehnten ihr Handeln. Sie führte die Auseinandersetzungen um die Macht im Staat und um die Krone vor dem Hintergrund der 1562 einsetzenden Hugenottenkriege, die Frankreich verwüsteten und seine territoriale Einheit bedrohten. Diese religiös motivierten Bürgerkriege waren überlagert von den Machtkämpfen zwischen den Adelshäusern der Bourbonen und der Guisen. Katharina, die um jeden Preis Frieden wollte, war es an einem Gleichgewicht zwischen den Protestanten und den Katholiken gelegen, weshalb sie es zunächst mit einer Politik der Toleranz und einem Lavieren zwischen den Lagern versuchte. Um die Macht der Krone und der königlichen Familie hervorzuheben, bediente sie sich auch der Kunst und der höfischen Prachtentfaltung.

1563 wurde Karl IX. für volljährig erklärt, was offiziell Katharinas Regentschaft beendete. Da ihr Sohn kein großes Interesse an den Regierungsgeschäften zeigte, leitete sie, scheinbar bescheiden im Hintergrund und stets in schwarze Gewänder gekleidet, weiterhin die französische Politik. Zur Aussöhnung zwischen Katholiken und Hugenotten sollte die Heirat ihrer Tochter Margarete mit dem Hugenottenführer Heinrich von Navarra beitragen. Das Hochzeitsfest in Paris schlug in das Blutbad der Bartholomäusnacht vom 23./24. August 1572 um. Man nimmt an, dass Katharina vor allem den Einfluss des mächtigen Hugenottenführers, des Admirals Gaspard de Coligny, auf Karl IX. unterbinden wollte, der ihre Machtstellung bedrohte. Da Coligny zu einem Krieg mit Spanien drängte, den Katharina für gefährlich hielt, glaubte sie das Land durch Colignys Ermordung vor einer Tragödie zu bewahren. Zudem hatte die katholische Partei vor einem angeblichen protestantischen Staatsstreich gewarnt. Die Eskalation der Gewalt, die von Paris aus auf die Provinz übergriff, war sicherlich nicht von ihr geplant gewesen.

Nach dem Tod von Karl IX. im Mai 1574 folgte ihm sein Bruder Heinrich III. auf den Thron nach. Er überließ seiner Mutter als gewandter Diplomatin die Verhandlungsführung mit den Hugenotten. Da Heinrich über keine legitimen Söhne verfügte und sein jüngerer Bruder Franz 1584 unverheiratet verstarb, galt der Calvinist Heinrich von Navarra bereits als rechtmäßiger Anwärter auf die Thronfolge. Dies beschwor 1585 den letzten Hugenottenkrieg herauf. Durch ihren von einer Bronchitis ausgelösten Tod am 5. Januar 1589 blieb es Katharina von Medici erspart, noch den Mord an ihrem Sohn Heinrich III. im August 1589 und damit das Ende des Herrscherhauses der Valois erleben zu müssen. Ab 1589 regierte der Bourbone Heinrich von Navarra, der zum Katholizismus konvertierte, als Heinrich IV. über Frankreich. Im Gegensatz zu vielen Zeitgenossen zeigte er Verständnis für Katharina: *„Was konnte die arme Frau denn nach dem Tod ihres Gatten tun, mit (...) zwei Familien in Frankreich, unserer und der Familie Guise, die sich nur zu gern der Krone bemächtigt hätten? War sie nicht gezwungen, seltsame Rollen zu spielen und den ein oder anderen zu täuschen und dadurch, wie sie es getan hat, ihre Kinder zu beschützen, die eins nach dem anderen regierten, aufgrund der Weisheit einer so fähigen Frau? Ich wundere mich nur, dass sie es nicht schlimmer getrieben hat!"*

Margarete von Parma

* 1522 in Oudenaarde
† 1586 in Ortona
Generalstatthalterin der
Niederlande 1559–1567,
1580–1583

Margarete wurde als uneheliche Tochter von Kaiser Karl V. Ende Juli 1522 im flandrischen Oudenaarde geboren. Sie entstammte einem kurzen Liebesverhältnis des Herrschers mit einer jungen Zofe, Johanna van der Gheynst. Seinen Namen erhielt das kleine Mädchen möglicherweise nach der Tante des Kaisers und damaligen Statthalterin der Niederlande, Margarete von Österreich, an deren Hof das Kind zum Teil auch aufwuchs. Im Gegensatz zu anderen illegitimen Abkömmlingen fürstlicher Herren wurde Margarete im Juli 1529 offiziell von ihrem Vater als „natürliche" Tochter anerkannt und empfing eine sorgfältige Erziehung. Im Gegenzug wurde sie zu einer Schachbrettfigur auf dem dynastischen Heiratsmarkt.

Nach der Aussöhnung von Karl V. und Papst Clemens VII. im Jahr 1529 wurde mit kaiserlicher Hilfe nicht nur die Herrschaft der Medici in Florenz wieder errichtet, sondern der päpstliche Neffe, Alessandro von Medici, der in Wirklichkeit wohl der illegitime Sohn des Heiligen Vaters war, bekam zusätzlich zur erblichen Herzogswürde Margarete als Braut zugesichert. Nur ein knappes Jahr nach ihrer Hochzeit mit dem als Wüstling verschrienen Herzog fiel dieser im Januar 1537 einem Mordanschlag zum Opfer. Nachdem sich Cosimo I. von Medici als neuer Herzog von Florenz etabliert hatte, wollte er die junge Witwe seines Vorgängers heiraten, doch Karl V. benötigte seine Tochter zur Anknüpfung familiärer Bande zu Papst

Paul III., da er dessen Unterstützung im Kampf gegen Frankreich brauchte. Margarete sollte den erst vierzehn Jahre alten Enkel des Papstes, Ottavio Farnese, heiraten. Obwohl sie damit nicht einverstanden war, weil sie keine Ehe mit einem halbwüchsigen Knaben führen wollte, fand am 4. November 1538 die Hochzeit statt. Aus der wenig glücklichen Verbindung gingen 1545 Zwillingssöhne hervor, von denen einer im Kleinkindalter verstarb. Über die von Ottavio beanspruchten Herzogtümer Parma und Piacenza kam es zum Streit mit Karl V., der in einem gegen seinen Schwiegervater gerichteten Bündnis Ottavios mit dem französischen König Heinrich II. gipfelte. Die Streitigkeiten wurden erst 1556/57 beigelegt, als Margaretes Halbbruder, König Philipp II. von Spanien, Ottavio als Herrn von Parma, Piacenza und Novara anerkannte. Um für die Zukunft sicherzustellen, dass sich der Herzog gegenüber Philipp loyal verhielt, wurde sein einziger Sohn Alessandro am spanischen Hof erzogen.

Bevor Philipp II. die Niederlande, in denen er seit 1555 gelebt hatte, in Richtung Spanien verließ, musste er für den vakant gewordenen Posten des dortigen Generalstatthalters eine geeignete Persönlichkeit finden. Für Margarete von Parma verwandte sich u. a. einer der wichtigsten Ratgeber des Königs, Antoine Perrenot de Granvelle, Bischof von Arras. Margarete kam im Juli 1559 nach Gent, während sich ihr Gemahl der Regierung seines Herzogtums widmete. Am 7. August präsentierte sie Philipp II. den Generalstaaten als neue Statthalterin. In ihrer einstigen Heimat erwartete sie eine schwierige Aufgabe, da die von Philipp II. angeordneten Maßnahmen meist auf Ablehnung stießen. Der ihr zugemessene Spielraum für eine eigenständige Regierung war gering, zumal sie auf die Zusammenarbeit mit dem Bischof von Arras angewiesen war. Unter diesen Umständen konnte sich ihre auf Ausgleich ausgerichtete Politik kaum entfalten. Die niederländischen Stände waren nicht bereit, auf ihre angestammten Mitwirkungsrechte zu verzichten.

Wegen der hohen Kriegskosten von Karl V. und später von Philipp II. war eine angespannte Finanzlage entstanden. Die Engpässe bei der Ernährung kreidete die Bevölkerung der habsburgischen Regierung in Brüssel an. Weiteren Sprengstoff enthielt der Auftrag an Margarete, dem sich ausbreitenden Protestantismus Einhalt zu gebieten und den Katholizismus als einzig anerkannte Religion zu erhalten. Die von Philipp beschlossene Bistumsreform erregte bei Adel und Klerus Widerstand. Ebenso lehnten die Niederländer die harten Gesetze zur Ketzerverfolgung und die Ausweitung der Inquisition ab.

Der zum Erzbischof von Mecheln und Kardinal aufgestiegene Granvelle wurde zunehmend als oberster Vertreter der verhassten zentralistischen spanischen Politik wahrgenommen. Anfang 1563 verlangten die Vertreter des niederländischen Adels seine Abberufung. Nachdem Philipp II. dieser Forderung nicht nachkam, boykottierten sie die Sitzungen des Staatsrats. Als sich Margarete daraufhin ebenfalls für Granvelles Abberufung aussprach, gab der König Ende 1563 nach. Der niederländische Adel pochte nun auf weitere Konzessionen. Mehrmals drängte die Statthalterin deshalb ihren Halbbruder zu einem raschen persönlichen Erscheinen. Delegierte eines Adelsbundes, den man den Spottnamen „Geusen" (Bettler) beilegte, überreichten der Statthalterin am 5. April 1566 eine Petition in Brüssel, in der die Abschaffung der Inquisition und der Strafen gegen Ketzerei gefordert wurde. Zwar versprach Margarete, sich in diesem Sinn bei Philipp zu verwenden und machte einige moderate Konzessionen, trotzdem kam es zu ersten Aufständen gegen die habsburgische Herrschaft. Im August 1566 wurden die ganzen Niederlande von einem gewalttätig verlaufenden „Bildersturm" gegen katholische Kirchen und Klöster erfasst. Da die Protestanten durch diese Ausschreitungen an Zuspruch verloren, versuchte Margarete ihre religionspolitischen Zugeständnisse zurückzunehmen. Obwohl sie die Lage Anfang 1567 fast wieder im Griff hatte, schickte Philipp II. Truppen unter dem Kommando von Fernando Álvarez de Toledo, Herzog von Alba, um mit militärischen Mitteln jeglichen Widerstand zu brechen und Sondergerichte für die Rebellen einzurichten. Margarete war von Anfang an gegen die Entsendung des Herzogs, der für seine gnadenlose Härte bekannt war. Alba, im Besitz weitreichender Vollmachten, traf in der Folgezeit seine Entscheidungen ohne jegliche Mitsprache von Margarete. Die faktisch entmachtete Statthalterin war daraufhin nicht mehr bereit als Vollstreckerin spanischer Politik zu fungieren und setzte ihre Entlassung durch. In einem Brief an den Monarchen mahnte sie: *„Nun, da ich gehe, flehe ich in Demut und Herzlichkeit, daß Eure Majestät Milde und Erbarmen walten lassen und eingedenk sein, daß die Könige um so größer und näher an Gott sind, je mehr sie ein Beispiel dieser großen und mächtigen göttlichen Güte und Milde geben. Könige und Fürsten mögen sich damit begnügen, diejenigen zu treffen, die den Aufruhr angeführt haben, und dem reuigen Volk Verzeihung zu gewähren. Anderenfalls, Monseigneur, bei Anwendung von Gewalt, ist es unausweichlich, daß der Gute zusammen mit dem Ruchlosen leidet und daß Unheil und allgemeine Zerstörung über dieses Land kommen, mit allen nur möglichen Konsequenzen."* Am 30. Dezember 1567 verließ sie Brüssel in Richtung in Italien.

Den bald wieder aufgeflammten Aufstand in den Niederlanden, der sich zu einem beinahe 100 Jahre dauernden Freiheitskampf entwickelte, bekamen weder Herzog Alba noch seine Nachfolger in den Griff. Nachdem Margaretes Sohn Alessandro Farnese 1578 zum Statthalter berufen worden war, ging sie auf das ihr von Philipp II. ein Jahr später unterbreitete Angebot einer erneuten Statthalterschaft ein und kehrte im Sommer 1580 in die Niederlande zurück. Von einer gemeinschaftlichen Regierung mit ihrem Sohn konnte jedoch keine Rede sein, da der ehrgeizige Alessandro mit einer Machtaufteilung nicht einverstanden war. Im Juli 1583 konnte die enttäuschte Margarete ihre Abberufung erwirken und zog sich endgültig nach Italien zurück. Am 18. Januar 1586 starb sie in Ortona. Acht Monate später verschied auch ihr Ehemann Ottavio Farnese.

Elisabeth I.

* 1533 in Greenwich
† 1603 in Richmond
Königin von England und Irland
1558–1603

Königin Elisabeth I., oft auch die „Jungfräuliche Königin",
„Gloriana", „Feenkönigin" oder „Gute Königin Bess" genannt, gehört zu den berühmtesten Monarchen der Weltgeschichte. Als letzte Tudor auf dem englischen Thron war
sie zugleich die bedeutendste Herrscherpersönlichkeit, die
diese Dynastie hervorgebracht hat. In ihrer Regierungszeit
begann der Aufstieg Englands zur See- und Kolonialmacht
sowie zur protestantischen Vormacht in Europa. Gleichzeitig erlebten Kunst, Musik und Literatur eine Blütezeit. Aus
diesem Grund wird das Elisabethanische Zeitalter vielfach
als „goldene" Ära in der Geschichte Englands gepriesen.
Zu dem positiven Bild hatte die Königin höchstpersönlich
beigetragen, bewies sie doch viel Talent darin, sich selbst
zur Ikone zu stilisieren.

Bei ihrer Geburt am 7. September 1533 war die elterliche
Freude nicht groß, da König Heinrich VIII. und seine zweite Gemahlin Anna Boleyn auf einen Sohn als Thronfolger
gehofft hatten. Als die Ehe ihrer Eltern drei Jahre später
annulliert und ihre Mutter wegen angeblichen Ehebruchs
und Hochverrats hingerichtete wurde, wurde Elisabeth, wie
schon früher ihre ältere Halbschwester Maria, für illegitim
erklärt. Erst als Heinrich VIII. 1543 seine sechste und letzte
Ehe einging, verbesserte sich die Situation der Prinzessin.
Dank der Fürsprache der neuen Stiefmutter Katharina Parr
durfte sie an der Ausbildung ihres jüngeren Halbbruders
Eduard teilnehmen. Die begabte Elisabeth gelangte so in
den Genuss einer profunden humanistisch-protestantischen

Erziehung, die sie zu einer der gebildetsten Frauen ihrer Zeit machte.

Nach dem frühen Tod des minderjährigen Eduards VI., für den seit dem Tod Heinrichs VIII. 1547 ein Regentschaftsrat regierte, und dem Thronintermezzo von Lady Jane Grey konnte Elisabeths Halbschwester Maria ihren Thronanspruch 1553 mit Waffengewalt durchsetzen. Bald danach kam es zu einem Zerwürfnis zwischen den Schwestern, da Königin Maria I. als überzeugte Katholikin die protestantische Elisabeth unbedingt zu ihrem Glauben bekehren wollte. Trotz großer Vorsicht geriet die Prinzessin wegen der Wyatt-Verschwörung 1554 in Lebensgefahr, weil sie der Verwicklung in das Komplott gegen die Königin bezichtigt wurde. Als sie in den Londoner Tower gebracht wurde, war Elisabeth auf den Tod gefasst. Da die Untersuchungen gegen sie ergebnislos verliefen, wurde sie aus dem Tower entlassen und stattdessen unter Hausarrest gestellt, bevor sie im Frühjahr 1555 an den Hof zurückkehren durfte. Als Maria I. am 17. November 1558 kinderlos verstarb, konnte Elisabeth widerstandslos die Macht übernehmen. Bei der ersten Sitzung des Staatsrats am 20. November erklärte sie: *„Die Last der Aufgabe, die mir nun zufällt, macht mich staunen."* Um Zweifeln an ihrer Legitimität zuvorzukommen, legte sie Wert auf einen baldigen Krönungstermin. Am 15. Januar 1559 wurde sie in der Westminster Abtei zur Königin von England und Irland gekrönt. Als günstig erwies es sich, dass sie es verstand, sich mit klugen Ratgebern zu umgeben.

Elisabeth I. beendete die von Maria mit Eifer betriebene Rekatholisierung. Mit der Supremats- und Uniformitätsakte stellte sie 1559 die Anglikanische Staatskirche wieder her. Das „Common Book of Prayer" wurde eingeführt. Ein weiteres vordringliches Problem war die Lösung der ungeklärten Thronfolge, was sich zunächst als Frage der Vermählung Elisabeths darstellte. Die Königin galt als glänzende Partie, weshalb sich viele in- und ausländische Freier einstellten. Sie hielt aber alle Bewerber hin, benutzte Eheversprechen als diplomatisches Mittel und antwortete ausweichend auf diesbezügliche Petitionen des Parlaments. Von Anfang an zeigte sie kaum Neigung, sich zu vermählen. Gegenüber dem Unterhaus ließ sie erklären: *„Und wenn es auch dem Allmächtigen gefallen sollte, daß ich weiter gesonnen bleibe, außerhalb des Standes der Ehe zu leben, so braucht doch niemand zu befürchten, daß Er mein Herz und Eure Weisheit nicht so beeinflußt, daß mit Seiner Hilfe zu gegebener Zeit Vorsorge getroffen wird, daß das Reich nicht ohne einen zum Herrscher geeigneten Thronerben bleibt, der ihm vielleicht mehr nützen wird als ein von mir geborener Nachfolger. Denn wenn mir persönlich auch Euer Wohlsein noch so sehr am Herzen liegt (...), so könnten doch meine Nachkommen aus der Art schlagen und vielleicht Euch weniger gnädig gesinnt sein. Und schließlich soll es mir genügen, wenn auf einem Marmorstein geschrieben steht, daß eine Königin so und so lange regiert hat und als Jungfrau lebte und starb."* Elisabeth war nicht daran interessiert, die Macht mit einem Gatten zu teilen. Sie stilisierte sich zur Landesmutter, die mit ihrem Land verheiratet ist. Der eitlen und koketten Monarchin, die Unmengen an Kleidern besaß, wertvollen Schmuck liebte und später kostbare rote Perücken trug, wurden dafür eine Reihe Liebhaber nachgesagt. Am nächsten stand ihr sicher Lord Robert Dudley, der nachmalige Graf von Leicester.

Im Frühjahr 1568 floh die schottische Königin Maria Stuart, die bei einem Aufstand zur Abdankung gezwungen worden war, nach England. Dadurch gerieten Elisabeth I. und ihre Regierung in eine schwierige Lage, die durch internationale Verwicklungen zusätzlich belastet wurde. Da sich die katholische Stuart-Königin als Urenkelin von Heinrich VII. als rechtmäßige Königin von England betrachtete, wurde ihr weiteres Schicksal für Elisabeth zur politischen Schlüsselfrage. Vorsorglich ließ sie Maria festsetzen. Die Situation spitzte sich zu, nachdem Elisabeth von Papst Pius V. im Februar 1570 exkommuniziert worden war, wodurch ihr das Recht auf den englischen Thron abgesprochen und die englischen Katholiken von ihrer Treueverpflichtung entbunden wurden. Die Schottin entwickelte sich zum Mittelpunkt von Verschwörungen, die sie mithilfe ausländischer Mächte an Elisabeths Stelle setzen wollten. Der Katholizismus wurde zum Feindbild, was entsprechende Verfolgungen auslöste. Das 1586 aufgedeckte Babington-Komplott führte zum Hochverratsprozess gegen Maria Stuart. Elisabeth verzögerte zunächst wegen ihrer Überzeugung von der Unantastbarkeit des Monarchen die Unterzeichnung des Todesurteils. Nach der Enthauptung ihrer Thronrivalin im Februar 1587 nahm sie eine ambivalente Position ein; sie behauptete, von ihren Beratern getäuscht worden zu sein.

Die von Elisabeth gebilligten Raubzüge der englischen Freibeuter gegen spanische Handelsschiffe, ihre Unterstützung des niederländischen Freiheitskampfes gegen Spanien und Maria Stuarts Hinrichtung gaben den Anstoß für König Philipp II. von Spanien, mit einer große Kriegsflotte, der Armada, eine Invasion Englands zu unternehmen. Elisabeth kam zu ihren Truppen nach Tilbury, wo sie am 8. August 1588 verkündete: *„Ich weiß, ich habe nur den Körper einer schwachen, hilflosen Frau. Aber ich habe das Herz und den Mut eines Königs, und noch dazu eines Königs von England."* Die englische Flotte konnte sich in der Seeschlacht von Gravelines gegen die Armada behaupten. Stürme dezimierten die spanische Flotte zusätzlich. Mit diesem Triumph begann der Aufstieg Englands zur Weltseemacht. Schon vorher hatte die Kolonialpolitik ihren Anfang genommen, als Sir Walter Raleigh 1585 die erste, wenn auch bloß kurzlebige englische Kolonie in Nordamerika gründete, die zu Ehren der Königin „Virginia" genannt wurde.

Elisabeths letzte Regierungsjahre überschattete der Aufstand in Irland gegen die englische Oberherrschaft. Ende Februar 1603 erkrankte die Königin ernstlich und verstarb am 24. März. Ihr Nachfolger wurde Maria Stuarts einziger Sohn. Als König Jakob I. vereinigte er als erster Monarch die Königreiche England und Schottland.

Jane Grey

* 1537 in Bradgate Park
(Leicestershire)
† 1554 in London
Königin von England und Irland
1553

„Ihr guten Leute, ich stehe hier, um zu sterben, und nach dem Gesetz bin ich auch dazu verurteilt. Mein Vergehen gegen Ihre Königliche Hoheit, welches nun als Hochverrat erachtet wird, geschah ausschließlich auf Anordnung anderer; aber es war niemals mein eigenes Bestreben, sondern herbeigeführt durch den Rat derjenigen, von denen man ein größeres Verständnis der Angelegenheit hätte erwarten dürfen, als ich es habe, die ich wenig vom Gesetz weiß, und noch weniger von den Ansprüchen auf die Krone. (...) Daher wasche ich heute meine Hände in Unschuld vor Gott und auch vor euch guten Christenmenschen.“ In diesen berührenden Worten aus ihrer Abschiedsrede kurz vor ihrer Hinrichtung spiegelt sich das tragische Schicksal der als „Neun-Tage-Königin" in die englische Geschichte eingegangenen und nur sechzehn Jahre alt gewordenen Lady Jane Grey.

Sie wurde wohl im Oktober 1537 auf dem Landsitz Bradgate in Leicestershire als älteste Tochter von Henry Grey, dem späteren Herzog von Suffolk, und dessen Ehefrau Frances Brandon, einer Nichte König Heinrichs VIII. von England, geboren. Von ihren Eltern drangsaliert, verlebte sie keine schöne Kindheit, sondern wähnte sich gar *„in der Hölle"*. Für Jane stellten daher Bildung und Wissenserwerb willkommene Gelegenheiten dar, sich ihrer unerfreulichen Umgebung zu entziehen. Das geistig vielseitig interessierte Mädchen, das sich gerne mit der Lektüre philosophischer Schriften beschäftigte, beherrschte neben Französisch und

Italienisch noch Latein, Griechisch und Hebräisch. Bereits frühzeitig entwickelte sich die junge Lady zu einer begeisterten Protestantin.

Vorübergehend wurde Jane Grey als geeignete Gattin für den gleichaltrigen König Eduard VI. von England gehandelt, da er ihr in Intellekt und religiöser Interessenlage glich. Seit sich im Herbst 1552 abzuzeichnen begann, dass mit dem Tod des an Tuberkulose erkrankten Eduard zu rechnen war, setzte in seiner Umgebung ein erbarmungsloser Kampf um den Thron ein. Nach den von seinem Vater König Heinrich VIII. getroffenen Thronfolgeregelungen von 1544 würde die Krone nach Eduards kinderlosem Ableben an dessen katholische Halbschwester Maria fallen, der einzigen Tochter aus Heinrichs erster Ehe mit Katharina von Aragón. Der eigentliche Regent des Königreichs, John Dudley, Herzog von Northumberland, sah darin eine Gefahr für die Zukunft des Protestantismus und vor allem für sich selbst. Der Herzog setzte daher auf Lady Jane, König Heinrichs Großnichte, die er mit seinem Sohn Guilford Dudley verheiraten wollte, um so die Erbfolge der Tudors auf sein eigenes Haus zu übertragen. Obwohl Jane keinerlei Neigung für den nur wenig älteren Guilford empfand, wurde sie von ihrer machtversessenen Familie in diese scheinbar vielversprechende Ehe gedrängt. Am 21. Mai 1553 wurde Hochzeit gefeiert.

Unter dem Einfluss Northumberlands entschied sich der sterbende König Eduard VI. dafür, Jane Grey zu seiner Nachfolgerin auf dem englischen Thron zu machen. Indem Eduard die rechtmäßige Nachfolge seiner Halbschwester Maria verhinderte, wollte er die Reformation in England erhalten. Als der noch nicht sechzehn Jahre alte König am 6. Juli 1553 verstarb, übernahm John Dudley als Lordprotektor die Regierungsgeschäfte. Sein Versuch, Maria Tudor zu verhaften, scheiterte allerdings, da diese rechtzeitig gewarnt worden war und nach Norfolk flüchten konnte.

Nachdem Jane Grey am 9. Juli 1553 nach London gebracht worden war, verkündete der Herzog von Northumberland in Gegenwart ihrer Familie, ihres Mannes und der Mitglieder des Kronrats offiziell den Tod König Eduards VI. und informierte die Anwesenden darüber, dass der Verstorbene Lady Jane Grey zu seiner Nachfolgerin bestimmt habe. Die erschrockene junge Frau, die sich nicht als legitime Thronerbin betrachtete, wurde so lange von allen Seiten bedrängt, bis sie ihre Bedenken beiseite schob und die Krone akzeptierte: *„Wenn mir diese Gabe nach dem Gesetz gehören soll, dann möge mir die Göttliche Majestät den Verstand und die Gnade gewähren, damit ich zu Seinem Ruhm und Gefallen sowie zum Vorteil des Königreiches regiere."*

Am darauffolgenden Tag wurde Jane Grey auf der Staatsbarke in den Londoner Tower gebracht und dort zur Königin proklamiert. Auf die Forderung ihres Ehemannes, ihm den Königstitel zu verleihen, ging sie nicht ein. In der Bevölkerung löste ihre Thronbesteigung keinerlei Begeisterung aus, da viele Engländer in Maria Tudor die eigentliche Thronerbin sahen. Erschwerend kam für die neue Königin hinzu, dass sie vielen unbekannt war. Man hielt sie lediglich für eine Marionette des wegen seiner skrupellosen Machtpolitik und seiner rücksichtslosen persönlichen Bereicherung verhassten Herzogs von Northumberland.

Northumberland hatte fälschlich darauf gesetzt, dass die englische Elite eher eine protestantische Königin mit zweifelhaftem Anspruch denn die Gefahr einer religionspolitischen Wende unter einer katholischen Herrscherin akzeptieren würde. Nachdem Maria Tudor am 10. Juli 1553 in Norfolk von ihren Anhängern zur Königin ausgerufen worden war, zog der Herzog von Northumberland mit seinem Heer nach Norfolk, wo er Marias Truppen unterlag. Der Regentschaftsrat nutzte seine Abwesenheit und schwenkte rasch auf Marias Seite um. Am 18. Juli wurde der Herzog in Cambridge verhaftet und nach einem Prozess am 22. August 1553 hingerichtet.

Zusammen mit ihrem Ehemann wurde Jane Grey, die nicht gegen ihre Entmachtung protestiert hatte, im Londoner Tower festgesetzt. Um sich selbst zu retten, ließ ihre eigene Familie sie eiskalt im Stich. Während Maria Tudor Janes Vater, Henry Grey, ihre Verzeihung gewährte und ihn wieder freiließ, war sie sich noch im Unklaren darüber, wie sie mit ihrer Konkurrentin verfahren sollte, weshalb Jane Grey in Haft verblieb. Im Grunde sah Königin Maria in ihr wohl nur ein Werkzeug anderer machthungriger Personen, trotzdem wurde Jane Grey und ihrem Ehemann der Prozess gemacht und beide am 14. November 1553 wegen Hochverrats zum Tode durch das Beil verurteilt. Das Urteil wurde zunächst aber nicht vollstreckt.

Erst die protestantische Rebellion von Sir Thomas Wyatt im Januar 1554 brachte der gestürzten Königin den Tod, obwohl sie nicht daran beteiligt war. Zu Janes Unglück hatte sich ihr Vater der Rebellion angeschlossen und ihre Wiedereinsetzung als Königin gefordert. In dem Augenblick, in dem Jane Grey zu einem realen machtpolitischen Risiko für Maria I. wurde, hatte sie ihr Leben verwirkt. Jetzt stimmte Maria der Exekution ihrer Verwandten zu. Als Jane Grey darüber informiert wurde, erklärte sie demütig: *„Ich bin bereit und froh, meine elenden Tage zu beenden."* Ihr ungeliebter Ehemann Guilford Dudley ging ihr am 12. Februar 1554 unmittelbar in den Tod voraus. Laut den Augenzeugenberichten trat Jane Grey scheinbar gelassen, mit ihrem Gebetbuch in der Hand, den Weg zum Schafott an. Vielleicht stärkte sie der Gedanke, als Märtyrerin des Protestantismus in die Geschichte einzugehen. Die Zuschauer bei ihrer Hinrichtung im Tower waren von ihrer gefassten Haltung sehr beeindruckt. Ihr Vater Henry Grey, Herzog von Suffolk, wurde nur wenige Tage später, am 23. Februar, wegen seiner Teilnahme an der Wyatt-Rebellion exekutiert.

Maria I. Stuart

* 1542 auf Schloss Linlithgow
† 1587 auf Schloss Fotheringhay
Königin von Schottland
1542–1567

Die dank ihres von Tragik und Intrigen überschatteten Lebens berühmteste schottische Monarchin Maria Stuart kam am 7. oder 8. Dezember 1542 auf Schloss Linlithgow zur Welt. Ihr kranker Vater, König Jakob V. von Schottland, zeigte sich über ihre Geburt nicht besonders erfreut, da er keine männlichen Thronerben mehr besaß und sich um den Fortbestand seiner Dynastie sorgte. Als Jakob am 14. Dezember verstarb, folgte ihm seine neugeborene Tochter auf den Thron nach. Die Regentschaft für die Kindkönigin übernahm erst ein Verwandter, James Hamilton, Graf von Arran, ab 1554 ihre Mutter Marie von Guise.

Aus Sicherheitsgründen wurde die kleine Königin von ihrer Mutter in die Obhut des französischen Königshofes gegeben. Nachdem auf Vorschlag von König Heinrich II. von Frankreich im Juli 1548 eine Heiratsvereinbarung für Maria Stuart und seinen ältesten Sohn Franz unterzeichnet worden war, wurde die Fünfjährige wenige Wochen später von der französischen Flotte abgeholt. Sie wurde gemeinsam mit den Kindern Heinrichs II. erzogen. Am 24. April 1558 wurde Maria mit dem französischen Thronfolger vermählt. Als wenige Monate später die englische Königin Maria I. Tudor kinderlos verstarb und deren Halbschwester Elisabeth I. den Thron bestieg, ließ der französische König umgehend seine Schwiegertochter Maria Stuart offiziell zur Königin von England, Irland und Schottland erklären. Die Thronansprüche der protestantischen Elisabeth I. waren nicht unumstritten. Die einzige Tochter aus der zweiten

Ehe des englischen Königs Heinrich VIII. galt nach katholischen Maßstäben als unehelich geboren und damit nicht thronberechtigt, da der Papst die Scheidung ihres Vaters von seiner ersten Ehefrau nie akzeptiert hatte und dessen zweite Ehe daher als ungültig betrachtete. Maria Stuart war als Urenkelin des englischen Königs Heinrich VII. die nächste Thronanwärterin.

Nach dem Tod von König Heinrich II. von Frankreich im Jahr 1560 wurde Maria Stuarts Ehemann als Franz II. König. Die Regierungszeit des kränklichen Monarchen währte nicht lange, so dass Maria Stuart mit noch nicht ganz achtzehn Jahren Witwe wurde. Als kinderlose Ausländerin zog sie es vor, in ihre Heimat zurückzukehren, und betrat im August 1561 erstmals wieder schottischen Boden. Es gelang ihr allerdings nicht, sich als Monarchin auf Dauer erfolgreich in Schottland durchzusetzen.

Im Juli 1565 heiratete sie aus Liebe ihren Vetter Lord Henry Darnley. Bereits wenige Monate nach der Hochzeit kam es zum Zerwürfnis, weil Maria Stuart nicht bereit war, ihren zweiten Ehemann, der sich als brutal und wenig intelligent erwies, die Mitkönigskrone einzuräumen. Der auf den Privatsekretär und Berater seiner Gattin, David Riccio, eifersüchtige Darnley zettelte ein Komplott gegen die Königin an. Am Abend des 9. März 1566 drangen die Verschwörer in Maria Stuarts Privatgemächer vor und erstachen vor ihren Augen Riccio. Der unter Hausarrest gestellten Königin gelang es, zu entfliehen und ein Heer zu sammeln, was die Rebellen zur Flucht ins Ausland bewog. Am 19. Juni 1566 brachte Maria Stuart im Edinburgher Schloss ihren einzigen Sohn Jakob zur Welt.

Als Darnley am 10. Februar 1567 einem Mordanschlag zum Opfer fiel, beschädigte dies nachhaltig das Ansehen seiner Gattin, da sie keine ernsthaften Schritte zur Aufklärung des Verbrechens unternahm. Als besonders skandalös erschien es den Zeitgenossen, dass Maria Stuart sich bereitfand, den als Hauptädelsführer des Mordkomplotts geltenden Grafen von Bothwell, James Hepburn, nur wenige Monate nach der Ermordung ihres Ehemannes zu heiraten. Dies und Bothwells Versuch, an der Seite der Königin die Macht an sich zu reißen, lösten einen Aufstand aus. Am 24. Juli 1567 musste Maria Stuart zugunsten ihres Sohnes abdanken. Der gefangen gehaltenen Monarchin glückte Anfang Mai 1568 die Flucht. Gegen den Rat ihrer Anhänger entschied sie sich schließlich dafür, bei ihrer Verwandten Elisabeth I. von England Unterstützung zu suchen. Elisabeth ließ die Schottin, die zu einem Dreh- und Angelpunkt für die oppositionellen Kräfte in England zu werden drohte, festsetzen und empfing sie nicht persönlich. Maria Stuart erlangte nie wieder ihre Freiheit, sondern verbrachte ihr restliches Leben in Gefangenschaft. Verbittert musste sie zur Kenntnis nehmen, dass ihr Sohn Jakob sich nie nachdrücklich für ihre Befreiung einsetzte.

Um die ständig in Intrigen involvierte Schottenkönigin endgültig als potenzielle Thronrivalin beseitigen zu können, wurde sie in eine gelenkte Verschwörung verstrickt. Als Maria Stuart auf ein zu ihr geschmuggeltes Schreiben des jungen Katholiken Sir Anthony Babington antwortete, der einen Anschlag auf die englische Monarchin plante, und ihr Einverständnis hierzu erteilte, schnappte die Falle zu. Kurz vor dem Zuschlagen der Verschwörer wurden diese verhaftet, verhört und hingerichtet.

Am 15. Oktober 1586 begann der Hochverratsprozess gegen Maria Stuart. Ihr wurden weder ein Rechtsbeistand noch Zeugen zu ihrer Verteidigung bewilligt. Sie pochte auf die Unantastbarkeit des gesalbten Monarchen und lehnte die Zuständigkeit des Gerichts ab. Bereits im Vorfeld hatte sie ihren Standpunkt klargemacht: *„Ich bin selber als Königin geboren, bin die Tochter eines Königs und eine leibliche Verwandte der Königin von England. Ich bin in dieses Land gekommen im Vertrauen auf die Versprechungen meiner Kusine, mich gegen meine Feinde und aufständischen Untertanen zu unterstützen, und ich wurde sofort gefangengenommen. (...) Als absolute*

Herrscherin kann ich mich keinen Befehlen fügen und auch nicht den Gesetzen des Landes unterwerfen, ohne mich selber, meinen Sohn, den König, und alle anderen souveränen Fürsten herabzuwürdigen (...) Was mich selbst betrifft, ich erkenne die Gesetze Englands nicht an, sie sind mir fremd, und ich verstehe sie nicht. Ich bin allein, habe weder einen Rechtsbeistand noch irgend jemanden, der für mich spricht. Man hat mir meine Papiere und Aufzeichnungen fortgenommen, so daß ich völlig hilflos bin."
Während des Prozesses bekannte sie offen, dass sie ihre eigene Befreiung und die Unterstützung der katholischen Sache in England verfolgt hatte. Erwartungsgemäß wurde sie am 25. Oktober 1586 als Hochverräterin zum Tode verurteilt.

Königin Elisabeth I. rang sich erst am 1. Februar 1587 zur Unterzeichnung der Hinrichtungsurkunde durch, da sie die Verantwortung für den Tod einer gesalbten Königin scheute. Am 8. Februar 1587 wurde Maria Stuart auf Schloss Fotheringhay in Northamptonshire mit dem Beil hingerichtet. Sie ging gefasst in den Tod und präsentierte sich als Märtyrerin für ihren katholischen Glauben. Nach dem Tod der unverheiratet gebliebenen Elisabeth I. herrschte Maria Stuarts Sohn als Jakob I. in Personalunion über England und Schottland – das Vereinigte Königreich war entstanden.

Maria von Medici

* 1575 in Florenz
† 1642 in Köln
Regentin des Königreichs
Frankreich 1610–1614 und 1629

Die machtbewusste Fürstin und bedeutende Kunstpatronin Maria von Medici kam am 26. April 1575 zur Welt. Ihre Eltern waren der toskanische Großherzog Franz I. und die österreichische Erzherzogin Johanna. Nach dem frühen Tod ihrer Mutter verbrachte sie eine wenig glückliche Kindheit im Palazzo Pitti. Im Oktober 1587 verstarben kurz hintereinander, wahrscheinlich an den Folgen eines Giftanschlags, ihr Vater und seine zweite Gattin Bianca Capello. Neuer Großherzog wurde ihr Onkel Ferdinand I., der sich mehr um seine Nichte Maria kümmerte als einst ihr Vater.

Obwohl die Medici-Prinzessin zu den reichsten Erbinnen Europas zählte, scheiterten mehrere für Maria in Betracht gezogene Heiratsprojekte. König Heinrich IV. von Frankreich, der enorme Schulden bei den Medici hatte, erschien als geeigneter Ehemann, obgleich er zu Beginn der Verhandlungen noch mit Margarete von Valois verheiratet war. Erst nachdem Papst Clemens VIII. der Auflösung von Heinrichs kinderloser Ehe zugestimmt hatte, konnte der Heiratsvertrag nach langen Verhandlungen am 25. April 1600 unterzeichnet werden. Die Hälfte der hohen Mitgift der Braut sollte zur Tilgung von Heinrichs Schulden dienen. Nach der Prokurationshochzeit in Florenz reiste Maria unter großer Prunkentfaltung nach Frankreich. In Lyon stand sich das Brautpaar am 9. Dezember erstmals persönlich gegenüber. Da dem König möglichst rasch an einem Thronerben gelegen war, wartete er nicht erst die eigentliche Hochzeit am

17. Dezember ab, sondern verbrachte kurzerhand die erste Nacht nach dem Kennenlernen mit Maria.

Bei ihrem Einzug im Februar 1601 in Paris wurde die junge Königin gleich mit Heinrichs Mätresse Henriette d'Entragues konfrontiert. Anders als einst ihre Verwandte Katharina von Medici arrangierte sich die eifersüchtige Maria nicht mit den zahlreichen amourösen Seitensprüngen ihres Gemahls, wodurch sich das königliche Eheleben entsprechend unerfreulich gestaltete. Ihren dynastischen Verpflichtungen kam die junge Königin zur Freude ihres fast 20 Jahre älteren Mannes dagegen umgehend nach: Auf den am 27. September 1601 geborenen Thronfolger Ludwig folgten in den kommenden Jahren noch fünf weitere Kinder. Dass Heinrich IV. keinerlei Bedenken kannte, seine legitimen Kinder gemeinsam mit seinen unehelich geborenen Nachkommen erziehen zu lassen, verschärfte allerdings die ehelichen Streitigkeiten. Im Gegensatz zu ihrem kinderlieben Gatten brachte die egozentrische Maria nur wenig Gefühle für ihre Kinder auf. Vor allem ihr unterkühltes Verhältnis zu dem Thronfolger beunruhigte Heinrich IV., der geradezu prophetisch die künftigen Konflikte voraussah: *„Eines kann ich Ihnen versichern, weil ich Ihre Gemütsart kenne und jene vorausahne, die er haben wird; da Sie eigensinnig sind, Madame, um Sie nicht halsstarrig zu nennen, und er unnachgiebig ist, werden Sie gewiß so manchen Strauß miteinander ausfechten."*

Neben ihrer Leidenschaft für teure Kleider und kostbare Edelsteine widmete sich Maria von Medici ihren politischen Ambitionen. Gemäß dem Auftrag von Papst Clemens VIII. engagierte sie sich für die Rekatholisierung Frankreichs. 1604 erreichte sie, dass den Jesuiten die Rückkehr in das Königreich gestattet wurde. Als einer Enkelin des Kaisers Ferdinand I. lag ihr obendrein an einer Annäherung an das Haus Habsburg. Überdies bemühte sie sich entsprechend dem Florentiner Vorbild um die Förderung der Kultur Frankreichs.

Ihre von ihr mit Nachdruck betriebene Krönung zur Königin von Frankreich am 13. Mai 1610 in der Basilika Saint-Denis befriedigte nicht nur ihren Sinn für Prachtentfaltung, sondern prädestinierte sie auch für die Übernahme einer möglichen Regentschaft. Bereits am Tag darauf trat dieser Fall ein, da Heinrich IV. einem Mordanschlag eines religiösen Fanatikers zum Opfer fiel. Sofort sicherte sich Maria von Medici die Regentschaft für ihren unmündigen Sohn Ludwig mittels Parlamentsbeschlusses. Außerdem ließ sie ihren Sohn als Thronfolger bestätigen. Das Königreich, das bislang allein durch die Autorität Heinrichs IV. zusammengehalten wurde, sah sich erneut von konfessionellen Spannungen und vor allem von den Rivalitäten des Hochadels erschüttert. Die Regentin versuchte durch Geldgeschenke und die Aufrechterhaltung der religiösen Freiheiten den Konflikten zu begegnen. Während sie im Jülich-Klevischen Erbfolgestreit die politische Linie ihres verstorbenen Mannes noch beibehielt und die Protestanten unterstützte, gab sie ansonsten die bisherige antihabsburgische Politik auf und suchte eine Annäherung an Spanien. Von weitreichender Bedeutung war ihre Förderung des Bischofs von Luçon, Armand Jean du Plessis de Richelieu. Für Unmut sorgte dagegen, dass sich Maria von ihrer Jugendfreundin und nunmehrigen Hofdame Leonora Galigai und deren ehrgeizigem Gemahl Concino Concini beeinflussen ließ. Innerhalb kürzester Zeit übte der arrogante Concini die eigentliche Regierungsgewalt aus und bereicherte sich schamlos.

Zwar feierte sie die Volljährigkeitserklärung ihres Sohnes Ludwig XIII. im Oktober 1614 mit großen Festen, doch in ihrer Machtbesessenheit war Maria von Medici nicht bereit, auf die Herrschaft zu verzichten. Trotz des offiziellen Endes ihrer Regentschaft hatte sie de facto weiterhin das Heft in der Hand. Im April 1617 gelang es Ludwig XIII., sich mit gewaltsamen Mitteln aus der mütterlichen Bevormundung zu befreien. Er ließ Concini erschießen und dessen Gattin

Leonora wegen angeblicher Hexerei nach einem Scheinprozess hinrichten. Maria von Medici wurde nach Schloss Blois verbannt, wohin ihr Richelieu folgte. Seiner Mutter erklärte Ludwig, dass es sein Entschluss sei, *„nicht mehr zuzulassen, daß ein anderer als ich in meinem Königreich befiehlt"*. Im Februar 1619 glückte ihr die Flucht. Von Angoulême aus zettelte sie einen Aufstand gegen ihren Sohn an. Nach der Versöhnung mit ihm gelang es ihr dank kluger Ratschläge von Richelieu, 1622 in den Kronrat aufgenommen zu werden. Sie setzte durch, dass Richelieu zum Kardinal erhoben wurde und zum führenden Minister Ludwigs XIII. aufstieg. 1625 bezog sie das für sie erbaute Palais du Luxembourg, in dem sie den in ihrem Auftrag von Peter Paul Rubens geschaffenen Gemäldezyklus unterbrachte, der ihr Leben in 24 Bildern in allegorischer Überhöhung verherrlichte und vor allem ihre politischen Leistungen würdigte.

Als sie bemerkte, dass Richelieu ihren Einfluss auf Ludwig XIII. schmälerte und außenpolitisch gänzlich andere Ziele als sie selbst verfolgte, verschlechterte sich ihre Beziehung zu ihm. Während Marias 1629 erneut ausgeübter Regentschaft, die durch die Abwesenheit des Königs im Mantuanischen Erbfolgekrieg bedingt war, wurden die Differenzen größer. Ihre mehrfachen Versuche, die Entlassung des Kardinals mit allen Mitteln zu erzwingen, scheiterten letztendlich. Durch ihre unnachgiebige Haltung erreichte sie nur, dass sie im Februar 1631 im Schloss Compiègne unter Hausarrest gestellt wurde. Mit ihrer Flucht wenige Monate später in das feindliche Ausland machte sie sich des Hochverrats schuldig. Maria von Medici wurde geächtet und ihres gesamten Besitzes für verlustig erklärt. Eine Versöhnung mit Ludwig XIII. und damit die ersehnte Rückkehr nach Frankreich kam nicht mehr zustande. Da kein anderer Hof bereit war, sie auf Dauer aufzunehmen, überließ ihr die Familie Rubens ein Haus in Köln, in dem sie am 3. Juli 1642 vereinsamt und verarmt verstarb.

Maria Magdalena
von Österreich

* 1587 in Graz
† 1631 in Passau
Regentin des Großherzogtums
Toskana 1621–1628

Im Verlauf der 200-jährigen Herrschaftsgeschichte der Medici über das Herzogtum Florenz bzw. Großherzogtum Toskana gab es nur ein einziges Mal eine weibliche Regentschaftsregierung für einen minderjährigen Fürsten. Eine der beiden für ihn eingesetzten Regentinnen war die Habsburgerin Maria Magdalena. Sie war die am 7. Oktober 1587 in Graz zur Welt gekommene jüngste Tochter von Erzherzog Karl II. von Innerösterreich und dessen Gemahlin Maria Anna von Bayern. Kaiser Ferdinand I. hatte 1554 testamentarisch eine Teilung der habsburgischen Erbländer verfügt, so dass Erzherzog Karl die Herzogtümer Steiermark, Kärnten und Krain erhalten hatte. Maria Magdalenas Vater verstarb, als seine Tochter noch ein Kleinkind war. Unter dem Einfluss ihrer Mutter erhielt sie eine streng gegenreformatorisch-katholisch ausgerichtete Erziehung. Ebenso prägend war für sie die Überzeugung von der Auserwähltheit des habsburgischen Kaiserhauses.

Nachdem sich die Verhandlungen zwischen dem Florentiner und dem Grazer Hof drei Jahre hingezogen hatten, fiel 1605 die Wahl auf die gesundheitlich robust wirkende Maria Magdalena als Braut für den von Kindesbeinen an kränklichen künftigen Großherzog Cosimo II. von Medici. Erst 1608 konnten die wegen der Frage der Mitgift komplizierten Heiratsverhandlungen erfolgreich abgeschlossen werden. Am 19. Oktober 1608 wurde die Hochzeit der Erzherzogin und des Erbprinzen unter großer Prachtentfaltung in Florenz gefeiert. An einem wesentlich bescheideneren Hof aufgewachsen, genoss Maria Magdalena das glanzvolle Leben, das ihr Florenz bot. Da bereits wenige Monate nach der Hochzeit der regierende Großherzog Ferdinand I. verstarb, trat das jung verheiratete Paar an die Spitze des Staates. Aus der Ehe, die als glücklich galt, gingen fünf Söhne und drei Töchter hervor. Maria Magdalena hatte damit ihre eigentliche Hauptaufgabe, die Sicherung der Nachfolge, bestens erfüllt. Trotz ihrer vielen Schwangerschaften nahm die Großherzogin weiter an den höfischen Zerstreuungen teil und konnte auch ihren Passionen, dem Reiten und Jagen, nachgehen. Durch den frühen Tod ihres Gemahls am 28. Februar 1621 wurde sie nach dreizehn Ehejahren Witwe.

Dem Testament von Cosimo II. gemäß übernahm seine Gemahlin zusammen mit seiner Mutter, Christiane von Lothringen, die Regentschaft für den ältesten, noch minderjährigen Sohn Ferdinand. Auf diese Weise wurde die Neutralität des Großherzogtums zwischen den in Italien rivalisierenden Machtpolen Habsburg und Bourbon für die Zeit der Minderjährigkeit Ferdinands II. sozusagen auch personell unterstrichen. Ihnen zur Seite stand ein vierköpfiges Beratergremium. Dies war nötig, weil Frauen nach römischem und toskanischem Recht von öffentlichen Ämtern ausgeschlossen waren. Tatsächlich dürfte diese weibliche Doppelspitze jedoch wohl recht eigenständig die Regierungsgeschäfte geführt haben, da beide Fürstinnen während der Regierungszeit ihrer Ehemänner in die Tagespolitik einbezogen waren. Maria Magdalena hatte etwa durch ihre Korrespondenz Kontakt zu allen wichtigen europäischen Höfen gepflegt.

Die beiden Regentinnen stellten ihre Herrschaft demonstrativ unter den Schutz der Madonna. Dies mag mit dazu beigetragen haben, dass spätere Historiker Großherzogin Maria Magdalena der Bigotterie bezichtigten. Dem Beispiel anderer Fürstinnen ihrer Zeit folgend ließ die fromme

Habsburgerin Klöster und Konvente ausbauen und stiftete das Armenhospiz San Salvatore in Camaldoli. Ihre Religiosität schlug sich auch in ihrer Sammelleidenschaft für Reliquien nieder, für die sie eine Reliquien-Kapelle im Florentiner Palazzo Pitti einrichtete. Von ihrem Hofmaler Justus Sustermans ließ sie sich im Gewand der büßenden heiligen Maria Magdalena verewigen. Nichtsdestotrotz förderte sie, wie schon ihr Mann Cosimo, den mit der kirchlichen Lehre in Konflikt geratenen Hofmathematiker und Astronomen Galileo Galilei.

Während Maria Magdalena gemäß ihrer Herkunft prohabsburgisch eingestellt war, tendierte ihre Mitregentin zu einer frankreichfreundlichen Politik. Seit der 1619 erfolgten Wahl ihres Bruders Ferdinand zum Kaiser besaß Maria Magdalena allerdings auf der internationalen Bühne eindeutig mehr politisches Gewicht als ihre Schwiegermutter. Sie verstand es, ihre familiären Verbindungen zu Kaiser Ferdinand II. zu nutzen, die mediceischen Anrechte auf spanisch okkupierte Territorien in der Toskana wiederzuerlangen. Es gelang ihr auch, die Sienesische Statthalterschaft mit Familienmitgliedern zu besetzen. Im Erbstreit um das Herzogtum Urbino, das bereits einmal im Besitz der Medici gewesen war und dessen letzter Herzog aus dem Geschlecht der della Rovere 1631 verstorben war, unterlagen die beiden Regentinnen trotz emsiger diplomatischer Aktivitäten Papst Urban VIII., der sein Anrecht auf das Herzogtum als Kirchenlehen mittels militärischer und diplomatischer Drohungen durchzusetzen wusste. Eine ernsthafte Konfrontation mit der Kurie wagten die beiden Regentinnen nicht. Angesichts der schwierigen politischen Lage durch den Dreißigjährigen Krieg in Europa war nicht mit einem Eingreifen des Kaisers zugunsten Toskanas zu rechnen.

Ihrem Anspruch als Regentin verstand Maria Magdalena in der Einrichtung ihrer persönlichen Residenz Rechnung zu tragen. 1622 erwarb sie in Florenz die Villa Baroncelli, die sie Poggio Imperiale nannte. Allein der Name unterstrich schon die kaiserliche Abkunft der Besitzerin. Von dem Florentiner Hofarchitekten Giulio Parigi wurde der Bau in eine Anlage frühbarocken Stils verwandelt. Im Inneren ließ sie den Palast gemäß einem Gesandtenbericht aus Lucca *„mit den vorzüglichsten und wunderbarsten Dingen (...), die man nur finden kann"* ausstatten. Ein politisch ambitioniertes Fresken- und Gemäldeprogramm feierte die ruhmreichen Taten europäischer Fürstinnen und präsentierte antike und biblische Heldinnen. Diese Beispiele einer langen Tradition vorbildlicher weiblicher Herrschaft dienten somit auch der Legitimierung ihrer Regentschaft. In anderen Repräsentationsräumen der Villa wurden die Erfolge der habsburgischen Dynastie verherrlicht. Ganz im Sinne der Gegenreformation wurde dabei der gottgewollte Sieg der „Pietas Austriaca" über „Ketzer und Rebellen" gefeiert. Während Maria Magdalenas Regentschaft fanden die großen gesellschaftlichen Ereignisse des Florentiner Hofes nicht mehr im nahe gelegenen Palazzo Pitti, sondern hauptsächlich in Poggio Imperiale statt.

Mit der Volljährigkeit von Großherzog Ferdinand II. endete zwar 1628 ihre Regentschaft, doch im Hintergrund blieb Maria Magdalena weiterhin einflussreich. Im Herbst 1631 brach sie zu einer Reise an den kaiserlichen Hof in Wien auf. Vermutlich ging es dabei um die Anknüpfung einer vorteilhaften Heirat für eines ihrer Kinder. In Innsbruck besuchte die Großherzogin ihren Bruder Leopold mit seiner Familie. Als eifrige Verfechterin habsburgischer Interessen hatte sie 1623 Leopolds Ehe mit Claudia von Medici eingefädelt, der gerade verwitweten Schwester ihres verstorbenen Gemahls, und so ihrem zum Landesfürsten von Tirol aufgestiegenen Bruder eine reiche Mitgift verschafft. Auf der Weiterreise erkrankte Maria Magdalena plötzlich und verschied im Alter von 44 Jahren am 1. November 1631 an einer fiebrigen Krankheit in Passau.

Anna von Österreich

* 1601 in Valladolid
† 1666 in Paris
Regentin des Königreichs
Frankreich 1643–1651

Nach dem Tod von Anna von Österreich, die am 20. Januar 1666 nach längerem Leiden an Brustkrebs verstorben war, erklärte ihr Sohn König Ludwig XIV. von Frankreich: *„Sie verdient, unter die größten Könige unseres Landes gereiht zu werden."* Weniger Anerkennung brachte ihr ihre habsburgische Herkunftsfamilie entgegen, hatte sie doch während ihrer Regentschaft eine ganz auf französische Interessen eingestellte Politik betrieben.

Die am 22. September 1601 geborene Anna entstammte der spanischen Linie der Habsburger. Ihre Eltern waren König Philipp III. von Spanien und Margarete von Österreich. Nach einer streng katholisch ausgerichteten Erziehung wurde sie im Alter von vierzehn Jahren aus rein politischen Gründen im November 1615 mit dem gleichaltrigen französischen König Ludwig XIII. vermählt. Im Gegenzug heiratete ihr ältester Bruder die jüngere Schwester Ludwigs, Elisabeth von Bourbon. Mit dieser Doppelhochzeit sollte die Annäherung von Frankreich und Spanien gefestigt werden.

Die Ehe von Anna und Ludwig XIII. stand von Anfang an unter keinem guten Stern. Selbst nach Abschluss der Pubertät zeigte der französische Monarch kaum Interesse am weiblichen Geschlecht. Seiner Gattin bezeigte er größtenteils nur Widerwillen. Meistens stand die Königin im Schatten seiner Favoriten, was den König aber nicht hinderte, jeden ihrer Schritte eifersüchtig überwachen zu lassen. Anna, die am spanischen Hof von Zuneigung und Liebe umgeben gewesen war, vereinsamte. Zur Verärgerung Ludwigs wurden

123

seiner schönen Frau Affären mit dem Herzog Henri II. von Montmorency und dem gut aussehenden George Villiers, Herzog von Buckingham, nachgesagt. Es dürfte sich dabei um reine Unterstellungen gehandelt haben, da die Königin ständig einer strengen sozialen Kontrolle unterlag und so gut wie nie allein war. Buckingham gefährdete durch sein unbesonnenes Verhalten, das eher zu einem Romanhelden denn zu einem Diplomaten und Staatsmann passte, den Ruf der von ihm angebeteten Königin. Mit seinen kompromittierenden Avancen und öffentlichen Liebesschwüren sorgte der Engländer für einen handfesten Skandal. Die Ereignisse rund um diese Liebelei verarbeitete Alexandre Dumas d. Ä. in den 1840er Jahren in seinem Romanklassiker „Die drei Musketiere".

Nach drei Fehlgeburten Annas musste das französische Königspaar die Hoffnung auf einen Thronfolger fast aufgeben. Ludwig strafte seine Gemahlin dafür mit eisiger Nichtachtung. Neben ihrer Schwiegermutter Maria von Medici gehörte vor allem Armand Jean du Plessis, Herzog von Richelieu, zu Annas Gegnern bei Hof. Der 1624 von Ludwig XIII. zum Ersten Minister ernannte Kardinal verstand es, die auf ihre Abstammung stolze Königin immer wieder zu demütigen. Mit Entsetzen reagierte die fromme Habsburgerin, als sich Richelieu 1635 dafür entschied, im Dreißigjährigen Krieg aktiv zugunsten der protestantischen Fürsten einzugreifen, um die habsburgische Vormachtstellung in Europa zu brechen. Die leichtsinnige Königin, die sich bereits früher mehr oder weniger offen in verschiedene Komplotte gegen den Minister hatte hineinziehen lassen, sah sich 1637 dem Vorwurf des Verrats ausgesetzt. Anna wurde beschuldigt, ihren Brüdern, König Philipp IV. von Spanien und dem Kardinalinfanten Ferdinand, brieflich wichtige Informationen zum Nachteil Frankreichs zugespielt zu haben. Als Äquivalent für die Vergebung ihres Gatten musste sie versprechen, *„nie wieder in dergleichen Fehler zu verfallen und fortan mit dem König zu leben (...) wie* *eine Frau, die keine anderen Interessen hat als diejenigen Seiner Person und des Staates"*. Außerdem wurde sie dazu verpflichtet, die ihr von Ludwig XIII. auferlegten Verhaltensregeln genauestens zu befolgen.

Ihre unsichere Position am französischen Königshof änderte sich schlagartig, als sie wieder schwanger wurde. Wegen eines Unwetters musste König Ludwig XIII. am 5. Dezember 1637 unerwartet im Pariser Louvre übernachten. Da zu diesem Zeitpunkt das Schlafzimmer seiner Gattin das einzige beheizte und möblierte königliche Schlafgemach im Schloss war, sah sich der König gezwungen, die Nacht bei seiner Frau zu verbringen. Am 5. September 1638 brachte die Königin ihr erstes gesundes Kind, den späteren König Ludwig XIV., zur Welt. Dieser Sohn erlöste sie aus ihrer jahrelangen emotionalen Leere, weshalb sie ihm zeitlebens innig verbunden blieb. Anna musste jetzt auch nicht mehr befürchten, wegen Unfruchtbarkeit doch noch in ein Kloster abgeschoben zu werden. Zwei Jahre später konnte die Thronfolge durch die Geburt ihres Sohnes Philipp endgültig als gesichert gelten.

Angesichts seiner sich rapide verschlechternden Krankheit bestimmte Ludwig XIII. testamentarisch, dass seine Gattin zwar den Titel einer Regentin bekommen, die eigentliche Macht aber von einem Regentschaftsrat ausgeübt werden sollte. Der Tod ihres Mannes am 14. Mai 1643 stellte für Anna sicherlich eine Befreiung dar. Zur Überraschung aller erwies sich die Witwe als gewiefte, zu allem entschlossene Politikerin. Sie sorgte umgehend dafür, dass die Einschränkungen ihrer Regentschaft annulliert wurden. Sie behielt den noch von Ludwig XIII. als Nachfolger des verstorbenen Richelieus eingesetzten Kardinal Jules Mazarin als Ersten Minister.

Bereits mit ihren ersten politischen Entscheidungen erregte die Regentin Aufsehen; denn statt, wie erwartet, mit ihrem Bruder Philipp IV. Frieden zu schließen, führte sie den Krieg gegen Spanien weiter und lehnte jeden Ausgleich ab. Die bisherigen Alliierten Frankreichs – Schweden, die deutschen protestantischen Fürsten und die Republik der Vereinigten Niederlande – konnten fernerhin auf dessen Bündnistreue zählen. Generell agierte sie in den Jahren ihrer Regentschaft ausschließlich im Sinne der französischen Interessen, wodurch sie sich von den meisten anderen Mitgliedern der habsburgischen Dynastie unterschied, die stets das Wohl ihres Hauses im Auge hatten. Innenpolitisch wurden sie und der in der Bevölkerung verhasste Kardinal Mazarin wegen der von ihnen vertretenen absolutistischen Politik mit Aufständen konfrontiert. Im Sommer 1648 nahm die sogenannte Fronde in Paris ihren Anfang. Mit Unterstützung durch den Hochadel und das Pariser Parlament lehnte sich die Bevölkerung gegen den Krieg und die immer drückendere Steuerlast auf. Offiziell endete zwar Annas Regentschaft 1651, als der dreizehnjährige Ludwig XIV. für volljährig erklärt wurde. De facto übte sie weiterhin gemeinsam mit Mazarin die Macht aus. Obwohl Anna den Kardinal 1652 auf Druck der Frondeure entlassen musste, zeigte sie keine Furcht, sondern verteidigte erfolgreich die absolute Monarchie und bereitete damit ihrem Sohn den Weg. Mit ihrer Politik befolgte sie so Richelieus politisches Credo: *„Die Partei der Hugenotten schlagen, den Hochmut der Großen beschämen, alle Untertanen zwingen, ihren Pflichten nachzukommen, und den ausländischen Nationen Respekt vor dem Namen des Königs auferlegen."*

Nach Mazarins Rückkehr 1653 überließ Anna ihm die politische Bühne. Im Laufe der Jahre war eine tiefe Zuneigung zwischen ihr und dem Kardinal entstanden, weshalb es Gerüchte über eine heimliche Eheschließung gab. Ab 1661 führte Ludwig XIV. die Regierungsgeschäfte selbst. Die Königinmutter trat den Rückzug aus dem Staatsrat an und verbrachte ihre letzten Lebensjahre zurückgezogen vom Hof.

Amalie Elisabeth von Hanau-Münzenberg

* 1602 in Hanau
† 1651 in Kassel
Regentin der Landgrafschaft
Hessen-Kassel 1637–1650

Amalie Elisabeth galt als eine der einflussreichsten Fürstinnen ihrer Zeit. Sie wurde am 29. Januar 1602 in Hanau als Tochter des Grafen Philipp Ludwig II. von Hanau-Münzenberg und dessen Gemahlin Catarina Belgia von Oranien-Nassau geboren. Über ihre Kindheit und Jugend ist bloß wenig bekannt. Da ihr erster Verlobter Albrecht Jan Smiřický von Smiřice, ein sehr reicher Grundherr in Böhmen, früh verstarb, heiratete sie am 21. November 1619 den Erbprinzen Wilhelm von Hessen-Kassel. Aus der wohl recht glücklichen Ehe gingen zwölf Kinder hervor, von denen vier das Erwachsenenalter erreichen sollten.

Nach der Abdankung seines Vaters, des Landgrafen Moritz, wurde Wilhelm am 17. März 1627 regierender Landgraf von Hessen-Kassel. Nur wenig später, im September 1627, musste er sich mit dem Landgrafen von Hessen-Darmstadt wegen des Erbes des 1604 verstorbenen Landgrafen von Hessen-Marburg vergleichen. Wilhelm V. musste dabei auf große Gebiete verzichten und den Darmstädtern die rangmäßige Gleichstellung zugestehen. In dem 1618 ausgebrochenen Dreißigjährigen Krieg kämpfte der reformierte Landgraf als Verbündeter der Schweden auf der protestantischen Seite. Weil er 1635 nicht bereit war, dem Prager Frieden beizutreten und damit auf Bündnisse mit ausländischen Mächten zu verzichten, stand er weitgehend isoliert da. Durch sein Bündnis mit Frankreich zog er den Krieg in sein Land, das schwer unter den Folgen zu leiden hatte. Der zum Reichsfeind erklärte Landgraf musste im Sommer 1637 zusammen mit seiner Frau und den beiden minderjährigen Söhnen vor den anrückenden kaiserlichen Regimentern in das neutrale Ostfriesland fliehen, während die drei kleinen Töchter in Kassel zurückblieben. Wilhelm V. verstarb am 21. September 1637 im ostfriesischen Leer. In seinem Testament hatte der wegen seiner antikaiserlichen Politik geächtete Landgraf seine Gemahlin zur vormundschaftlichen Regentin für den unmündigen acht Jahre alten Sohn Wilhelm bestimmt, da ihr dies *„vor allen andern gebühren thuet"*. Als wichtiges Machtinstrument hinterließ er Amalie Elisabeth seine gut geführte Armee, die er nach Ostfriesland und Westfalen hatte retten können.

Die verwitwete Landgräfin entpuppte sich als kluge und energische Regentin, die über großes diplomatisches Geschick verfügte. Die weithin verwüstete Landgrafschaft Hessen-Kassel befand sich zu diesem Zeitpunkt in einem desolaten Zustand. Trotz der ungünstigen Ausgangslage gelang es ihr in den kommenden Jahren nicht nur, ihrem Sohn die Landgrafschaft zu sichern, sondern auch diese dauerhaft zu konsolidieren. Entgegen den Vorgaben ihres verstorbenen Mannes dehnte sie ihren politischen Aktionsradius und ihre Kompetenzen gegenüber dem Regentschafts- und Vormundschaftsrat immer mehr aus. Amalie Elisabeth verstand sich als verantwortliche Regentin mit Entscheidungsbefugnis, weshalb ihre Regentschaft keine reine Übergangsregierung darstellte.

Zunächst ließ die Landgräfin die Truppen entsprechend dem letzten Tagesbefehl ihres Gemahls ihrem Sohn als dem neuen Landgrafen Wilhelm VI. huldigen. Bei der in Kassel verbliebenen Regierung setzte sie rasch durch, dass diese ihre Vormundschaft uneingeschränkt anerkannte, obwohl Landgraf Georg II. von Hessen-Darmstadt Ansprüche erhob und darauf pochte, dass er 1636 vom Kaiser zum

Administrator von Hessen-Kassel bestellt worden war. Die umgehend nach Kassel berufenen Landstände leisteten dem minderjährigen Wilhelm VI. den Huldigungseid und erklärten damit die Regentschaft seiner Mutter Amalie Elisabeth für rechtmäßig. Erst im Frühjahr 1640 konnte die Regentin aus ihrem sicheren ostfriesischen Exil nach Kassel zurückkehren. Bis dahin mussten die Beratungen zwischen Amalie Elisabeth und ihren loyalen Räten auf dem Postweg oder über Abgesandte erfolgen.

Die Landgräfin führte die Politik ihres verstorbenen Gatten fort. Immer wieder berief sie sich auf dessen testamentarische Bestimmungen. Gemäß den von ihm verfolgten Zielen strebte sie nach einer Restitution ihres Hauses und einer Erweiterung des Herrschaftsgebietes durch den Erwerb geistlicher Gebiete in Niedersachsen und Westfalen. Die Räte und die Landstände drängten sie zwar mehrfach zu einem Friedensschluss und einer gütlichen Einigung mit Landgraf Georg und Kaiser Ferdinand III., doch sie wollte sich zu keinem nachteiligen Frieden bereitfinden. 1639 nahm sie daher Bündnisverhandlungen mit Frankreich und Schweden auf. Sie vertrat die Auffassung, dass ihr nichts anderes übrig bleibe, als *„unter zweyen bößen das beste"* zu wählen. Sie wagte schließlich angesichts der militärischen Entwicklung den endgültigen Bruch mit dem Kaiser und unterzeichnete im März 1640 ein Abkommen mit Frankreich. Mit diesem Schritt trat Hessen-Kassel nach einer Phase der bewaffneten Neutralität erneut in den Krieg ein.

1643 sicherte sie für ihre Nachkommen die künftige Erbfolge in der Grafschaft Hanau. Mit den Verwandten in Hessen-Darmstadt setzte sie wieder die Auseinandersetzung um Oberhessen fort. Mithilfe von Rechtsgutachten ließ sie belegen, dass der 1627 geschlossene Vertrag ungültig und die daraus abgeleiteten Forderungen Hessen-Darmstadts überzogen seien. Am 6. März 1645 rückten Kasseler Truppen in Oberhessen ein und belagerten die Stadt Marburg.

Im „Hessenkrieg" war die Armee des Darmstädter Landgrafen den kampferprobten Truppen der Regentin unterlegen, die von Schweden und Frankreich unterstützt wurden. Amalie Elisabeths kompromisslose Kriegsführung entsprach dabei völlig der Vorgehensweise der anderen Kriegsparteien.

Im Westfälischen Frieden wurde 1648 der Einigungs- und Friedensvertrag zwischen den beiden Teilen Hessens bestätigt. Hessen-Kassel bekam danach ein Viertel von Oberhessen mit der Stadt Marburg. Außerdem wurden die Kasseler Hausgesetze anerkannt, wodurch den Darmstädter Verwandten jegliche Aussicht genommen wurde, sich in die inneren Belange Hessen-Kassels mithilfe des Kaisers oder der Reichsgerichte einzumengen. Als einziges deutsches Territorium erhielt Hessen-Kassel im Westfälischen Frieden dank schwedischer und französischer Unterstützung für sein Heer eine Kriegsentschädigung von einer halben Million Taler. Die Abtei Hersfeld und Teile der Grafschaft Schaumburg gehörten fortan ebenfalls rechtssicher zu Hessen-Kassel. Die Landgrafschaft hatte auf diese Weise eine beträchtliche Erweiterung erfahren. Mit den von ihr hartnäckig verfochtenen Ansprüchen hatte sich Amalie Elisabeth bei den anderen Verhandlungsführern auf dem Friedenskongress nicht eben beliebt gemacht. Man monierte, dass sie *„entweder gar kein lust zum frieden oder wunderseltzame"* Auffassungen vertrete, was ihr zustehe. Als überzeugte Calvinistin setzte sie sich außerdem für die rechtliche Gleichstellung der Reformierten mit den Lutheranern und Katholiken im Heiligen Römischen Reich Deutscher Nation ein.

Die Belastungen der Regentschaft gingen nicht spurlos an Landgräfin Amalie Elisabeth vorbei. Am 25. September 1650 übergab sie die Regierungsverantwortung an ihren 21 Jahre alten Sohn, Landgraf Wilhelm VI. Die Landgräfin begründete dies mit ihrer *„genugsam bekante[n] leibesindisposition undt unpäßlichkeit"*, die sich immer mehr verschlechtern würde, so dass sie die *„schwere regirungslast"* nicht länger auf sich nehmen könne. Nur ein knappes Jahr später, am 3. August 1651, verstarb sie in Kassel. Treffend fasste der Spruch auf ihrem Sterbetaler das Lebensmotto der frommen Calvinistin zusammen: *„Wieder Macht und List mein Fels Gott ist."*

Christine

* 1626 in Stockholm
† 1689 in Rom
Königin von Schweden ´
1632 – 1654

Mit ihrer Geburt am 17. Dezember 1626 im Stockholmer Schloss begann ein für das 17. Jahrhundert ungewöhnliches Frauen- und Herrscherleben. Im Alter von noch nicht ganz sechs Jahren verlor Christine ihren Vater, den schwedischen König Gustav II. Adolf, der am 16. November 1632 in der Schlacht von Lützen gefallen war. Der Thron der damals tonangebenden protestantischen Macht fiel dadurch an Christine als dem einzigen überlebenden Kind des Königs. Während die Regentschaft von dem Reichskanzler Axel Oxenstierna geführt wurde, verblieb die unmündige Königin zunächst in der Obhut ihrer Mutter Maria Eleonora von Brandenburg. Da der Umgang mit der zu Depressionen neigenden Mutter als schädlich für ihre weitere Entwicklung angesehen wurde, wurde Christine 1636 bei ihrer Tante väterlicherseits, Katharina von Pfalz-Zweibrücken, untergebracht. Die Halbschwester von Gustav Adolf lebte bereits seit einigen Jahren mit ihrer Familie in Schweden. Gemäß den Anordnungen ihres verstorbenen Vaters wurde Christine *„wie ein Mann erzogen"* und gründlich auf ihr Königsamt vorbereitet. Nach ihrer Mündigkeitserklärung im Dezember 1644 übernahm die Achtzehnjährige, die wenig Wert auf ihr Äußeres legte und Frauenkleider nicht leiden konnte, selbst die Regierungsgewalt.

Beim Abschluss des Westfälischen Friedens 1648 konnte Schweden zwar für sich Vorpommern, Wismar und Bremen-Verden erwerben, doch die Finanzlage des Königreichs blieb angespannt. Die junge Monarchin unterhielt trotzdem einen der aufwendigsten Höfe in Europa und sorgte dafür, dass Schweden eine enorme geistige und künstlerische Blüte erlebte. Außer dem bedeutenden französischen Philosophen, Mathematiker und Naturforscher René Descartes zog sie noch weitere Gelehrte und Künstler an ihren Hof und ließ sich gerne als „Minerva des Nordens" feiern. Großzügig förderte sie die Universität von Uppsala. Die vielseitig interessierte Königin entwickelte sich zu einer außerordentlichen Kunstsammlerin. Den Grundstock ihrer Kunstschätze bildeten jene Teile der wertvollen Sammlungen von Kaiser Rudolf II. aus Prag, die die schwedischen Truppen 1648 erbeutet hatten.

Schon bald nach ihrer Krönung im Oktober 1650 ließ sie erstmals Abdankungsabsichten verlauten. Die unbeständige und exaltierte Monarchin erklärte, dass sie Ruhe suche. Wenig behagte ihr die Aussicht, heiraten zu müssen, um die Vasa-Dynastie zu sichern. Bereits im Alter von 22 Jahren hatte sie verkündet: *„Es ist mir unmöglich zu heiraten. Dessen bin ich mir absolut sicher. Ich habe nicht die Absicht, dafür Gründe zu nennen. Mein Charakter ist einfach nicht für die Ehe geeignet."* Ihr Privatleben gab daher immer wieder Anlass zu Spekulationen. Im März 1649 hatte sie durchgesetzt, dass ihr Vetter und einstiger Spielgefährte Karl Gustav von Pfalz-Zweibrücken, der zeitweise auch als möglicher Ehemann für sie im Gespräch gewesen war, zum schwedischen Thronfolger gewählt wurde. Intensiv begann sie sich mit dem Gedanken einer Konversion zum katholischen Glauben zu beschäftigen. Eine überzeugte Protestantin war sie wohl nie gewesen. Von der katholischen Religion versprach sie sich größere geistige Freiheit. Zudem sehnte sie sich nach einem „Szenenwechsel" – das barocke Italien lockte sie. Als sie im Februar 1654 den Reichsrat und die Ständeversammlung erneut wissen ließ, dass sie sich mit Abdankungsabsichten trüge, fiel der Widerstand dagegen dieses Mal wesentlich schwächer aus, da sie inzwischen an

Popularität eingebüßt hatte. Um ihren gewohnten Lebensstil fortsetzen zu können, verlangte die auf sich selbst bezogene Königin nicht nur große Summen Geldes für ihren Unterhalt, sondern wollte auch ihren Status als Monarchin bewahrt wissen. Diese Forderungen fanden daher Eingang in die Abdankungsurkunde.

Auf dem in Uppsala abgehaltenen Reichstag wurde am 16. Juni 1654 die Abdankungsurkunde verlesen. Der dabei anwesende Reichsrat Per Brahe hinterließ eine anschauliche Schilderung der Vorgänge: *„Die Königin stand dort und sprach so frei und so schön, gelegentlich schien es, als ob sie den Tränen nahe sei. Ihre Majestät rührte die anwesenden Männer und die Frauen, die auch dort waren, zu Tränen und sie drückte ihr Bedauern aus, daß sie hier ihre Dynastie und ihre Herrschaft beendete, bevor Gott es tat."* Noch am selben Tag wurde ihr wittelsbachischer Vetter zum neuen König Karl X. Gustav gekrönt.

Nach ihrer Abdankung verließ sie umgehend Schweden, in das sie später nur noch zweimal für kurze Zeit zurückkehren sollte, und reiste nach Antwerpen, wohin sie bereits vorher mehrere Schiffsladungen voll mit wertvollen Büchern, Handschriften, Juwelen, Gemälden, Statuen, Möbeln und Teppichen hatte schicken lassen. An Weihnachten 1654 konvertierte Christine in Brüssel heimlich zum katholischen Glauben. Ein dreiviertel Jahr später trat sie in der Innsbrucker Hofkirche öffentlich zum Katholizismus über. Seitdem wurde viel über die tatsächlichen Gründe für den Glaubenswechsel diskutiert. Im Zeitalter der Glaubenskriege hatte ein solcher Schritt einer derart herausgehobenen Persönlichkeit als Politikum zu gelten. Angesichts der Tatsache, dass ihr verstorbener Vater als einer der großen protestantischen Helden im Dreißigjährigen Krieg angesehen wurde, stellte diese Entscheidung der Exkönigin für die Vertreter der Gegenreformation einen enormen Triumph dar. Die Protestanten zeigten sich im Gegensatz dazu entsprechend schockiert.

Im Dezember 1655 nahm die letzte Vasa-Königin ihren ständigen Wohnsitz in Rom, dem Zentrum der katholischen Christenheit. Bei ihrer Firmung durch Papst Alexander VII. fügte sie ihrem Namen die Beinamen Maria Alexandra an. Mit den Formalitäten ihrer neuen Religion nahm es die Konvertitin, die sich immer wieder für religiöse Toleranz einsetzte, dagegen nicht immer genau. Zwischen ihr und Kardinal Decio Azzolino d. J., ihrem späteren Universalerben, entwickelte sich eine sehr enge Verbindung, was zu allerlei Mutmaßungen Anlass gab. Ganz ohne politische Macht konnte Christine scheinbar dann doch nicht auskommen; denn 1656/57 unternahm sie den Versuch, mithilfe Frankreichs die Krone Neapels für sich zu gewinnen. Als die im Geheimen geführten Verhandlungen publik wurden, ließ sie den vermeintlichen Verräter aus ihrem Gefolge, den Marchese Gian Rinaldo Monaldesco, in Schloss Fontainebleau hinrichten, was in Europa Empörung auslöste, da man ihr keinerlei königliche Rechte mehr zuzubilligen bereit war. Sie selbst blieb zeitlebens davon überzeugt, dass sie als Stellvertreterin Gottes keinem Menschen Rechenschaft schuldig sei. 1668 interessierte sich Christine, nicht zuletzt aus finanziellen Gründen, noch für die polnische Königskrone.

Den Großteil ihrer Zeit nach der Abdankung verwandte die eigensinnige Exmonarchin für ihre kulturellen Neigungen. 1671 eröffnete sie in Rom das Teatro Tor di Nona, in dem im Gegensatz zu den damaligen Gepflogenheiten auch Frauen auftraten. Das Theater musste 1676 auf Anordnung von Papst Innozenz XI. wieder geschlossen werden. 1674 begründete sie eine literarische Akademie. Bedeutende Komponisten wie Alessandro Stradella, Arcangelo Corelli und Alessandro Scarlatti widmeten ihr Kompositionen. Am 19. April 1689 verstarb Christine in Rom, wo sie in der Krypta des Petersdoms bestattet wurde. Ihre Memoiren, mit deren Abfassung sie Mitte der 1660er Jahre begonnen hatte, blieben unvollendet.

Sofia Alexejewna

* 1657 in Moskau
† 1704 in Moskau
Regentin des russischen
Zarenreichs 1682–1689

Mit dem Regentschaftsantritt der Zarentochter Sofia Alexejewna wandelte sich die Rolle der Frau in der russischen Herrscherfamilie Romanow endgültig und grundlegend. Sofia sollten im 18. Jahrhundert noch vier Zarinnen auf den Thron folgen, denen sie als Vorläuferin den Weg bereitet hatte.

Die am 27. September 1657 in Moskau als Tochter des Zaren Alexei I. Michailowitsch und dessen erster Ehefrau Maria Miloslawskaja geborene Sofia erhielt eine für eine Zarentochter ungewöhnlich gute Erziehung, da sie an den Unterrichtsstunden ihres Bruders Fjodor teilnehmen durfte. Normalerweise wurde den Großfürstinnen nur eine bescheidene Ausbildung zuteil, weil die weiblichen Mitglieder der Zarenfamilie zu völliger Bedeutungslosigkeit verdammt waren und abgeschlossen in einer Art „goldenem Käfig" in den Frauengemächern des Kreml lebten. Ursprünglich war auch für Sofia kein anderes Leben vorgesehen. Zu politischer Bedeutung gelangte sie erst mit List und Skrupellosigkeit nach dem Tod ihres Bruders, des Zaren Fjodor III. Alexejewitsch, der im Mai 1682 kinderlos und ohne Ernennung eines Thronfolgers verstarb.

Sofia hatte bereits zu Lebzeiten Fjodors, mit dem sie eine enge geschwisterliche Liebe verband, Einblicke in Politik und Diplomatie gewinnen können. Sie durfte an den Verhandlungen des seit 1676 regierenden Zaren mit seinen Ministern teilnehmen, was bisher als nicht schicklich für Frauen galt. Nach Fjodors Tod entbrannte ein heftiger Machtkampf zwischen den rivalisierenden Familien der Miloslawskis und Naryschkins, aus denen die beiden Ehefrauen von Zar Alexei stammten. Als die unzufriedene einstige Elitetruppe der Strelitzen, die Palastgarde der Zaren, einen drei Tage dauernden äußerst blutig verlaufenden Aufstand in Moskau vom Zaun brach, machte sich dies die ambitionierte und durchsetzungsfähige Sofia zunutze. Nachdem die Strelitzen erreicht hatten, dass sich die beiden Halbbrüder, der sechzehn Jahre alte Zar Iwan V. und der zehn Jahre alte Zar Peter I., den Thron teilen sollten, verstand es die noch nicht 25 Jahre alte Sofia, die Regentschaft für die beiden unmündigen Brüder an sich zu ziehen.

Ihre Position als Regentin Russlands war unter Legitimitätsaspekten eher problematisch. In offiziellen Dokumenten erschien sie zu Beginn nur als *„höchst orthodoxe Prinzessin, die Schwester ihrer Majestäten"*. Sofia erwies sich in den sieben Jahren ihrer Regentschaft als kluge und energische Regentin. Als ihr wichtigster Berater und zugleich Leiter der Regierungsgeschäfte fungierte der hochgebildete und westlich orientierte Fürst Wassili Wassiljewitsch Golizyn, zu dem sie auch in einem Liebesverhältnis gestanden haben soll. Durch geschicktes Hin- und Herlavieren setzte sie zunächst die Strelitzen politisch schachmatt. In der Auseinandersetzung zwischen den altgläubigen und den orthodoxen Christen, die die russisch-orthodoxe Kirche seit zwei Jahrzehnten spaltete, entschied sich Sofia für drastische Maßnahmen gegen die traditionalistischen Altgläubigen, die als Schismatiker verfolgt wurden. Um ihre Herrschaft zu stabilisieren, stärkte sie vor allem den kleinen Dienstadel. Zu diesem Zweck wurde mit der Landvermessung begonnen. Außerdem wurden die Dienstgüter den Erbgütern gleichgestellt. Die Leibeigenschaft der Bauern wurde verfestigt und der Kampf gegen die Bauernflucht verstärkt. Auf wirtschaftlichem Gebiet förderte sie die

Eisen- und Textilherstellung. Die Zollschranken gegenüber der Ukraine wurden 1687 beseitigt. Mittels Handelsverträgen öffnete die Regentin Russland weiter nach Westen und holte hugenottische Flüchtlinge ins Land. Mit der Gründung der „Hellenisch-Slawischen Akademie" ermöglichte sie 1687 Russlands erste Hochschule, wodurch sie den von ihren Vorgängern eingeschlagenen Weg der Frühaufklärung fortsetzte. Bei der Außenpolitik lag ihr an einem friedlichen Zusammenleben mit den benachbarten Staaten. Sie schloss daher 1684 einen Vertrag mit Schweden. Als größter Triumph ihrer Regentschaft gilt der im April 1686 abgeschlossene Ewige Frieden mit Polen. Die benachbarte Adelsrepublik gab ihren Anspruch auf die Gesamtukraine auf. Im August 1689 nahm Russland als erster europäischer Staat überhaupt diplomatische und kommerzielle Beziehungen mit China auf.

Die 1687 und 1689 unternommenen erfolglosen Feldzüge gegen das mit den Osmanen verbündete Krimkhanat, von dem aus immer wieder Tatarenüberfälle ausgingen, führten zu Sofias Sturz im September 1689. Die verheerenden Niederlagen, die sie als Siege zu verkaufen versuchte, nutzten dem Ansehen ihres Halbbruders Peter I., dessen politisches Engagement in dieser Zeit zunahm. Während der schwachsinnige und fast blinde Iwan V. keinerlei Gefahr für ihre weitere Regierungstätigkeit darstellte, wurde die sich abzeichnende Volljährigkeit Peters für sie zum Problem. Seit Mitte 1686 hatte sie begonnen, den Titel des „Selbstherrschers", der gewöhnlich nur von Zaren geführt werden durfte, für sich zu beanspruchen und diesen in Dokumenten sowie bei öffentlichen Zeremonien ihrem Namen beizufügen. Auch ließ sie Münzen mit ihrem Porträt prägen. Zweifellos strebte die ehrgeizige Romanow-Prinzessin die Krönung an. Das ihr von ihren Gegnern unterstellte Mordkomplott gegen Peters Leben dürfte sie hingegen nicht geplant haben, sondern nur seine Absetzung. Frühzeitig vor dem angeblich drohenden Attentat gewarnt, brachte sich Peter im August 1689 im Dreifaltigkeitskloster in Sicherheit. Er wusste danach die Gunst der Stunde zu nutzen. Ein Regiment nach dem anderen fiel von Sofia ab. Auch die Mehrheit der Bojaren und die Kirche unter dem mächtigen Patriarchen Joachim wechselten auf Peters Seite über. Seinem mitregierenden Bruder Iwan schrieb Peter: *„Jetzt, mein Bruder Zar, da wir beide volljährig geworden sind, ist der Zeitpunkt gekommen, selbst über dieses Land zu herrschen, das Gott uns anvertraut hat. Erlauben wir nicht einer dritten Person (...) unseren Titel zu teilen und sich in Angelegenheiten einzumischen, die wir beide zu entscheiden haben."* Als Sofia erkennen musste, dass sie nicht mehr über nennenswerten Rückhalt gegenüber Peter verfügen konnte, leistete sie keinerlei ernsthaften Widerstand gegen ihre Entmachtung. Die ihr von Vertrauten nahegelegte Flucht ins Ausland lehnte sie mit den Worten ab: *„Ich bin eine Zarentochter. Meinem Land jetzt zu entfliehen wäre nur das Eingeständnis der mir vorgeworfenen Schuld. Ich bleibe, wo ich bin und wohin ich mein ganzes Leben lang gehört habe."* Nach dem Sieg Peters in den Auseinandersetzungen um den Zarenthron wurde Sofia im September 1689 in das außerhalb von Moskau gelegene Neu-Jungfrauen-Kloster in eine Art Hausarrest verbannt. Hier standen ihr zwar zahlreiche Bedienstete zur Verfügung, doch sie durfte das Kloster nicht verlassen und nur ihre Tanten und Schwestern empfangen. Später bekannte Peter der Große, dass seine Halbschwester Sofia *„vollkommen"* gewesen wäre, *„hätten ihre Gaben sie nicht zu grenzenlosem Ehrgeiz und unersättlicher Herrschsucht geführt"*.

Der gescheiterte Aufstand der Strelitzen 1698 ließ bei Peter I. den Verdacht entstehen, dass Sofia mit diesen gegen ihn konspiriert hatte. Obwohl sie keiner ihrer einstigen Anhänger und niemand aus ihrem weiblichen Gefolge trotz schwerster Folter beschuldigt hatte und ihr somit keine Verschwörung gegen den Zaren nachzuweisen war, befahl er, sie zur Nonne zu scheren, um sie so endgültig zu entmachten und in Zukunft noch sicherer einzusperren. Sofia, die zwangsweise zur Nonne Susanna geweiht worden war, wurde nie wieder in der Öffentlichkeit gesehen. Von nun an wurde sie ständig von Soldaten überwacht und durfte keinen Besuch mehr erhalten. Am 14. Juli 1704 verstarb sie im Neu-Jungfrauen-Kloster.

Anna

* 1665 in London
† 1714 in London
Königin von England
und Schottland bzw. von
Großbritannien 1702–1714,
Königin von Irland 1702–1714

Die letzte britische Königin aus dem Hause Stuart kam am 6. Februar 1665 im Londoner St. Jamespalast zur Welt. Ihre Eltern waren der spätere König Jakob II. von England und dessen erste Ehefrau Lady Anne Hyde. Von den übrigen Kindern aus dieser ersten Ehe Jakobs erreichte nur noch die drei Jahre ältere Prinzessin Maria das Erwachsenenalter.

Als bekannt wurde, dass Jakob heimlich zum katholischen Glauben konvertiert war, sorgte sein älterer Bruder König Karl II. dafür, dass seine beiden Nichten Maria und Anna nach dem Tod ihrer Mutter 1671 konsequent im protestantischen Glauben erzogen wurden. Anna entwickelte sich daher zu einer überzeugten Anhängerin der anglikanischen Hochkirche. Da sie nicht als Thronkandidatin in Betracht gezogen wurde, erhielt sie eine eher mittelmäßige Erziehung. Noch in ihrer Kindheit lernte sie die zum Hofstaat ihrer Stiefmutter Maria Beatrice d'Este gehörende Sarah Jennings kennen. Trotz eines Altersunterschieds von fünf Jahren verstanden sich die beiden Mädchen so gut, dass Sarah später in der Zeit von Annas Regierung zu ihren einflussreichsten Beratern zählte.

Während ihre Schwester Maria 1677 mit dem protestantischen Wilhelm von Oranien-Nassau verheiratet wurde, bekam Anna im Juli 1683 den protestantischen Prinzen Georg von Dänemark zum Ehemann. Im Gegensatz zu ihrer Schwester verblieb sie nach ihrer Hochzeit in England. Anna führte mit dem zwölf Jahre älteren Prinzen eine ausgesprochen glückliche Ehe, die für sie allerdings von zahlreichen Fehl- und Totgeburten überschattet wurde. Von ihren fünf lebend geborenen Kindern überstand nur ihr Sohn Wilhelm die kritische Kleinkindphase, um im Alter von elf Jahren zu ihrem großen Kummer an den Pocken zu sterben.

Nach dem Tod von Karl II., der keine legitimen Nachkommen hinterließ, bestieg 1685 Annas Vater als Jakob II. den Thron. Seine Versuche, England zu rekatholisieren und die unumschränkte Königsgewalt wiederherzustellen, führten 1688/89 zur „Glorreichen Revolution" und zu seiner Flucht nach Frankreich. Den unblutig verlaufenden Sturz ihres Vaters hatte Anna unterstützt, die sich gegenüber seinen Bemühungen, sie zum katholischen Glauben zu bekehren, immun gezeigt hatte. Die Nachfolge von Jakob II. traten Annas Schwester Maria und ihr Schwager Wilhelm an, nachdem das Parlament die Krone ihnen gemeinsam angeboten hatte. Für den Fall, dass seine Gemahlin vor ihm sterben sollte, hatte sich der Oranier eigens ausbedungen, allein weiterregieren zu können. 1694 war dies der Fall. Anna spielte in den kommenden Jahren trotz ihrer vorgerückten Position in der Thronfolge keine herausgehobene Rolle. Um zu verhindern, dass sich in Zukunft wieder ein katholischer Thronprätendent durchsetzen konnte, wurde 1701 die „Act of Settlement" erlassen. Mit der Festschreibung der protestantischen Thronfolge in England schob sich das protestantische Haus Hannover in die vorderste Reihe der Thronanwärter.

Als Wilhelm III. im März 1702 verstarb, folgte ihm seine Schwägerin Anna auf den Thron nach. Zu diesem Zeitpunkt war ihre Gesundheit durch die vielen Schwangerschaften und die Gicht bereits so geschwächt, dass sie auf einem Sessel zu ihrer Krönung getragen werden musste. Sie nannte sich selbst *„einen vollständigen Krüppel"*. Die Bevölkerung war begeistert, wieder eine echte Engländerin auf dem Thron zu sehen. Von ihr waren keine absolutistischen

Tendenzen oder katholischen Sympathien zu befürchten. Tatsächlich versuchte Anna während ihrer Regierungszeit nicht, den Machtzuwachs des Parlaments zugunsten der Monarchie rückgängig zu machen. Sie umgab sich mit einem Stab fähiger Berater, war bestrebt als Staatsoberhaupt über den sich herausbildenden Parteien zu stehen und setzte die Politik ihres Schwagers weitgehend fort. Ihr politisch wenig ambitionierter und nicht sonderlich intelligenter Ehemann spielte dabei keinerlei Rolle.

Fast Annas ganze Regierungszeit wurde von dem 1701 ausgebrochenen Spanischen Erbfolgekrieg bestimmt. In diesem um das gewaltige spanische Erbe geführten Krieg ging es vor allem um die Bewahrung des europäischen Gleichgewichts und die Verhinderung einer französischen Hegemonie. Kurze Zeit nach Annas Inthronisation trat das Königreich in den Krieg ein, und John Churchill, Herzog von Marlborough, erhielt den Oberbefehl über die englischen Truppen. Seine Ehefrau Sarah, Annas engste Vertraute aus Jugendtagen, avancierte zur Ersten Kammerdame, womit sie die damals höchste Position für eine Frau bei Hof erreichte. Bestand Annas erstes Kabinett noch vorwiegend aus Tories, übernahmen nach den militärischen Siegen Marlboroughs die Whigs, die sich entschieden für eine englische Beteiligung am Spanischen Erbfolgekrieg eingesetzt hatten, die Mehrzahl der Kabinettsposten.

Ein weiteres wichtiges Thema war die Verschmelzung von England und Schottland. Mittels wirtschaftlicher Sanktionen erreichte das englische Parlament, dass das schottische Parlament im Januar 1707 dieser Vereinigung zustimmte, obwohl die Schotten mehrheitlich dagegen waren. Mit der „Act of Union" wurde am 1. Mai 1707 das Königreich Großbritannien aus der Taufe gehoben.

Ab 1707 begannen sich die guten Beziehungen zwischen Königin Anna und Sarah Churchill zu verschlechtern. Dass ihre enge Vertraute eine eifrige Unterstützerin der Whigs war, während die Königin eher die Tories bevorzugte, trug zur Entfremdung mit bei. Das immer herrischere Verhalten Sarahs führte schließlich zum Bruch. Anna, die vom Tod ihres Gatten im Oktober 1708 tief getroffen war, fand in Lady Abigail Masham eine neue Herzensfreundin. 1711 übernahm die den Tories nahestehende Lady Masham die Position der Herzogin von Marlborough am Hof.

Wegen des sich über Jahre hinziehenden und dabei enorm kostenintensiven und verlustreichen Spanischen Erbfolgekriegs verloren die Whigs an Popularität und am Ende 1710 die Wahlen. Die nachfolgende Tory-Regierung arbeitete auf einen raschen Frieden hin. 1713 schied Großbritannien aus dem Krieg aus. Im Frieden von Utrecht erhielt das Königreich Gibraltar und Menorca, eine Reihe vormals französischer Kolonien in Nordamerika sowie das Monopol auf den einträglichen Sklavenhandel. Während das politische Gleichgewicht in Europa gesichert war, stieg Großbritannien zur größten Seemacht der Welt und zum führenden Handelsstaat auf. Das Tory-Ministerium musste sich damit abfinden, dass die Königin nicht bereit war, die seit 1689 garantierte religiöse Vielfalt einzuschränken: *„Ich habe meine Minister gewechselt, aber ich habe nicht meine Maßstäbe verändert. Ich stehe nach wie vor für eine ausgleichende Politik und will auch so regieren."*

Im Sommer 1714 erkrankte die Königin schwer. Die Sorge, dass ihr katholischer Halbbruder James Francis Edward Stuart die hannoversche Thronfolge stören könnte, erwies sich als unbegründet. Als Anna am 1. August 1714 an den Folgen eines Schlaganfalls verstarb, folgte ihr der Kurfürst von Hannover reibungslos als Georg I. auf den britischen Thron nach.

Sibylla Augusta von Sachsen-Lauenburg

* 1675 in Ratzeburg
† 1733 in Ettlingen
Regentin der Markgrafschaft
Baden-Baden 1707–1727

Bei ihren Zeitgenossen genoss Markgräfin Sibylla Augusta von Baden-Baden viel Anerkennung für die Leistungen ihrer Regentschaft. In dem von Baron Karl Ludwig Wilhelm von Pöllnitz wiedergegebenen Bericht eines markgräflichen Hofkavaliers heißt es: *„Sie hat das Land ihres Sohnes weise regiert, die beträchtlichen Schulden, die ihr der verstorbene Markgraf hinterlassen hat, abbezahlt und das vom Krieg zerstörte Land wiederhergestellt. Das Land ist jetzt in einem besseren Zustand als je zuvor. Ihrem Sohn hat sie bei seinem Regierungsantritt eine große Summe Geldes hinterlassen."*

Franziska Sibylla Augusta wurde am 21. Januar 1675 auf dem Ratzeburger Schloss als Tochter Herzogs Julius Franz von Sachsen-Lauenburg und seiner Gemahlin Maria Hedwig Augusta von Pfalz-Sulzbach geboren. Da ihr Großvater väterlicherseits, Herzog Julius Heinrich, ausgedehnte Herrschaften vor allem in Böhmen erworben hatte, gehörte sie zusammen mit ihrer drei Jahre älteren Schwester Anna Maria Franziska nach dem Tod des Vaters 1689 als reiche Erbin zu den begehrtesten fürstlichen Heiratspartien.

Eigentlich war vorgesehen, Sibylla Augusta mit dem Prinzen Eugen von Savoyen-Carignan zu vermählen, während Markgraf Ludwig Wilhelm von Baden-Baden, der berühmte Türkensieger, ihre Schwester heiraten sollte. Kaiser Leopold I. wollte sich auf diese Weise seinen beiden verdienten Militärs erkenntlich zeigen. Der Plan wurde entgegen den Gepflogenheiten im damaligen Hochadel durch persönliche Neigungen über den Haufen geworfen. Der zur

Brautschau nach Böhmen gereiste Markgraf entschied sich zu Anna Maria Franziskas großer Empörung für die jüngere Schwester.

Nach der Hochzeit am 27. März 1690 lebte das Markgrafenpaar auf dem nördlich von Karlsbad gelegenen böhmischen Schloss Schlackenwerth, da die badische Markgrafschaft seit 1689 durch französische Truppen verwüstet und die Residenz in Baden-Baden zerstört war. Mit dem 1692 von Ludwig Wilhelm übernommenen Oberkommando über die kaiserlichen Truppen am Oberrhein begann ein unstetes Leben. Sibylla Augusta begleitete ihren Mann, dem sie große Liebe und Bewunderung entgegenbrachte, in seine jeweiligen Feldlager. In den Jahren von 1694 bis 1706 brachte sie neun Kinder zur Welt, von denen nur drei das Erwachsenenalter erreichen sollten. Lediglich der jüngste Sohn wurde 1706 in der noch nicht fertiggestellten neuen Residenz in Rastatt geboren, die die Familie im Jahr zuvor beziehen konnte.

Nachdem Markgraf Ludwig Wilhelm am 4. Januar 1707 an den Folgen einer Kriegsverletzung verstorben war, übernahm Sibylla Augusta als Oberlandesregentin die Regierung für ihren noch nicht fünf Jahre alten Sohn Ludwig Georg Simpert. Angesichts der angespannten Finanzlage des Landes sah sich die Witwe genötigt, mehr als die Hälfte der Bediensteten zu entlassen. Erst nach dem Rastatter Frieden von 1714 konnte wieder eine Anzahl von Beamten eingestellt werden. Während Sibylla Augusta die Erziehung der Kinder allein überlassen blieb, wurden ihr laut dem letzten Willen des Markgrafen Herzog Leopold Joseph von Lothringen und Kurfürst Johann Wilhelm von der Pfalz als Mitvormünder zur Seite gestellt. Die selbstbewusst agierende Markgräfin verstand es bald, die Befugnisse der beiden Fürsten zu begrenzen. Sie nahm an den Sitzungen des Geheimen Rats, des Hofrats und der Hofkammer teil. Schlampereien in den Behörden tolerierte sie nicht. Entsprechend den Vorgaben des verstorbenen Gatten orientierte sich Sibylla Augusta an der Politik des Wiener Hofes. Die Regierung traf sie nicht gänzlich unvorbereitet, da sie ihre böhmischen Besitzungen meist selbst verwaltet hatte.

Ihre Regentschaft begann mitten im Spanischen Erbfolgekrieg. Bereits wenige Monate nach dem Tod des Markgrafen wurde Rastatt von französischen Truppen besetzt. Sibylla Augusta floh mit ihren Kindern nach Ettlingen, später nach Baden-Baden. Erst 1714, nach dem Ende des Kriegs, konnte die markgräfliche Familie nach Rastatt zurückkehren.

Wegen ihrer Randlage hatte die Markgrafschaft Baden-Baden im Pfälzischen und im kurz darauf folgenden Spanischen Erbfolgekrieg besonders zu leiden. Das Fürstentum war mehrfach Brandschatzungen, Plünderungen und Zerstörungen ausgesetzt gewesen. Das hoch verschuldete Land befand sich in einem so katastrophalen Zustand, dass das erste Ziel der Regentin die Entschuldung war. Für den Wiederaufbau verwendete Sibylla Augusta auch Einkünfte aus ihren böhmischen Gütern. Mit Privilegien und Steuervorteilen förderte sie den Wiederaufbau Rastatts. Um die Wirtschaft zu beleben, erließ sie neue Zunftordnungen. 1721 gelang es ihr, wenigstens einen Teil der gewaltigen finanziellen Zusagen, die die Kaiser Leopold I. und Joseph I. gegenüber ihrem Mann gemacht hatten, durch zähes persönliches Verhandeln bei Kaiser Karl VI. einzufordern. Angesichts der miserablen Finanzlage des Wiener Hofes stellte sie resigniert fest, *„daß ein mehreres alß dieses absolude nicht zu hoffen wehre".*

Die Markgräfin förderte Schulen und Bildungseinrichtungen. Während sie in den ersten Jahren ihrer Regentschaft wegen der zerrütteten Staatsfinanzen nur eingeschränkt Geld zur Kunstförderung aufwenden konnte, frönte sie vor allem in den späteren Jahren dem Bauwesen und legte umfangreiche Kunstsammlungen an. Ihre Bautätigkeit begann allerdings bald nach ihrem Regentschaftsantritt. 1710 konnte die Einsiedelner Kapelle in Schlackenwerth geweiht werden. Sieben Jahre später wurde in Rastatt eine

Kopie dieser Kapelle geweiht. Ab 1710 ließ sie sich von dem Baumeister Johann Michael Rohrer das Sommer- und Lustschloss Favorite bei Rastatt erbauen, dessen Innenräume original erhalten geblieben sind. Nach 1714 setzte sie sich für den Wiederaufbau der Residenzstadt Rastatt ein und betrieb den Ausbau des dortigen Schlosses. 1718 wurde im Park von Favorite die der Heiligen Magdalena gewidmete Eremitage erbaut. 1719/20 erreichten ihre Aktivitäten mit dem Bau der Heiligen Stiege und der Schlosskirche Zum Heiligen Kreuz in Rastatt ihren Höhepunkt.

Am 7. Juni 1727 übergab sie ihrem Sohn Ludwig Georg die Regierung und zog sich nach Ettlingen zurück. Offenbar konnte sich der neue Landesherr nicht wirklich selbstständig entfalten; denn Baron von Pöllnitz vermerkte, dass seine Volljährigkeit *„noch so stark durch den Einfluss, den seine Frau Mutter über ihn beibehalten hat, begrenzt"* sei, *„dass man sagen kann, dass immer noch sie regiert"*. Sibylla Augustas letzte Lebensjahre waren von ihrer Brustkrebserkrankung überschattet, an deren Folgen sie am 10. Juli 1733 verstarb.

Der katholische Glaube war für die Markgräfin von zentraler Bedeutung. Sie unternahm oft Wallfahrten und unterzog sich harten Bußen. Zu ihrer in religiösen Belangen von Demut geprägten Haltung passte daher sowohl ihre Anordnung, dass sie im schlichten Habit der Karmeliterinnen begraben werden sollte, als auch die von ihr gewählte Grabsteininschrift: *„Bettet für die grose Sünderin Augusta MDCCXXXIII"*. Vor allem in den späteren Jahren nahm ihre Religiosität bigotte Züge an. Ihre zunehmende Intoleranz gegenüber den protestantischen und noch mehr gegenüber den jüdischen Untertanen bewog 1722 Kaiser Karl VI. zu der Ermahnung, die Rechte der Andersgläubigen nicht länger zu verletzen.

Katharina I. Alexejewna

* 1684 in Jakobstadt (Kurland)
† 1727 in Sankt Petersburg
Zarin von Russland 1725–1727

Zu einer Zeit, als die festgefügten Standesschranken in Europa nur sehr schwer überwunden werden konnten, erlebte die russische Zarin Katharina I. einen kometenhaften sozialen Aufstieg. Dass aus einer litauischen Bauerntochter die Herrscherin eines großen Reichs werden konnte, mutet geradezu märchenhaft an.

Über Katharinas frühes Leben ist bloß sehr wenig bekannt. Sie wurde am 15. April 1684 als Martha Elena Skawronskaja in eine Bauernfamilie hineingeboren. Bereits im Kindesalter verlor sie ihre Eltern und kam wohl bald in den Haushalt des evangelischen Theologen Ernst Glück im livländischen Marienburg. Sie nahm dort wahrscheinlich die Position einer besseren Dienerin ein, denn sie lernte weder lesen noch schreiben. Kurz vor der Eroberung der Stadt durch russische Truppen im Großen Nordischen Krieg im August 1702 heiratete sie den schwedischen Dragoner Johann Kruse. Während das weitere Schicksal Kruses ungeklärt geblieben ist, geriet Martha in russische Gefangenschaft und arbeitete zeitweise im Haushalt des russischen Generalfeldmarschalls Boris Scheremetew. Wie die junge Frau, die die russische Sprache anfänglich lediglich ungenügend beherrschte, zum Fürsten Alexander Menschikow, dem einflussreichen Günstling von Zar Peter dem Großen gelangte, muss ebenso offen bleiben wie die umstrittene Frage, ob sie auch die Geliebte des Fürsten war. Als der Zar im Herbst 1703 den Fürsten besuchte, begegnete er dort auch Martha und machte sie zu seiner Geliebten. Wenig später konvertierte sie zum orthodoxen Glauben und nahm den Namen Katharina Alexejewna an.

Zar Peter I. hatte sich 1698 von seiner ihn langweilenden ersten Ehefrau Jewdokija Lopuchina getrennt und sie gewaltsam als Nonne in ein Kloster verbannt. Im November 1707 heiratete er zunächst im Geheimen Katharina. Im Februar 1712 erfolgte die offizielle Vermählung. Angesichts der am Zarenhof üblichen Sitten bedeutete diese Heirat mit einem Bauernmädchen einen ungeheuren Traditionsbruch. An den anderen europäischen Fürstenhöfen wurde hinter vorgehaltener Hand ebenfalls die Nase gerümpft. Markgräfin Wilhelmine von Bayreuth etwa, die Peters Gattin 1717 bei einem Besuch in Berlin kennengelernt hatte, hinterließ in ihren Erinnerungen kein schmeichelhaftes Porträt Katharinas und mokierte sich über ihre Herkunft: *„Die Zarin war klein, untersetzt und stark gebräunt und hatte weder Ausstrahlung noch Würde. Schon ihr Anblick verriet ihre niedere Herkunft. Man hätte sie in ihrem geschmacklosen Anzug für eine deutsche Komödiantin halten können. Ihr Kleid hatte man wohl in einem Trödlerladen gekauft; es war altmodisch und starrte von Silber und Schmutz (...) Vorne an ihm waren von oben bis unten ein Dutzend Orden und ebenso viele Heiligenbilder und Reliquien angebracht, und wenn sie ging, hätte man glauben können, ein Maultier zu hören."*

Katharina gehörte zu den ganz wenigen Personen, die mit dem berühmt-berüchtigten jähzornigen Temperament Peters umgehen konnten und der er vollständig vertraute. Ein zeitgenössischer Beobachter vermerkte: *„Der Hauptgrund, warum der Zar sie so liebte, war ihr außerordentliches Naturell; man sah sie nie gereizt oder in schlechter Laune; sie war zuvorkommend und freundlich gegenüber allen und vergaß nie, aus welchen Verhältnissen sie stammte."* Obwohl Peter I. eigentlich keine hohe Meinung von Frauen hatte, verließ er sich auf sie und besprach auch Regierungsangelegenheiten mit ihr. Trotzdem scheute er nicht davor zurück, sie mit anderen Frauen zu betrügen. Aus der Verbindung des Paars gingen zwölf Kinder hervor, von denen allerdings nur zwei Töchter das Erwachsenenalter erreichen sollten. Die 1708 geborene Anna wurde die Mutter des Zaren Peter III., die 1709 geborene Elisabeth regierte Russland von 1740 bis 1762 als Zarin.

Katharina begleitete den Zaren sowohl auf seinem Türken- als auch auf seinem Persienfeldzug und nahm alle damit verbundenen Strapazen klaglos auf sich. In der militärisch hoffnungslosen Lage am Pruth im Sommer 1711, als die russischen Truppen eingeschlossen waren, ermutigte sie ihn zu Verhandlungen mit den Osmanen, die in einem glimpflichen Frieden für Russland endeten. Aus Dankbarkeit stiftete er 1714 den nach ihr benannten Katharinenorden. Sie erhielt diese Auszeichnung als Erste mit dem ausdrücklichen Hinweis, dass man sie während des ungut verlaufenden Türkenfeldzugs *„nicht wie eine Frau, sondern wie einen Mann handeln sah"*. Im Mai 1724 ließ er seine Gattin in einer äußerst prunkvollen Zeremonie in Moskau zur Kaiserin krönen. Sie war damit die erste offiziell zur Monarchin gekrönte Frau Russlands, was aber nicht bedeutete, dass Peter I. sie auch zur Thronfolge bestimmte. Ihre Befugnisse blieben ebenfalls begrenzt.

Gefährlich wurde die Situation für Katharina, als der Zar im Sommer 1724 dahinter kam, dass in der Umgebung seiner Ehefrau die Korruption blühte und Bestechungsgelder flossen. Hinzu kamen Gerüchte über ein angebliches Verhältnis Katharinas mit ihrem gut aussehenden Kammerherrn Wilhelm Mons. Der wutentbrannte Zar ließ Mons wegen der Bestechungsaffäre im November 1724 öffentlich hinrichten. In der Folgezeit ging sich das Zarenpaar aus dem Weg, was Stoff für Spekulationen bot, ob Katharina ein ähnliches Schicksal wie der ersten Frau Peters I. drohen würde. Bevor es zu weiteren Verstimmungen kommen konnte, erkrankte der Zar schwer und verstarb am 8. Februar 1725 in Petersburg.

Da Peter der Große keine Vorkehrungen für seine Nachfolge mehr treffen konnte, wurde Katharina noch an seinem Todestag zur Zarin proklamiert. Die Mehrzahl der einflussreichen Persönlichkeiten am russischen Hof war damit einverstanden, weil sie sich davon Vorteile erhofften. Von entscheidender Bedeutung war die Unterstützung durch die Garderegimenter.

Die neue Herrscherin über Russland erklärte noch am Tag ihres Regierungsantritts, dass sie das Werk Peters fortführen würde. Die wahre Macht in Russland übte allerdings nicht Katharina aus, da ihr dazu die notwendigen Kenntnisse fehlten, sondern sie lag in den Händen von Fürst Menschikow und dem 1726 neu geschaffenen Obersten Geheimen Rat. Katharina führte in erster Linie einen aufwendigen und luxuriösen Lebensstil mit ausgedehnten Trinkgelagen. Den Ministern schärfte sie immerhin ein, dass das Land *„eine lange Erholungspause vom Krieg"* brauche. Zu den wichtigsten Ereignissen in ihrer kurzen Regierungszeit gehörten die Eröffnung der noch von Peter geplanten Akademie der Wissenschaften in Sankt Petersburg und die vertragliche Verbindung mit Österreich. Körperlich und seelisch vollkommen ausgebrannt, verstarb sie schon zwei Jahre und drei Monate nach ihrem Regierungsantritt an einem hitzigen Fieber am 17. Mai 1727 in Sankt Petersburg. Ihr Nachfolger auf dem russischen Thron wurde Peter II., ein Enkel von Peter dem Großen.

Ulrike Eleonore d. J.

* 1688 in Stockholm
† 1741 in Stockholm
Königin von Schweden
1718/19–1720

Die im Gegensatz zur berühmten Königin Christine von Schweden wesentlich unbekanntere schwedische Monarchin Ulrike Eleonore d. J. erblickte am 23. Januar 1688 im Stockholmer Stadtschloss das Licht der Welt. Die zweite Tochter des schwedischen Königs Karl XI. Gustav, der der Pfälzer Linie des Hauses Wittelsbach entstammte, wurde nach ihrer Mutter, Ulrike Eleonore von Dänemark, benannt. Durch die Geburt von sieben Kinder in weniger als sieben Jahren war die häufig kränkelnde Königin Ulrike Eleonore d. Ä. körperlich überfordert. An ihrem Sterbebett im Juli 1693 versprach der einzige am Leben gebliebene Sohn des schwedischen Königspaars, Karl, sich immer um das Wohl seiner beiden damals noch lebenden Schwestern zu kümmern. Nur wenige Jahre später verloren die Königskinder auch ihren Vater, der einem Krebsleiden erlag. Im November 1697 wurde Ulrike Eleonores Bruder im Alter von fünfzehn Jahren vorzeitig für mündig erklärt und trat am 29. November 1697 als Karl XII. Gustav die Regierung in Schweden an.

Karl XII. entpuppte sich als echter Kriegerkönig und führte während seiner Regierungszeit fast ununterbrochen Krieg. Da er sich deswegen seit 1700 meistens im Ausland befand, entwickelte sich seine jüngere Schwester Ulrike Eleonore im Lauf der Jahre zu seiner Stellvertreterin. Die ältere Schwester Hedwig Sofia lebte seit ihrer Heirat mit Herzog Friedrich IV. von Holstein-Gottorp nicht mehr in Schweden. Ab 1713 nahm Ulrike Eleonore an den Sitzungen

des schwedischen Reichstags teil und unterzeichnete, aus-
gestattet mit einer weitgehenden Vollmacht, die Mehrzahl
der Regierungsdokumente. Im Gegensatz zu Karl XII. war
sie alles andere als eine Befürworterin kriegerischer Unter-
nehmungen. Immer wieder wies sie den Bruder in ihren
Briefen auf die elende Lage der schwedischen Bevölkerung
hin. Die europäische Großmacht Schweden steuerte an die
Grenze des Zusammenbruchs.

Am 24. März 1715 heiratete sie in Stockholm den verwitweten Erbprinzen Friedrich von Hessen-Kassel. Für sie
handelte es sich dabei um eine echte Liebesheirat. Gleich
bei der ersten Begegnung mit ihrem Bräutigam zeigte sie
sich von diesem hingerissen. Der hessische Prinz hatte zu
diesem Zeitpunkt bereits eine erfolgreiche Militärkarriere
durchlaufen, die ihn auf viele europäische Kriegsschauplätze geführt hatte. Im Vergleich zu den anderen fürstlichen
Bewerbern um die Hand der schwedischen Königstochter
hatte das Haus Hessen-Kassel konsequent an dem ins Auge
gefassten Heiratsprojekt festgehalten, winkte doch wegen
der Ehelosigkeit von König Karl XII., der sich ständigen
Kriegsgefahren aussetzte, und wegen des frühen Todes
der älteren Schwester Hedwig Sofia die Aussicht auf die
Krone. Karl XII. ernannte seinen Schwager Friedrich, der
seine militärischen Interessen teilte und ihm offensichtlich sympathisch war, schon bald nach der Hochzeit zum
schwedischen Generalissimus.

Als Karl XII. am 30. November 1718 bei der Belagerung
der norwegischen Festung Fredriksten beim heutigen
Halden unter nicht ganz geklärten Umständen von einer
Musketenkugel tödlich getroffen wurde, löste dies rasche
Aktionen von Ulrike Eleonore und ihrem Ehemann Friedrich aus. Um die Thronfolge seiner Gemahlin gegen den
Anspruch des jungen Herzogs Karl Friedrich von Holstein-Gottorp, einem Neffen des toten Königs, zu sichern,
veranlasste der Hesse seine Gemahlin zu der Verlautba-
rung, dass sie der Ausübung von absolutistischer Macht

entsagen, den schwedischen Reichsrat als Regierungsorgan anerkennen und die Stände einberufen werde. Während der Reichsrat und die Armeeführung Ulrike Eleonore im Dezember wunschgemäß als Königin bestätigten, verweigerten dagegen die Reichsstände als souveräne Volksvertretung bei der Eröffnung des Reichstags am 20. Januar 1719 ihrem Erbanspruch kategorisch die Zustimmung. Sie sahen jetzt ihre Chance, dem königlichen Absolutismus den Boden zu entziehen. Erst nachdem die Wittelsbacherin dem Druck der Stände nachgegeben und ihren ausdrücklichen Verzicht sowohl auf ihren Erbanspruch als auch auf alle absolutistischen Bestrebungen erklärt und die Autorität von Reichsrat und Ständevertretung anerkannt hatte, wählte der vom Adel dominierte Reichstag Ulrike Eleonore aus eigener Machtvollkommenheit am 23. Januar 1719 zur Königin.

Noch vor ihrer Krönung am 17. März im Dom von Uppsala musste Ulrike Eleonore die von den Ständen ausgearbeitete Regierungsvereinbarung unterzeichnen. Von nun an lag die Macht beim Reichstag. Der Absolutismus als Regierungsform hatte in Schweden ausgedient; denn nach dem Willen der Stände empfing der schwedische Monarch ab jetzt seine Macht vom Volk und nicht mehr von Gott. Ulrike Eleonore wurde sozusagen zu einer gewählten Präsidentin mit Krone. Kritisch vermerkte 1753 die aus dem Hause Hohenzollern stammende Gemahlin des schwedischen Königs Adolf Friedrich, Luise Ulrike, dass Ulrike Eleonore ihre Thronfolge zu einem *„erniedrigenden Preis"* erreicht habe, da *„all die schönen Rechte der Krone"* geopfert wurden. Die Königin habe sich mit einem Titel begnügt.

Bereits damals wollte die pflichtbewusste Ulrike Eleonore, die sich ihrer Aufgabe nicht wirklich gewachsen sah, gemeinsam mit ihrem Ehemann Friedrich von Hessen-Kassel regieren. Der Reichstag war damit nicht einverstanden. Friedrich gelang es allerdings, immer mehr Fuß im politischen Geschehen zu fassen. Nachdem Ulrike Eleonore Probleme wegen ihrer Neigung bekommen hatte, Entscheidungen zu treffen, ohne den Reichsrat zu informieren, dankte sie am 29. Februar 1720 zugunsten ihres Gatten ab, der als Friedrich I. König von Schweden wurde. Mit Friedrichs Krönung waren weitere beachtliche Zugeständnisse an den Reichstag verbunden. Er brachte es in der Folgezeit nicht zustande, der Königsmacht wieder mehr Rechte gegenüber den rivalisierenden Adelsparteien zu sichern.

Nach ihrer Abdankung kümmerte sich Ulrike Eleonore bevorzugt um Wohltätigkeitsangelegenheiten. Nur noch zweimal übernahm sie Regierungsverantwortung – das erste Mal während eines Auslandsaufenthalts Friedrichs, als dieser 1731 die Regierung der Landgrafschaft Hessen-Kassel antrat und zur Huldigung nach Kassel reiste, und das zweite Mal während einer Krankheit ihres Mannes 1738. Den Thronverzicht zu seinen Gunsten dankte ihr Friedrich schlecht, da er sie mit mehreren außerehelichen Eskapaden tief verletzte. Vor allem unter seiner Beziehung zu Hedwig Ulrika Taube litt die Königin. Die schwedische Geistlichkeit scheiterte mit ihren Anstrengungen, eine Verbannung der königlichen Favoritin zu erreichen. Ulrike Eleonore bemühte sich darum, nach außen hin den Schein zu wahren, und suchte Trost in der Religion. Mit Musik und intensiver Lektüre versuchte sie, sich von ihrer ehelichen Misere und ihrer Kinderlosigkeit abzulenken. Die verbitterte Königin erlag am 24. November 1741 in Stockholm ihrer schweren Pockenerkrankung.

Anna Iwanowna

* 1693 in Moskau
† 1740 in Sankt Petersburg
Zarin von Russland 1730–1740

Zarin Anna Iwanowna, deren zehnjähriger Regierungszeit
der Makel einer „dunklen Epoche" anhaftet, kam am 7. Februar 1693 als vierte Tochter des Zaren Iwan V. und dessen Gemahlin Praskowja Fjodorowna Saltykow zur Welt.
Nach dem frühen Tod ihres Vaters entschied Zar Peter I.
der Große über das weitere Schicksal seiner Halbnichte.
Er beschloss mit Zustimmung von Annas Mutter, die Sieb-
zehnjährige mit Herzog Friedrich Wilhelm von Kurland zu
verheiraten. Seit mehr als zweihundert Jahren war Anna
die erste russische Prinzessin, die einen ausländischen
Regenten als Gemahl erhielt. Die unglückliche Ehe endete 1711 bereits nach gut zwei Monaten Dauer durch den
Tod des Herzogs. Für einige Jahre konnte Anna danach an
den Petersburger Hof zurückkehren, dann musste sie auf
Weisung von Zar Peter I. nach Kurland zurückgehen. Die
kommenden dreizehn Jahre lebte die verwitwete Herzogin
abgeschnitten von den politischen Machtzirkeln Russlands
in der kurländischen Residenz Mitau.

Der unerwartet frühe und kinderlose Tod des jungen
Zaren Peter II. Alexejewitsch, im Januar 1730 an den Po-
cken, des letzten Vertreters der direkten männlichen Linie
der Romanow, ließ ein Machtvakuum entstehen. Seit dem
Ukas von 1722, mit dem Zar Peter I. das traditionelle Erb-
recht außer Kraft gesetzt und die Entscheidung über die
Thronnachfolge in die Hände des jeweils regierenden Zaren
gelegt hatte, führte dies zu politischen Unwägbarkeiten in
Russland. In dieser unklaren Situation berief der „Oberste
Geheime Rat" Anna Iwanowna auf den russischen Thron.

Die Mitglieder des Rats gingen dabei von der Annahme aus, dass sie in der Person der verwitweten und unerfahrenen Herzogin eine Marionette in der Hand haben würden, die es ihnen erlauben würde, ihre eigene Regierungsgewalt und ihren Einfluss ungemindert fortsetzen zu können. Anna wurden vom Rat Wahlkonditionen unterbreitet, die auf eine Aufhebung der traditionellen Autokratie hinausliefen und aus der Zarin eine reine Repräsentationsfigur gemacht hätten. Sie sahen nämlich vor, dass in allen innen- und außenpolitischen Fragen von Belang die Zustimmung des Rats eingeholt werden musste. Anna sollte sich außerdem nicht ein zweites Mal verehelichen dürfen. Die Bestimmung ihres Nachfolgers wurde ihr ebenfalls untersagt. Der Herzogin blieb zunächst nichts anderes übrig, als die Bedingungen des Rats anzunehmen. Die nur teilweise bekannt gewordenen Konditionen der Wahlkapitulation erregten so sehr das Misstrauen der verschiedenen Adelsparteien, dass es Anna nach ihrer Rückkehr nach Moskau ermöglicht wurde, den Unmut der adeligen Interessengruppen gegen die oligarchischen Machtansprüche des Obersten Geheimen Rats auszuspielen und zu eigenen Zwecken zu nutzen. Sobald sich Anna, die als *„ausgesprochene Giftnatter"* bezeichnet wurde, der Unterstützung durch die Garderegimenter, des Dienstadels und der hohen Geistlichkeit sicher war, erklärte sie die ihr auferlegten Bedingungen für null und nichtig. Der höfische Machtkampf endete mit der Wiederherstellung der zaristischen Selbstherrschaft und der Auflösung des Obersten Geheimen Rats, an dessen Stelle ein aus drei Staatsmännern bestehendes Ministerkabinett als Beratungsgremium mit gesetzgeberischen und administrativen Kompetenzen trat.

Die neue Zarin, die in Kurland in äußerst bescheidenen Verhältnissen gelebt hatte, bevorzugte einen ausgesprochen luxuriösen Lebensstil nach dem Vorbild der westlichen Höfe und frönte hemmungslos der Verschwendungssucht. Ihr Hof entwickelte sich dabei aber zum kulturellen

Mittelpunkt des Zarenreichs und beeinflusste auf diese Weise die Lebensform der russischen Gesellschaft. Sie holte italienische, deutsche und französische Opern-, Ballett- und Theaterensembles nach Sankt Petersburg. Zu den wissenschaftlichen Erfolgen in Annas Regierungszeit gehört die von dem dänischen Offizier Vitus Behring geleitete „Große Nordische Expedition" von 1733 bis 1743, die als eine der bedeutendsten geographischen Erkundungsfahrten der frühen Neuzeit gilt. Die jungen russischen Edelleute erhielten durch das von der Zarin 1731 gegründete Kadettenkorps eine exklusive Erziehung.

Trotz ihres politischen Desinteresses, dem sie sich vor allem in späteren Jahren zunehmend überließ, besaß Anna einen ausgeprägten Machtinstinkt. Während ihrer zehnjährigen Herrschaft bestand weitgehend politische Stabilität. Die Politik Peters des Großen erlebte in vielen Punkten eine Fortsetzung. Die in permanenter Verschwörungsangst lebende Zarin musste sich kaum gegen Opposition wehren. Es gelang eine Konsolidierung der unter Peter I. erreichten Großmachtstellung und die Behauptung der hegemonialen Vormachtstellung Russlands in Osteuropa, obwohl der 1733 vom Zarenreich ausgelöste Polnische Thronfolgekrieg sowie der 1736 ausgebrochene Russisch-Österreichische Türkenkrieg nur geringfügige Eroberungen einbrachten, dafür aber die angespannte Finanzlage verschlechterten. Die Privilegierung des Adels, dessen Unterstützung Anna ihre uneingeschränkte Herrschaft verdankte, wurde fortgeführt. Sankt Petersburg bekam seinen Status als Hauptstadt zurück, nachdem 1732 der Hof dorthin zurückgekehrt war.

Als Anna als zukünftige Zarin nach Russland zurückkam, brachte sie ihren kurländischen Hofstaat mit. Dass während ihrer Herrschaft der deutschbaltische Adel folglich eine wichtige Rolle spielte und bedeutende Staatsämter erhielt, sorgte vor allem später in der nationalistisch geprägten russischen Geschichtsschreibung für Unmut und führte zu der abwertenden Bezeichnung der „Deutschenherrschaft" für Annas Regierungszeit. Tatsächlich gab es keine „deutsche" Partei am Petersburger Hof, da hierfür die Interessen viel zu sehr divergierten. Das verbindende Element in der vornationalen Zeit war eigentlich nur die deutsche Sprache. Zu dem schlechten Image der „Deutschen" hatte in erster Linie der ehemalige Kammerjunker der Zarin, Ernst Johann von Biron, beigetragen. Dieser einflussreiche Günstling und Liebhaber Annas, dem 1737 die kurländische Herzogswürde verliehen wurde, zeigte offen seine Verachtung für die Russen, bereicherte sich schamlos und errichtete ein Schreckensregiment mit einem ausgedehnten Spitzelsystem. Weitere mächtige Persönlichkeiten mit deutschem Hintergrund im Umfeld der Zarin, die um die Führung des russischen Reichs konkurrierten, waren der aus dem Oldenburgischen stammende Generalfeldmarschall Burchard Christoph von Münnich und der Außenminister Graf Heinrich Johann Friedrich Ostermann aus Westfalen, deren Aufstieg schon unter Zar Peter I. begonnen hatte.

Am 28. Oktober 1740 verstarb Anna Iwanowna in Sankt Petersburg an den Folgen eines Schlaganfalls. Da sie selbst kinderlos verblieben war, hatte sie ihren erst zwei Monate alten Großneffen zu ihrem Nachfolger bestimmt. Das Baby wurde als Iwan VI. Antonowitsch zum Zaren ausgerufen. Seine Inthronisation blieb zwar nur eine kurzfristige Episode, Russland wurde allerdings dadurch erneut in politische Turbulenzen gestürzt. Iwan erwartete unter den beiden Zarinnen Elisabeth und Katharina II. ein besonders tragisches Schicksal, weil er seit 1756 in Einzelhaft gehalten und 1764 schließlich ermordet wurde.

Christiane Charlotte von Württemberg-Winnenthal

* 1694 in Kirchheim unter Teck
† 1729 in Ansbach
Regentin des Markgraftums
Brandenburg-Ansbach
1723–1729

Christiane Charlotte, die am 20. August 1694 in Kirchheim unter Teck als jüngstes von sieben Kindern geboren wurde, entstammte der Seitenlinie Winnenthal des Hauses Württemberg. Ihre Eltern waren Herzog Friedrich Karl und Herzogin Eleonore Juliane, eine Tochter des Ansbacher Markgrafen Albrecht V. Nach dem frühen Tod des Vaters übernahm die Mutter die alleinige Erziehungsverantwortung für die Kinder. Die Herzoginwitwe entschied sich für den angesehenen lutherischen Theologen, Diplomaten und späteren württembergischen Kriegsratsdirektor Johannes Osiander als Lehrer ihrer Kinder. Christiane Charlotte, ein lernbegieriges und kluges Mädchen, wurde in allen *„einer fürstlichen Princesse anständigen Wissenschaften"* unterrichtet.

Wenige Tage nach Christiane Charlottes fünfzehntem Geburtstag wurde am 28. August 1709 ihre Hochzeit mit ihrem neun Jahre älteren Cousin, dem regierenden Ansbacher Markgrafen Wilhelm Friedrich, in Stuttgart gefeiert. Die aus dynastischen Gründen eingefädelte Heirat zwischen der lebhaften Württembergerin und dem zurückhaltenden Hohenzollern erwies sich als glückliche Verbindung. Aus der harmonisch verlaufenden Ehe gingen insgesamt drei Kinder hervor, von denen nur der älteste Sohn das Erwachsenenalter erreichen sollte.

Die Eingewöhnung in die neue Umgebung wurde Christiane Charlotte dadurch erleichtert, dass ihre Mutter sie in das Markgraftum begleitete und dort schließlich auch ihren Wohnsitz nahm. Die Herzogin, die selbst am Ansbacher Hof aufgewachsen war, konnte ihrer Tochter beratend zur Seite stehen. Die offensichtlich von Jugend an politisch interessierte Christiane Charlotte war schon bald in die Ansbacher Regierungsgeschäfte involviert. Die junge Markgräfin, die eine große Buchliebhaberin war, gab wohl den Anstoß zur Gründung einer öffentlichen Bibliothek und zur Förderung des Schulwesens. An der Umformung des alten Ansbacher Residenzschlosses in einen modernen Barockbau hatte sie wesentlichen Anteil. Carl Friedrich von Zocha, der markgräfliche Hofbaumeister, der weitere repräsentative Bauwerke im Fürstentum verantwortete, gehörte zu Christiane Charlottes Vertrauten. Die bedeutende Ansbacher Fayence-Manufaktur geht mit auf das Engagement der Markgräfin zurück und wurde von ihr immer gefördert. In politischen Fragen fungierte sie nicht nur als Ratgeberin ihres Ehemannes, sondern trat auch bei dessen Abwesenheiten die Stellvertretung an. Diese Erfahrungen sollten ihr während ihrer späteren Regentschaft zugutekommen.

Nach dem Tod von Markgraf Wilhelm Friedrich am 7. Januar 1723 übernahm Christiane Charlotte als Obervormundschaftsregentin für ihren knapp elf Jahre alten Sohn Carl Wilhelm Friedrich die politische Verantwortung für das Markgraftum. Vom ersten Tag an sah die junge Witwe die Vormundschaftsregierung als eine *„Ihro hauptsächlich anvertraute Administration"* an. Selbstbewusst trat sie gegenüber den beiden Mitobervormündern, dem Markgrafen Georg Wilhelm von Brandenburg-Bayreuth und dem Landgrafen Ernst Ludwig von Hessen-Darmstadt, auf. Laut den nachträglich angefertigten Dispositionen zum bereits 1717 erlassenen Testament ihres Gatten sollte sie sich in wichtigen Reichs- und Kreisfragen mit den beiden Fürsten beraten. Christiane Charlotte pochte aber unnachgiebig darauf, dass sie nicht nur die alleinigen Erziehungsvollmachten für ihren Sohn, sondern auch die uneingeschränkte Landesregierung in Ansbach innehaben sollte. Während sie sich mit dem hessischen Landgrafen bald einigte, gestaltete sich das Verhältnis zu dem Bayreuther Vetter schwieriger und trug alle Anzeichen eines harten Machtkampfes. Die Regentin befürchtete nicht ganz zu Unrecht, dass Georg Wilhelm seine Mitregierung in der Vormundschaft dazu benutzen könnte, um ungeklärte Macht- und Territorialfragen zwischen den beiden fränkischen Markgraftümern zu seinen Gunsten zu beeinflussen. Der Bayreuther war vor allem daran interessiert, sich im Falle des möglichen Ablebens des minderjährigen zarten Erbprinzen den Zugriff auf das Ansbacher Territorium gegen preußische Expansionsversuche zu sichern. Die intelligente und durchaus machtbewusste Markgräfin verfolgte in den Verhandlungen der kommenden Monate mit großer Hartnäckigkeit ihre Vorstellungen von der Vormundschaftsregierung. Aus ihrer tiefen Überzeugung heraus, dass sie die geeignete Persönlichkeit zur Führung der Ansbacher Staatsgeschäfte sei, war sie nicht bereit, sich als vermeintlich schwache Frau in die Ecke schieben zu lassen. Es sei, ließ sie wissen, *„ja gar zu bekannt, daß der Sexus femininus in der Welt nicht ganz von dem Regiment Selbst außgeschloßen, sondern in vielen großen Europäischen Könighäusern so gar auch in Teutschland bey vielen Geistlichen Stifftern und Fürstenthumben oder gefürsteten Abteyen floriret und in usu stehet, folglich auch die ein jeden in vielen alten reichßfürstl. Häußern durch großmüthige Fürstinnen glorieucen und mit allerhöchster Kayßerl. approbation geführten Vormundschaftlichen Regierungs Administrationen allzubekannt sind, mithin die Mütterliche Vormundschafften von allen wahren Statisten und Publicisten auß den alten Theoretisch-Juristischen Principiis heutzutage im Röm. Reich Teutscher Nation im geringsten nicht mehr angefochten werden".* Mit einem solchen Selbstbewusstsein hatte niemand bei der jungen Witwe gerechnet. Dank ihres Rückhalts am Wiener Kaiserhof konnte sie sich weitgehend mit ihren Vorstellungen durchsetzen.

Den von ihr gewünschten Titel einer „Landesregentin" bekam sie aber nicht bewilligt.

Von großem Pflichtbewusstsein durchdrungen nahm sie ihre Aufgabe als Vormundschaftsregentin sehr ernst und bevorzugte einen resoluten Führungsstil. Christiane Charlotte ließ sich von ihren Räten ausführlich berichten, nahm an allen Konferenzen im Geheimen Rat teil und kontrollierte die Aktenvorgänge genau. Der preußische Schriftsteller Baron Karl Ludwig von Pöllnitz vermerkte deshalb nicht zu Unrecht, dass sie *„selbst ihr Premier-Minister"* sein wollte und dass *„ihre Räthe nichts anderes zu thun* [hatten] *als ihre Befehle zu vollstrecken"*. Während ihrer nur sechs Jahre dauernden Regentschaft konnte sie zwar wichtige Verwaltungs- und Gerichtsreformen anregen, doch ihre Bemühungen zum Abbau der Staatsschulden und zur Verkleinerung des Beamtenapparats verliefen nicht so erfolgreich.

Im Frühjahr 1728 begann die Markgräfin unter dem Eindruck ihrer sich rasch verschlechternden Gesundheit die Ansbacher Regierungsangelegenheiten zu regeln. Sie verheiratete ihren erst siebzehn Jahre alten Sohn Carl Wilhelm Friedrich standesgemäß mit der bloß wenige Jahre jüngeren preußischen Prinzessin Friederike Louise und übergab ihm mit dem Tag seiner vom Kaiser erwirkten Volljährigkeitserklärung, dem 3. Juni 1729, ordnungsgemäß die Regierungsgeschäfte. Ihren weit vorausblickenden Plan, eine Landesuniversität für das Markgraftum in Crailsheim, Gunzenhausen oder Heilsbronn zu gründen, für die sie bereits einen Stiftungsfonds geschaffen und von Kaiser Karl VI. ein Gründungsprivileg erhalten hatte, konnte sie nicht mehr umsetzen. Ihr Sohn, dem der strategische Weitblick der Mutter fehlte, sollte dieses Vorhaben nicht weiterverfolgen. Im Alter von nur 35 Jahren verstarb Christiane Charlotte am Morgen des 25. Dezember 1729 an den Folgen ihrer Krebserkrankung im Ansbacher Residenzschloss.

Elisabeth Petrowna

* 1709 in Kolomenskoje bei
Moskau
† 1762 in Sankt Petersburg
Zarin von Russland 1741–1762

In der Nacht vom 5. zum 6. Dezember 1741 begab sich die russische Großfürstin Elisabeth Petrowna, eine Tochter des verstorbenen Zaren Peter I. des Großen, zusammen mit ihr ergebenen Offizieren zu den Kasernen der Gardetruppen in Sankt Petersburg, um diese für ihren Kampf um die Krone zu gewinnen. Nachdem die dafür begeisterten Soldaten den Schwur geleistet hatten, niemanden bei dem Umsturz zu töten, machte sich Elisabeth gemeinsam mit ihnen zum Winterpalast auf. Es gelang tatsächlich, den Babyzaren Iwan VI. mit seiner Familie in einem unblutig verlaufenden Staatsstreich gefangen zu nehmen. Die führenden Köpfe des alten Regimes wurden zur gleichen Zeit verhaftet. Danach wurde das Volk durch ein Manifest darüber in Kenntnis gesetzt, dass Elisabeth *„kraft ihres legalen Erbanspruchs ihres Vaters den Thron bestiegen und die Usurpatoren* [habe] *festnehmen lassen"*. Der Putsch hatte vielleicht zwei Stunden gedauert.

Die am 29. Dezember 1709 als Tochter von Peter I. und der späteren Zarin Katharina I. geborene Elisabeth wurde erst drei Jahre nach ihrer Geburt durch die Heirat ihrer Eltern legitimiert und zur russischen Großfürstin erhoben. Da bei ihrer Erziehung in erster Linie Wert auf das Erlernen von Fremdsprachen gelegt wurde, damit Elisabeth später an einen ausländischen Hof verheiratet werden konnte, blieb ihre übrige Bildung rudimentär.

Nachdem ein von Peter I. betriebenes russisch-französisches Heiratsprojekt an religiösen Fragen und Elisabeths unehelicher Herkunft gescheitert war, verlobte sie ihre seit

1725 als Zarin regierende Mutter mit Prinz Karl August von Holstein-Gottorp. Bei dem Besuch des Prinzen im Oktober 1726 in Sankt Petersburg entwickelte die Großfürstin tiefe Gefühle für ihn. Sein Tod im Frühjahr 1727 an den Pocken bewirkte Elisabeths Entschluss, unverheiratet zu bleiben.

Nach dem Testament Katharinas I. sollte Peter II. den Zarenthron erben, während ihre beiden Töchter Anna und Elisabeth dafür reich entschädigt werden sollten, was aber nicht geschah. Als ihre Schwester zusammen mit ihrem Gatten Russland verließ, blieb Elisabeth in der Heimat, lebte fern vom Hof und führte das Leben einer Gutsherrin. Wie ihr Vater mischte sie sich gerne unter das Volk und kannte keine Berührungsängste. Gegen Versuche, sie durch eine Heirat endgültig vom Thron zu entfernen, konnte sich die Großfürstin erfolgreich wehren. Sie ging stattdessen Liebesverhältnisse ein. 1735 lernte sie den Sänger Alexei Grigorjewitsch Rasumowski kennen, den sie als Zarin wohl später heimlich geheiratet hat.

Nach dem Tod Peters II. wäre sie eigentlich die Thronerbin gewesen. Da sie in dieser Angelegenheit nichts unternahm, setzte der Oberste Geheime Rat 1730 ihre Halbcousine Anna Iwanowna auf den Thron. Rückblickend erklärte Elisabeth: *„Ich bin recht froh, daß ich es nicht getan habe. Ich war zu jung, mein Volk hätte mich nicht akzeptiert."* Während Annas Herrschaft wurde sie durch ein Netz von Spitzeln argwöhnisch überwacht. Bei ihren wenigen höfischen Auftritten wusste die junge Großfürstin nach dem Bericht des italienischen Botschafters zu beeindrucken: *„Sie ist eine Schönheit, wie ich sie noch nie gesehen habe (...) eine wunderbare Haut, schimmernde Augen, ein vollendeter Mund, Hals und Dekolleté von seltener Weiße. Sie ist groß von Gestalt und von sehr lebhaftem Temperament. Man spürt bei ihr große Intelligenz und Freundlichkeit, aber auch einen gewissen Ehrgeiz."*

In den Thronwirren nach Zarin Anna Iwanownas Tod, die ihren erst zwei Monate alten Großneffen Iwan zum Nachfolger bestimmt hatte, kam es zu einer spontanen

Bewegung zugunsten Elisabeths. Vor allem die Garderegimenter waren ihr treu ergeben. Frankreich und Schweden zeigten sich ebenfalls an einer Thronbesteigung der Großfürstin interessiert, weil sie sich davon erhofften, das Zarenreich in seine alten Grenzen zurückdrängen zu können. Dem Hof entging dies nicht. Am 3. Dezember 1741 fand zwischen Elisabeth und Anna Leopoldowna, die als Regentin für ihren Sohn Iwan VI. fungierte, eine scheinbar klärende Aussprache statt. Da es Gerüchte gab, dass die Großfürstin zum Verzicht auf ihre Thronansprüche und zum Eintritt in ein Kloster gezwungen werden sollte, hielten Elisabeth und ihre Anhänger es jetzt für dringend geboten zu handeln. Mittels des wenige Tage später durchgeführten Staatsstreichs wurde Elisabeth Petrowna Herrscherin des russischen Reichs. Bei ihrer Krönung im April 1742 in Moskau setzte sie sich selbst die Krone auf, was bisher kein russischer Herrscher gewagt hatte.

Zarin Elisabeth, die bald das Interesse an den Staatsgeschäften verlor, entwickelte kaum eine eigenständige Politik und drückte der Regierung nur in begrenztem Umfang einen persönlichen Stempel auf. Sie verstand es aber, sich mit fähigen Ratgebern zu umgeben, denen sie weitgehend freie Hand ließ. Die politischen Köpfe des Vorgängerregimes wurden wie Iwan VI. und seine Familie verbannt. Seit dem 1743 niedergeschlagenen Lopuchin-Komplott zugunsten Iwans VI. beherrschte die Zarin die Angst vor einem Staatsstreich, weshalb sie jede Nacht in einem anderen Zimmer schlief. Später schlief sie sogar bloß tagsüber. Ab 1756 wurde Iwan in Einzelhaft auf der Festung Schlüsselburg festgehalten.

Zur Sicherung ihres Throns versuchte Elisabeth ihre Macht durch die Ausweitung der Privilegien des Adels zu festigen. Die daraus resultierende trostlose Lage der Bauern löste mehrfach Unruhen und Aufstände aus. Ihren bei der Krönung ausgesprochenen Schwur, künftig kein Todesurteil mehr zu unterzeichnen, hielt sie ein. Während ihrer Herrschaft wurden derartige Urteile in Verbannungen umgewandelt. Nicht abgeschafft wurde dagegen die Folter, die auch zum Tod des Delinquenten führen konnte. Am 18. November 1742 ernannte sie den Sohn ihrer Schwester Anna Petrowna, Karl Peter Ulrich von Holstein-Gottorp, zu ihrem Nachfolger, um so eine langfristige Stabilisierung der Verhältnisse zu erreichen.

Im August 1743 konnte der Krieg mit Schweden beendet werden. Schweden musste ein paar kleinere Gebiete abtreten. Außerdem setzte die Zarin durch, dass ein Bruder ihres ehemaligen Verlobten, Adolf Friedrich, zum König von Schweden gewählt wurde. Im Siebenjährigen Krieg stand Russland ab 1757 auf der Seite Österreichs und Frankreichs. Der Krieg, mit dem eine Expansion nach Westen erzielt werden sollte, brachte das Zarenreich an den Rand des Ruins und verhinderte die Ausführung von Reformplänen.

Als typische Herrscherin der Barockzeit führte Elisabeth einen verschwenderischen Hof und ließ zahlreiche Schlossanlagen erbauen. Da sie großen Wert auf eine zum Anlass passende Garderobe legte, fanden sich nach ihrem Tod 15 000 kostbare Kleider mit passenden Accessoires in ihrem Nachlass. Trotz ihres kirchengebundenen Lebensstils, der auf ihre religiös geprägte Erziehung zurückging, liebte sie es, sich mit Jagd, Tanz, Musik und Theater zu vergnügen. Während ihrer Regierungszeit wurde das erste russische Nationaltheater gegründet, die erste russische Universität in Moskau eröffnet und die Akademie der Künste in Sankt Petersburg ins Leben gerufen.

Nach mehreren schweren Schlaganfällen verschied die schon länger kränkelnde Zarin am 5. Januar 1762 in Sankt Petersburg. Mit Elisabeth starb die ursprüngliche Dynastie der Romanow aus. Mit ihrem Nachfolger Peter III. begann die Ära der Linie Holstein-Gottorp-Romanow.

Maria Theresia

* 1717 in Wien
† 1780 in Wien
Erzherzogin von Österreich,
Königin von Ungarn und
Böhmen 1740–1780

Die bedeutende Habsburgerin ging in die Geschichte als Kaiserin Maria Theresia ein, obwohl sie die römisch-deutsche Kaiserwürde als Frau gar nicht bekleiden konnte. Seit der Kaiserkrönung ihres Gatten Franz Stephan nannte sie sich zwar offiziell „Römische Kaiserin", aber dieser Titel stützte sich nur auf ihre Rolle als Gattin. Bezeichnenderweise hatte sie auf die ihr zustehende Krönung zur Kaiserin im Oktober 1745 in Frankfurt am Main verzichtet. Ihr Hof- und Staatskanzler Graf Corfiz Anton Ulfeld vermutete als Grund dafür, *„daß sie möglicherweise diese Krönung geringer einschätze als die beiden männlichen Kronen, die sie trage"*.

Maria Theresia Walburga Amalia Christina kam am 13. Mai 1717 als älteste Tochter von Kaiser Karl VI. und seiner Gemahlin Elisabeth Christine von Braunschweig-Wolfenbüttel zur Welt. Als letzter lebender männlicher Habsburger hatte Karl schon 1713 zur Sicherung der Erbfolge die „Pragmatische Sanktion" erlassen. Dieses Staatsgrundgesetz bestimmte die Unteilbarkeit des habsburgischen Länderbesitzes und dehnte die Erbfolge für den Fall, dass ein männlicher Thronerbe fehlen sollte, auf die weiblichen Nachkommen aus. Nach der Zustimmung der Landtage seiner Länder bemühte sich Karl VI. um die Anerkennung durch die ausländischen Mächte. Maria Theresia erhielt trotzdem nur die herkömmliche Erziehung für Erzherzoginnen, bei der neben einer vielsprachigen Ausbildung großer Wert auf eine gründliche religiöse Unterweisung gelegt wurde. Von den Staatsgeschäften wurde sie ferngehalten. Später beklagte sie, dass es ihrem Vater *„niemahls gefällig ware, mich zur Erledigung weder der auswärtigen noch inneren Geschäften beizuziehen noch zu informiren"*.

Nachdem verschiedene Heiratskandidaten für die Thronerbin ins Gespräch gebracht worden waren, fiel die Entscheidung auf den politisch unbedeutenden Franz Stephan von Lothringen. Eine Störung des europäischen Mächtegleichgewichts wurde dadurch vermieden, Maria Theresia aber eine Verbindung zugestanden, die auf echter Zuneigung beruhte. Bevor die Hochzeit am 12. Februar 1736 in Wien stattfinden konnte, musste der Bräutigam aus politischen Gründen auf seine angestammten Herzogtümer Lothringen und Bar verzichten. Als Ausgleich wurde ihm die Toskana zugesichert. Trotz Franz Stephans Affären galt die Ehe, mit der die neue Dynastie Habsburg-Lothringen begründet wurde, als glücklich.

Als Maria Theresia nach dem Tod ihres Vaters am 20. Oktober 1740 die Nachfolge antrat, erwiesen sich die Garantien der Pragmatischen Sanktion als brüchig. Außer Bayern und Sachsen erhob auch Preußen Ansprüche auf Teile ihres Reichs. König Friedrich II. von Preußen nutzte die Situation und marschierte im Dezember 1740 ohne Kriegserklärung mit seiner Armee in Schlesien ein. Die übrigen Gegner der jungen Habsburgerin – Bayern, Sachsen, Pfalz, Frankreich, Spanien, Neapel-Sizilien und Schweden – ließen nicht lange auf sich warten. An die Seite Maria Theresias traten Großbritannien und die Niederlande, 1746 noch Russland. Die Schlesischen Kriege bzw. der Österreichische Erbfolgekrieg beherrschten ihre ersten Regierungsjahre. Außerdem musste sie sich damit abfinden, dass sich im Januar 1742 der bayerische Kurfürst bei der Kaiserwahl im Heiligen Römischen Reich Deutscher Nation als Karl VII. gegen ihren Ehemann durchsetzte. Der Österreichische Erbfolgekrieg endete 1748. Maria Theresia musste den Verlust Schlesiens samt der Grafschaft Glatz an Friedrich II. von Preußen hinnehmen sowie die Herzogtümer Parma, Piacenza und Guastalla an eine Nebenlinie der spanischen Bourbonen abtreten. Dennoch war es ihr gelungen, sich als rechtmäßige Thronerbin zu behaupten und die Großmachtstellung ihres Hauses zu erhalten. Bereits 1745 hatte sie erreicht, dass nach dem Tod von Karl VII. die Kaiserkrone an ihren Ehemann Franz I. Stephan ging.

Zu Beginn ihrer Regierung hatte sie ihren Gemahl zum Mitregenten ernannt, ihn aber seitdem weitgehend von den Staatsgeschäften ferngehalten. Die willensstarke Maria Theresia, die davon überzeugt war, dass die göttliche Vorsehung sie zur Herrschaft bestimmt habe, entpuppte sich als begabte Regentin. Der preußische Gesandte Otto Christoph Graf von Podewils berichtete: *„Sie beschäftigt sich viel mit ihren Staatsangelegenheiten und bemüht sich, genaue Kenntnis von ihnen zu bekommen. Sie liest die meisten Berichte ihrer Gesandten an den fremden Höfen oder läßt sie sich vorlesen, prüft die Entwürfe der Schriftstücke von irgendwelcher Wichtigkeit, ehe man sie ins Reine schreibt, unterhält sich oft mit ihren Ministern und wohnt den Konferenzen bei, die über Staatsgeschäfte von irgendwelcher Bedeutung abgehalten werden."* Um die rückständige Habsburgermonarchie zu modernisieren, betrieb sie seit 1746 eine umfassende Reformpolitik mit dem Ziel, die zersplitterten, überkommenen ständischen Einrichtungen im österreichisch-böhmischen Kernstaat durch einen zentralen, absolutistisch regierten Staatsapparat zu ersetzen.

Der Wunsch nach Rückgewinnung Schlesiens bestimmte lange ihre Politik. Um Preußen aus dem Feld zu schlagen, wurde ein Umbau des Bündnissystems ins Auge gefasst. Die Annäherung an Frankreich schien vor allem geboten, als Preußen 1756 mit Großbritannien die Konvention von Westminster schloss. Nur wenig später folgte ein österreichisch-französisches Bündnis. Friedrich II. reagierte darauf mit dem Einmarsch in Sachsen. Großbritannien und Frankreich befanden sich bereits wegen ihrer Kolonialpolitik im Krieg. Der Siebenjährige Krieg, in den schließlich alle europäischen Großmächte verwickelt waren, war somit ein globaler Konflikt. Statt mit der erhofften Niederlage Preußens endete der Krieg für Maria Theresia 1763 mit dem endgültigen Verlust Schlesiens.

Einen tiefen Einschnitt stellte der Tod ihres Ehemannes im August 1765 dar. Seitdem trug Maria Theresia ausschließlich die schwarze Witwentracht. Ihr ältester Sohn Joseph II., der seinem Vater als römisch-deutscher Kaiser nachfolgte, wurde zum Mitregenten in den habsburgischen Erblanden ernannt. Wegen differierender politischer Vorstellungen und wesensmäßiger Unterschiede erwies sich ihre Zusammenarbeit als schwierig. Mit Josephs aufklärerischen Reformideen konnte sie sich nur schwer anfreunden. So lehnte Maria Theresia etwa religiöse Toleranz gegenüber Protestanten und Juden ab. Die Erwerbung von Galizien 1772 bei der Ersten Polnischen Teilung, von der Bukowina 1774 für „Vermittlerdienste" im Russisch-Osmanischen Krieg und vom Innviertel 1779 im Bayerischen Erbfolgekrieg ging hauptsächlich auf die Ambitionen ihres Mitregenten zurück.

Die als „mütterliche Majestät" gepriesene Herrscherin forderte von ihren vierzehn überlebenden Kindern die Unterordnung unter die Staatsräson. Ihre Nachkommen mussten vor allem Ehen mit dem Haus Bourbon eingehen. Das ehrgeizigste Projekt war dabei die Heirat ihrer jüngsten Tochter Maria Antonia, bekannter als Marie Antoinette, mit dem späteren König Ludwig XVI. von Frankreich. Nur ihrer Lieblingstochter Marie Christine gestattete Maria Theresia eine Neigungsehe mit Herzog Albert von Sachsen-Teschen.

Bei ihrem Tod am 29. November 1780 hinterließ Maria Theresia ihr Reich in einem weit besseren Zustand, als sie es übernommen hatte. Als ihr bauliches Denkmal kann Schloss Schönbrunn gelten, das sie seit 1743 grundlegend hatte um- und ausbauen lassen.

Maria von Großbritannien, Irland und Hannover

* 1723 in London
† 1772 in Hanau
Regentin der Grafschaft Hanau
1760–1764

Die englische Prinzessin Maria nimmt unter den Regentinnen, die sicherstellten, dass ihr Erstgeborener die Landesherrschaft ungehindert übernehmen konnte, trotz einer relativ kurzen Regentschaft einen besonderen Platz ein. Ungewöhnlicher Weise verteidigte sie nämlich die Rechte des Sohnes gegen jene des Vaters.

Die am 5. März 1723 in London geborene Welfin war die zweitjüngste Tochter von König Georg II. von Großbritannien, der gleichzeitig auch Kurfürst von Hannover war, und von dessen Gattin Karoline von Brandenburg-Ansbach. Maria erhielt die für Prinzessinnen übliche Ausbildung, die sich weitgehend auf Religion und Sprachen beschränkte. Dank ihrer englischen Umgebung fühlte sie sich trotz ihrer deutschen Wurzeln von Geburt an als Engländerin.

Im Alter von siebzehn Jahren heiratete Maria am 28. Juni 1740 in Kassel den Erbprinzen Friedrich von Hessen-Kassel. Die Ehe hatten die Eltern des Brautpaars schon vor einem Jahrzehnt vereinbart. Mit dieser Heirat sollten die langjährigen Beziehungen zwischen den beiden Ländern und den beiden protestantischen Dynastien gefestigt werden. Den guten Verbindungen zu Großbritannien verdankte Hessen-Kassel seine lukrativen Subsidiengeschäfte, bei denen ganze Regimenter an den britischen Monarchen für dessen Kriege gegen entsprechende Zahlungen vermietet wurden. Die rein aus dynastisch-politischen Gründen geschlossene

Ehe nahm einen wenig glücklichen Verlauf. Die Ehepartner blieben sich im Grunde fremd. Wegen Friedrichs militärischer Laufbahn, die ihn an verschiedene Kriegsschauplätze in Europa führte, verbrachte das Paar von den vierzehn Ehejahren nur wenige Monate wirklich zusammen. Die Affären des Erbprinzen trugen auch nicht zu einer Annäherung bei. Aus der Ehe gingen zwischen 1741 und 1747 trotzdem vier Söhne hervor, von denen bloß der Erstgeborene früh verstarb.

Als 1754 die Information an die Öffentlichkeit gelangte, dass Erbprinz Friedrich 1749 heimlich zum katholischen Glauben konvertiert war, löste dies ein tiefes Zerwürfnis in dem reformierten Fürstenhaus Hessen-Kassel aus. Friedrichs ältester Sohn, der spätere Landgraf Wilhelm IX., vermerkte dazu in seinen Memoiren: *„Das Jahr 1754 war für meine Mutter, für uns und ganz Hessen das unheilvollste Jahr."* Unter dem Druck seines Vaters, des regierenden Landgrafen Wilhelm VIII., musste Friedrich mit der Assekurationsakte den konfessionellen Status quo in der Landgrafschaft anerkennen. Diese Zusicherung wurde von den hessischen Landständen und den protestantischen Mächten Europas garantiert. Zwischen dem Erbprinzenpaar kam es zum endgültigen Bruch. Am 14. Februar 1755 wurde die Ehetrennung ausgesprochen. Eine Scheidung wurde bewusst vermieden, um zu verhindern, dass der Erbprinz eine neue Ehe eingehen konnte. Friedrich sollte seine sich fest zum Protestantismus bekennende Ehefrau bis zu deren Tod nicht mehr wiedersehen. Die gemeinsamen Söhne, die reformiert bleiben sollten, wurden aus Friedrichs Einflussbereich entfernt und zum Schutz vor angeblich *„zu erwartenden Nachstellungen"* durch den katholischen Klerus zuerst nach Göttingen, dann an den dänischen Königshof gebracht. Den Erbprinzen scheint die Trennung von Frau und Kindern nicht wirklich berührt zu haben, da schon seit Jahren kaum noch Kontakt bestand. Eine Versöhnung Friedrichs mit den Söhnen wusste Maria bis zu ihrem Tod zu verhindern.

Zur Versorgung von Schwiegertochter und Enkeln bestimmte der kränkelnde Landgraf Wilhelm VIII. die Grafschaft Hanau-Münzenberg. Als 1736 der letzte männliche
Vertreter des Hanauer Grafenhauses verstorben war, war
dessen Territorium aufgrund des Erbvertrags von 1643 an
Hessen-Kassel gefallen. Die verwaltungsmäßig und staats-
rechtlich selbstständig gebliebene Grafschaft übertrug Wilhelm VIII. direkt auf seinen ältesten Enkel Wilhelm. Sein
Sohn Friedrich wurde zum Erbverzicht auf die Grafschaft
genötigt, um diesen so wenig Macht wie möglich bei seinem Regierungsantritt erlangen zu lassen. Im Dezember
1754 ordnete Wilhelm VIII. testamentarisch an, dass seine
Schwiegertochter für ihren ältesten Sohn die *„vormund-
schafftliche Administration"* der Grafschaft ausüben sollte,
falls dieser beim Tod des Großvaters noch minderjährig
sei. Dieser Aufgabe sollte sie mithilfe eines Ratsgremiums
aus Mitvormündern nachkommen. Für den Fall, dass sein
Sohn Friedrich ebenfalls vorzeitig sterben sollte, sollte
Maria auch Regentin der Landgrafschaft Hessen-Kassel
werden.

Als die Franzosen bei ihrem Eintritt in den Siebenjährigen Krieg 1757 die Landgrafschaft Hessen-Kassel eroberten,
begleitete Maria ihren Schwiegervater, dem sie sich sehr
verbunden fühlte, nach Hamburg, später nach Bremen und
Rinteln. Ihre melancholischen Stimmungen versuchte sie
durch intensive Lektüre und den regen Briefwechsel mit
ihren Söhnen zu bekämpfen.

Als Landgraf Wilhelm VIII. Ende Januar 1760 verstarb
und sein Sohn als Friedrich II. die Regierung in Kassel
antrat, übernahm Landgräfin Maria von 1760 bis 1764 die
Regentschaft in Hanau. Sie hatte sich darauf vorbereitet.
Bereits im Sommer 1755, als ihr Schwiegervater einen
Schlaganfall erlitten hatte, hatte sie ihren Anspruch erstmals öffentlich gemacht. In den Ämtern der Grafschaft
wurden vorgefertigte Patente deponiert, in die lediglich
noch das Sterbedatum des alten Landgrafen eingefügt

werden musste. Wegen der Kriegswirren musste Maria zunächst außerhalb des Landes bleiben. Obwohl sich Wilhelm VIII. für die Neutralität Hanau-Münzenbergs eingesetzt hatte, war die kleine Grafschaft wie Hessen-Kassel von französischen Truppen besetzt worden. Genauso wie die französische Besatzung Marias Rechte ignorierte, weigerte sich auch Friedrich II. diese anzuerkennen. Er akzeptierte weder das väterliche Testament noch die Regentschaft seiner Ehefrau. Für ihren Verzicht bot er ihr eine jährliche Apanage in Höhe von 100 000 Reichstalern und einen Wohnsitz ihrer Wahl in Hessen an. Nachdem die Landgräfin dies abgelehnt hatte, wandte er sich 1762 an den Reichstag, dann an den Reichshofrat, um die Vormundschaft über seine Söhne zu erlangen. Es kam jedoch nie zu einem Urteil.

Erst zur Jahreswende 1762/63 konnte die Landgräfin in Hanau einziehen und sich persönlich der Regierung widmen. Obgleich sie das Testament ihres Schwiegervaters als legitimierende Basis ihrer Regentschaft betrachtete, sah sie die darin enthaltenen Vorgaben zu ihrem Handlungsspielraum nicht als bindend an und sicherte sich so eine herausgehobene Stellung im Regentschaftskollegium. Sie verstand sich als alleinverantwortliche Regentin. Zwar galt Erbprinz Wilhelm nach dem Hausgesetz und dem Testament seines Großvaters mit seinem achtzehnten Geburtstag am 3. Juni 1761 als volljährig, aber seine Mutter legte die Regentschaft zunächst nicht nieder und beteiligte ihren Sohn nur bedingt an den Regierungsgeschäften. Erst nach dem Abschluss seiner Ausbildung mit einer Kavaliers- und Bildungsreise in die Niederlande und seiner im September 1764 gefeierten Hochzeit mit der dänischen Prinzessin Karoline wurde Wilhelm die Regierung der Grafschaft offiziell übertragen. Maria verblieb in Hanau und fungierte bis zu ihrem Tod am 14. Januar 1772 als Beraterin des Sohnes. Sie hatte eigens Vorsorge getroffen, dass ihr der Zugang zum Landesherrn gesichert blieb. Als sie das Schloss für den

Einzug des jungen Fürstenpaars hatte herrichten lassen, hatte sie ihr neues Quartier so gewählt, dass sie *„unbemerkt"* zu ihrem Sohn gelangen konnte. Bevorzugt widmete sie sich der Wohltätigkeit.

Maria Antonia Walburga
von Bayern

* 1724 in München
† 1780 in Dresden
Mitregentin des Kurfürstentums
Sachsen 1763–1768

Die Wittelsbacherin Maria Antonia Walburga, genannt
Maria Antonia, erblickte am 18. Juli 1724 das Licht der Welt.
Ihre Eltern waren der spätere Kurfürst Karl Albrecht von
Bayern, der 1742 zum römisch-deutschen Kaiser Karl VII.
gewählt wurde, und die österreichische Erzherzogin Maria
Amalia. Am kunstsinnigen Münchner Hof wurden ihre
vielseitigen Begabungen im Rahmen der standesgemäßen
Erziehung gefördert. Sie erlernte nicht nur Französisch,
Italienisch und Latein, sondern konnte auch ihre künst-
lerischen Fertigkeiten vervollkommnen. Die musikalische
Prinzessin, die mehrere Instrumente beherrschte und eine
hübsche Singstimme hatte, wurde von dem renommierten
Opernkomponisten Giovanni Battista Ferrandini in Gesang
und Komposition unterrichtet.

Seit 1742 zeigte sich der Münchner Hof daran interessiert, die Prinzessin in das eng verwandte Haus Wettin zu
verheiraten. Die Pläne wurden bald auf eine Doppelver-
bindung zwischen Bayern und Sachsen ausgeweitet, wodurch eine politische Annäherung zwischen den beiden
Kurfürstentümern erzielt werden sollte. Außerdem ergaben
sich damit vielversprechende Erbfolgemöglichkeiten, die
später wirklich an Relevanz gewannen. Im Juni 1746 waren
die Verhandlungen so weit gediehen, dass die geplante
Doppelhochzeit bekannt gegeben wurde. Während Maria
Antonia als Braut für den sächsischen Erbprinzen Friedrich

Christian bestimmt war, verband sich ihr Bruder Kurfürst Max III. Joseph mit der sächsischen Prinzessin Maria Anna. Nach einer Prokurationstrauung fand Maria Antonias tatsächliche Hochzeit am 20. Juni 1747 in Dresden unter großer Prachtentfaltung statt. Das Brautpaar hatte im Vorfeld der Heirat eine rege Korrespondenz miteinander unterhalten, in deren Rahmen die charmante, aber nicht übermäßig hübsche Prinzessin die Hoffnung ausgesprochen hatte, dass Friedrich Christian seine Aufmerksamkeit weniger auf ihr Äußeres richten werde, *„sondern auf meine Art zu denken".* Dieser Wunsch scheint in Erfüllung gegangen zu sein; denn diese aus dynastisch-politischen Gründen geschlossene Ehe, aus der sieben Kinder hervorgingen, verlief offenbar sehr glücklich. Beide Partner verband ein ausgeprägtes und dabei ähnlich gelagertes Interesse an Politik, Literatur, Kunst und Musik. In seinem von 1751 bis 1757 geführten „Geheimen Politischen Tagebuch" nannte der Kurprinz seine Gemahlin sein *„zweites Ich".* Ihr allein wollte er sein gesamtes Vertrauen schenken.

Nach ihrer Heirat widmete sich Maria Antonia weiterhin ihren musikalischen Studien. Zeitweise war der Komponist Nicola Antonio Porpora ihr Gesangslehrer. Der sächsische Hofkapellmeister Johann Adolph Hasse, als Komponist das musikalische Idol des Spätbarock, beeinflusste sie in ihrem musikalischen Schaffen. Im Stil der Opera seria komponierte sie selbst zwei Opern: „Il trionfo della fedeltá" und „Talestri, Regina delle Amazzoni". Die beiden Werke wurden nicht nur in Dresden und München aufgeführt, sondern auch andernorts gespielt. Bei zahlreichen Aufführungen bei Hofe trat Maria Antonia als Sängerin und Cembalistin auf. Zu Oratorien und Kantaten verfasste sie die Texte, die zum Teil von so bedeutenden Komponisten wie Hasse, Ferrandini und Johann Gottlieb Naumann vertont wurden. Außerdem schrieb sie Erzählungen und Gedichte und betätigte sich als Übersetzerin. Wegen ihrer dichterischen Leistungen wurde sie 1747 unter dem Namen „Ermelinda Talea Pastorella

Arcada" (E.T.P.A.) in die römische „Accademia dell'Arcadia" aufgenommen. Ihre malerischen Fähigkeiten brachten ihr die Mitgliedschaft in der „Accademia di San Luca" in Rom ein. Als Mäzenin förderte sie außer den Komponisten Hasse, Porpora und Naumann auch den Maler Anton Raphael Mengs neben anderen Künstlern.

In der Zeit vor dem Ausbruch des Siebenjährigen Kriegs spielte das Erbprinzenpaar wegen seiner angespannten Beziehung zu dem mächtigen sächsischen Premierminister Heinrich Graf von Brühl im politischen Bereich keine herausgehobene Rolle. An seinem Hof sammelten sich die oppositionellen Kreise, die sich dem Gedankengut der Aufklärung verbunden fühlten. Während sich Kurfürst Friedrich August II., der als König August III. über Polen in Personalunion regierte, mit seinem Hof vor den im August 1756 einrückenden Truppen König Friedrichs II. von Preußen nach Warschau zurückzog, blieb das Erbprinzenpaar in Dresden, um trotz der Besetzung des Landes eine Fortsetzung der Regierungsarbeit zu gewährleisten und eine Schonung der Bevölkerung zu erreichen. Da Kurprinz Friedrich Christian wegen einer angeborenen Fußlähmung nur eingeschränkt beweglich war, wurde dies weitgehend Maria Antonias Aufgabe. Erst in der Endphase des Kriegs, als der Druck durch die preußischen Invasoren zu hoch wurde, wechselte der „junge Hof" 1760 in das sichere Münchner Exil. Noch vor dem Ende des Kriegs kam die kurprinzliche Familie Anfang 1762 nach Dresden zurück.

Nach dem Tod seines Vaters im Oktober 1763 war dem reformorientierten Kurfürsten Friedrich Christian bloß eine zehnwöchige Regierungszeit beschieden, bevor er am 17. Dezember 1763 an den Blattern verstarb. In dieser kurzen Zeitspanne hatte Kurfürstin Maria Antonia ihren Gatten tatkräftig in der Führung der Regierungsgeschäfte und beim Wiederaufbau des Landes unterstützt, dessen wirtschaftliche Entwicklung sie zu fördern versuchte. Ihr war die Leitung der sächsischen Finanzen und die Hauptaufsicht über die Meißner Porzellanmanufaktur übertragen worden, was für das 18. Jahrhundert höchst ungewöhnlich war. Während der Erkrankung ihres Mannes lag die Regierung Sachsens für wenige Tage ganz in ihrer Hand. *„Zwischen Herrschern ist es nicht das Geschlecht, das entscheidet"*, bemerkte sie daher später selbstbewusst gegenüber Friedrich dem Großen.

Wegen der Minderjährigkeit des Erbprinzen Friedrich August wurde sein Onkel Prinz Franz Xaver zum Administrator bestimmt. Der Kurfürstinwitwe wurde bis zur Volljährigkeit des Sohnes 1768 ein Mitspracherecht bei wichtigen Regierungsangelegenheiten eingeräumt. Ihr Hauptinteresse richtete sich dabei auf den Wiedererwerb der polnischen Königskrone für das Haus Wettin. 1765 kam es darüber zu einem Zerwürfnis mit ihrem Schwager, der für seinen Neffen auf die Rechte zur polnischen Thronfolge verzichtet hatte. Sie verfolgte dieses Projekt weiter und nutzte dafür auch ihre guten Beziehungen zu Friedrich II. von Preußen, mit dem sie seit 1763 einen regen Briefwechsel führte und den sie 1769 und 1770 in Potsdam besuchte. Friedrich der Große schätzte sie zwar als schöngeistige Gesprächspartnerin und sparte nicht mit Anerkennung für ihr künstlerisches Talent, doch seinen diplomatischen Beistand in der polnischen Frage verweigerte er ihr ebenso wie ihre Briefpartnerin Kaiserin Maria Theresia. Während sie die Korrespondenz mit der Habsburgerin nach der polnischen Teilung von 1772 einstellte, setzte sie den schriftlichen Meinungsaustausch mit Friedrich II. bis an ihr Lebensende fort. Bevor sie sich 1773 endgültig aus der politischen Arena zurückzog, brachte sie den Dresdner Hof des Öfteren mit ihren im Vorfeld nicht abgeklärten politischen Privatinitiativen aller Art in eine schwierige Lage. Nachdem Maria Antonia schon längere Zeit an Brustbeschwerden gelitten hatte, verstarb sie am 23. April 1780 in Dresden.

Katharina II. Alexejewna, die Große

* 1729 in Stettin
† 1796 in Sankt Petersburg
Zarin von Russland 1762–1796

Katharina II., eine der bedeutendsten Persönlichkeiten auf dem russischen Zarenthron, kam am 2. Mai 1729 als Tochter von Fürst Christian August von Anhalt-Zerbst und dessen Gemahlin Johanna Elisabeth von Holstein-Gottorp in Stettin zur Welt und wurde auf die Namen Sophie Auguste Friederike getauft. Bereits als halbes Kind entwickelte sie den Ehrgeiz, Königin werden zu wollen.

Für die Prinzessin aus einem kleinen, verarmten Fürstenhaus eröffneten sich mit einem Schlag glänzende Möglichkeiten, als sie zur Brautschau nach Russland eingeladen wurde. Zarin Elisabeth suchte eine standesgemäße Partie für ihren Neffen Karl Peter Ulrich von Holstein-Gottorp, der 1742 zum russischen Thronerben bestimmt und in Peter Fedorowitsch umgetauft worden war. Zusammen mit ihrer Mutter brach die Fünfzehnjährige im Januar 1744 ins Zarenreich auf, wo sie im Februar eintraf. Die Zarin zeigte sich von ihr angetan. Sophie erlernte rasch die russische Sprache und versuchte sich am Hof in Sankt Petersburg zu integrieren. Rückblickend bekannte sie: *„(...) ich wollte russisch sein, damit die Russen mich liebten."* Nach der Verlobung im Sommer 1744 erfolgte ein Jahr später die Hochzeit mit Großfürst Peter. Einen Tag vor der Verlobung konvertierte die evangelische Prinzessin zum orthodoxen Glauben und erhielt den Namen Katharina Alexejewna.

Obwohl sich das Paar ursprünglich nicht unsympathisch gewesen war, entwickelte sich ihre Ehe nicht positiv. Beide

Partner flüchteten sich in Affären. Während die intelligente, kühl kalkulierende und anpassungsfähige Katharina am höfischen Leben teilnahm und über alle Vorgänge informiert war, kapselte sich Peter ab, huldigte seiner Vorliebe für alles Preußische und verachtete alles Russische. Am 1. Oktober 1754 brachte Katharina den sehnlichst erwarteten Sohn Paul zur Welt. Ungeachtet aller Gerüchte über die Vaterschaft wurde das Kind von Zarin Elisabeth und Großfürst Peter als legitim anerkannt. Trotz ihrer inzwischen schwierigen Position verlor Katharina die von ihr angestrebte Krone nicht aus den Augen. Später hielt sie fest: *„Ich habe achtzehn Jahre lang ein Leben geführt, bei dem zehn andere irrsinnig geworden und zwanzig andere an meiner Stelle vor Kummer gestorben wären."* Außer Paul gebar Katharina noch vier weitere Kinder, die alle nicht von ihrem Ehemann stammten. Durch ihr bewegtes Privatleben mit zahlreichen Liebhabern sorgte sie ihr Leben lang für Gesprächsstoff. Als Katharinas große Liebe gilt Fürst Grigori Alexandrowitsch Potjomkin, den sie sogar heimlich geheiratet haben soll und der ihr ein wichtiger Ratgeber wurde.

Nach dem Tod von Elisabeth im Januar 1762 bestieg Katharinas Gatte als Peter III. den Thron. Als Erstes beendete er den Krieg mit Preußen und zog bei den Friedensverhandlungen keinerlei Nutzen aus der günstigen Situation für Russland. Zudem machte er sich die konservativen Kräfte durch ein geplantes Reformprogramm im Sinne des aufgeklärten Absolutismus zu Feinden. Katharina, der ihr Mann angeblich mit Scheidung und Abschiebung in ein Kloster gedroht hatte, beschloss, sich dieser Situation für einen Staatsstreich zu bedienen, um selbst souveräne Herrscherin zu werden. Obwohl Gerüchte über einen Umsturz kursierten, ergriff Peter keine Gegenmaßnahmen. Katharina versicherte sich der Unterstützung einiger Garderegimenter und ließ sich am 11. Juli 1762 zur Zarin ausrufen. Die höchsten Institutionen des Reichs erhoben keinen Widerspruch. Peter zögerte zu lange, so konnte er gefangen genommen und zur Abdankung gezwungen werden. Am 17. Juli fiel er einem Mordanschlag zum Opfer. An Katharina II. blieb der Verdacht der Auftragserteilung haften.

Am 3. Oktober 1762 krönte sich Katharina in Moskau zur Zarin. Dass sie als Thronusurpatorin nicht unangefochten das Riesenreich regierte, beweist der Pugatschowaufstand. Der Kosak Jemeljan Iwanowitsch Pugatschow konnte sich 1773 mit der Behauptung, er sei der seinen Mördern entflohene Peter III., zum Anführer eines Kosaken- und Bauernaufstandes aufschwingen. Der grausame Bürgerkrieg, der 1775 mit Pugatschows Hinrichtung endete, ließ bei Katharina die Reformbereitschaft schwinden. Die sozialen Ursachen der Revolte blieben ihr fremd. Aus Sorge um ihr Ansehen im Ausland erteilte sie den Befehl, *„diese Verbrechen, die uns vor aller Welt beschämen, auszumerzen"*. Ihrem Ruf hatte jedoch schon 1764 die Ermordung des seit dem Staatsstreich von Elisabeth gefangenen Zaren Iwan VI. geschadet.

Anders als ihr Ehemann gab sich Katharina II. als Herrscherin betont russisch. Auf mehreren Reisen verschaffte sie sich einen Eindruck von ihrem Land. Obwohl sie sich der Gedankenwelt der Aufklärung verbunden fühlte, mit bedeutenden Philosophen in einem regen Briefwechsel stand und Russland für die europäische Kunst und Literatur öffnete, gab sie die Zügel niemals aus der Hand. Sie vertrat die Auffassung: *„Das russische Kaiserreich ist so weitläufig, daß außer einem Selbstherrscher jede andere Regierungsform ihm schädlich wäre, denn alle anderen sind langsamer in der Ausführung und haben zahllose verschiedenartige Parteilichkeiten in sich, die zur Zerstückelung der Macht und der Kraft treiben, während der eine Herrscher, der das allgemeine Wohl als sein eigenes ansieht, alle Mittel zur Ausrottung aller Schäden hat."*

Bereits kurz nach ihrer Thronbesteigung bemühte sich die Zarin um die Ansiedlung von ausländischen Einwanderern, um die innere Kolonisation voranzutreiben. Die Säkularisierung von Kirchengut, die schon Peter III. begonnen hatte, führte sie fort. Ab 1765 beschäftigte sich Katharina mit einer Rechtsreform, die aber nicht zum Abschluss gebracht wurde. 1775 erhielt Russland eine neue Verwaltungsstruktur mittels einer Reorganisation der Zentralbehörden und einer Reform der Gouvernements. Neue staatliche Aufgabenfelder etwa auf dem Gebiet des Bildungswesens und der medizinischen Versorgung wurden erschlossen. Im Gegensatz zu Elisabeth praktizierte Katharina eine Politik der religiösen Toleranz, solange staatliche Interessen nicht dagegen sprachen. Trotz ihrer kritischen Haltung zur Leibeigenschaft änderte sie wenig an der Lage der Bauern, da sie der Unterstützung durch den Adel bedurfte, dessen Privilegien sie daher noch stärkte. Der Schock der Französischen Revolution ließ sie zu einer Verschärfung der Zensur und zu rigiden Maßnahmen gegen aufklärerisches Gedankengut greifen.

Auf außenpolitischem Gebiet gelang ihr eine Ausdehnung des russischen Machtbereichs, wodurch das Zarenreich endgültig zur europäischen Großmacht wurde. In zwei russisch-türkischen Kriegen von 1768 bis 1774 sowie von 1787 bis 1792 wurde die gesamte Nordküste des Schwarzen Meers erobert. Bei den Teilungen Polens konnten mit Kurland, Litauen und Weißrussland beachtliche Landgewinne verbucht werden. Bis in ihre letzten Lebensjahre hinein blieben Katharinas Ambitionen weitreichend: *„Wenn ich hundert Jahre werden könnte, würde ich am liebsten versuchen, ganz Europa unter dem russischen Zepter zu vereinen. Aber ich habe nicht die Absicht zu sterben, bevor ich die Türken aus Konstantinopel vertrieben habe, den Stolz der Chinesen gebrochen und den Handel mit Indien aufgenommen habe."*

Dem Image einer Aufklärerin entsprechend verfasste die Zarin außer Memoiren noch Märchen, Gedichte, Opernlibretti und Theaterstücke und gab ein vergleichendes Wörterbuch sowie die Zeitschrift „Von Allem Etwas" heraus. 1795 gründete sie die Russische Nationalbibliothek. Ihr Hof entwickelte sich zu einem kulturellen Zentrum. Sie förderte die Bautätigkeit in ihrer Residenzstadt und legte mit ihrer Gemäldesammlung den Grundstock zur berühmten Eremitage in Sankt Petersburg. Am 17. November 1796 starb Katharina II. an den Folgen eines Schlaganfalls. Ihr Sohn Paul I. folgte ihr auf den Thron.

Anna Amalia von Braunschweig-Wolfenbüttel

* 1739 in Wolfenbüttel
† 1807 in Weimar
Regentin des Herzogtums
Sachsen-Weimar-Eisenach
1759–1775

Die am 24. Oktober 1739 als fünftes von dreizehn Kindern des Herzogs Carl I. von Braunschweig-Wolfenbüttel und der preußischen Prinzessin Philippine Charlotte geborene Anna Amalia spielte nicht so sehr durch ihre Regentschaft, sondern viel mehr durch ihr Mäzenatentum eine wichtige Rolle, die sie zu einer Wegbereiterin der Weimarer Klassik werden ließ.

Anna Amalia erhielt am väterlichen Hof die für eine Prinzessin übliche standesgemäße Erziehung, in der Religion den Hauptbestandteil ausmachte. Das musikalisch begabte Mädchen wurde außerdem nicht nur im Spielen verschiedener Instrumente unterwiesen, sondern auch in Komposition unterrichtet. Die Welfin vermerkte später nüchtern über ihre Ausbildung: *„Meine Erziehung zielte auf nichts weniger, als mich zu eine[r] Regentin zu bilden; sie war, wie alle Fürstenkinder erzogen werden."*

Im Alter von sechzehn Jahren wurde Anna Amalia am 16. März 1756 in Braunschweig mit dem zwei Jahre älteren, kränklichen Herzog Ernst August II. Constantin von Sachsen-Weimar-Eisenach vermählt. Rückblickend hielt sie dazu fest: *„Man verheirathete mich so wie gewöhnlich man Fürstinen vermählt."* Mit der Geburt des Erbprinzen Carl August am 3. September 1757 erfüllte sie die an sie gestellten dynastischen Erwartungen. Nur wenige Monate nach dem frühen Tod ihres Gemahls im Mai 1758 brachte sie den zweiten Sohn Constantin am 8. September zur Welt.

„In meinem achtzehnten Jahr fing die größte Epoche meines Lebens an. Ich wurde zum zweitenmal Mutter, wurde Wittib, Obervormündin und Regentin! Die schnellen Veränderungen, welche Schlag auf Schlag kamen, machten einen solchen Tumult in meiner Seele, daß ich nicht zu mir selber kommen konnte (...) Kein Freund, vor dem ich mich aufschließen konnte! Ich fühlte meine Untüchtigkeit, und dennoch mußte ich alles in mir selber finden." So schilderte Anna Amalia im Nachhinein den Beginn des neuen wichtigen Lebensabschnitts. Gemäß der testamentarischen Verfügung ihres Mannes führte die verwitwete Herzogin nach ihrer vorzeitigen Mündigkeitserklärung durch den Kaiser seit dem 9. Juli 1759 die alleinige Regentschaft und die Vormundschaft für die Söhne. Anna Amalia übte dieses Amt, auf das sie nicht vorbereitet gewesen war, sehr ernsthaft aus. In ihrem Regierungsprogramm vom 8. September 1759 kommt dies klar zum Ausdruck: *„Die Regentin will (...) sich die Mühe nicht verdrießen lassen, Alles mit eigenen Augen zu sehen, Ohren zu hören, das Geh. Conseil fleißig besuchen, (...) einem Jeden aufmerksames Gehör geben."*

Die ersten Jahre ihrer Regentschaft waren von den Auswirkungen des Siebenjährigen Kriegs überschattet. Geschickt verstand sie es, das Herzogtum zwischen den Forderungen von Wien und Berlin hindurchzulavieren. Während sie als deutsche Reichsfürstin dem Kaiserhaus zur Stellung von Truppenkontingenten verpflichtet war, gehörte der preußische König Friedrich II. zu ihrer näheren Verwandtschaft. Es gelang ihr, Preußens Rekrutenforderungen um fast die Hälfte zu reduzieren. Auf innenpolitischem Gebiet begann Anna Amalia mit der Neuordnung des Finanzwesens und bemühte sich um Einsparungen. Sie engagierte sich zudem für Reformen in der Rechtspflege, der Armenfürsorge und im Bildungswesen. Auch der Wirtschaftsförderung nahm sie sich an. Dass sie das „Grüne Schlösschen" in Weimar für die herzogliche Büchersammlung zu einem eigenständigen Bibliotheksgebäude umbauen ließ und die Hofbibliothek zu einer der ersten öffentlichen Bibliotheken in Deutschland umfunktionierte, gilt als bedeutendste Leistung ihrer Vormundschaftsregierung. Seit 1991 trägt die angesehene Bibliothek den Namen ihrer wichtigsten Förderin.

Neben ihrer Regierungstätigkeit beanspruchte die Erziehung ihrer beiden Söhne einen Großteil der Aufmerksamkeit der Herzogin. Ihr lag daran, ihnen eine bestmögliche Ausbildung zukommen zu lassen. Zu Problemen kam es, als der 1762 von ihr als Erzieher eingestellte ehrgeizige Graf Johann Eustach von Schlitz gen. von Görtz versuchte, den Erbprinzen Carl August schon vor Ablauf seiner Minderjährigkeit an die Regierung zu bringen, um dadurch selbst eine leitende Position zu erlangen. Zeitweise spielte die Herzogin tatsächlich mit dem Gedanken, sich vorzeitig von ihrem Amt als Regentin zurückzuziehen, weil ihr dieses viel Verdruss bereitete.

Ihr ursprüngliches Bestreben, alle Behördenvorgänge selbst zu kontrollieren, musste Anna Amalia bald als impraktikabel aufgeben. Sie stützte sich deshalb immer mehr auf Männer ihres Vertrauens. Da der Thronfolger gemäß den Verfügungen seines Vaters nicht durch gravierende politische Vorgaben der Regentin gebunden werden sollte, nutzten die Räte und die Landstände den Übergangscharakter ihrer Vormundschaftsregierung vielfach als Rechtfertigungsgrund, um unerwünschte Neuerungen zu unterbinden. Je deutlicher sich das Ende ihrer Regentschaft abzeichnete, desto schwieriger wurde es für Anna Amalia gegen diese Blockadehaltung anzukommen. Als sie am 3. September 1775 die Regierung an ihren achtzehn Jahre alten Sohn Carl August übergab, waren die Staatsfinanzen trotz all ihrer Bemühungen durch den Siebenjährigen Krieg, eine aufwendige Hofhaltung und die Bauwut der Vorgänger zerrüttet.

Nach dem Ende ihrer Regentschaft musste sich Anna Amalia damit abfinden, dass sie nicht mehr im Zentrum der Aufmerksamkeit der Hofgesellschaft stand. Sie konnte sich stattdessen vermehrt ihren Liebhabereien auf dem Gebiet der Literatur, Kunst und Musik widmen. Zunehmend bezog sie Bürgerliche in ihre geselligen Unterhaltungen ein. So versammelte sie ab 1775 bedeutende Künstler und Wissenschaftler wie Christoph Martin Wieland, Johann Wolfgang von Goethe und Johann Gottfried Herder an ihrer „Tafelrunde". Goethe erinnerte sich später, dass sich bei diesen Abendunterhaltungen *„ein höchst gebildeter Kreis"* zusammenfand und *„jeder auf seine Weise sich selbst und andere unterhielt"*. Neben der Unterhaltung beschäftigte man sich dabei auch mit Lektüre, Zeichnen oder Musizieren. Zwischen 1776 und 1780 spielte das von ihr mitgetragene Liebhabertheater eine wichtige Rolle. Für die Aufführungen des Theaters komponierte sie die Musik zu Goethes Singspiel „Erwin und Elmire" und zu dessen Posse „Das Jahrmarktsfest zu Plundersweilern". Generell gehörte der Musik und dem Musiktheater ihr größtes Interesse. Außer einigen Kompositionen verfasste Anna Amalia auch musiktheoretische Schriften und legte eine umfangreiche Musikaliensammlung an. Ein zentrales Erlebnis für die Kunstliebhaberin stellte ihr zweijähriger Italienaufenthalt dar. Zwischen 1788 und 1790 bereiste sie Italien, wobei sie sich vor allem länger in Rom und Neapel aufhielt. Während der Napoleonischen Kriege erlag die Herzoginmutter am 10. April 1807 einem Schlaganfall in ihrem Weimarer Wittumspalais.

Pauline von Anhalt-Bernburg

* 1769 in Ballenstedt
† 1820 in Detmold
Regentin des Fürstentums Lippe
1802–1820

Als eine der bedeutendsten Persönlichkeiten in der Geschichte des lippischen Fürstenhauses gilt die Regentin
Pauline Christine Wilhelmine. Sie kam am 23. Februar 1769
auf Schloss Ballenstedt am Rande des Harzes als zweites
Kind des regierenden Fürsten Friedrich Albrecht von An-
halt-Bernburg zur Welt. Ihre Mutter Louise Albertine, eine
geborene Prinzessin von Holstein-Sonderburg, starb bereits
kurz nach der Geburt. Die Prinzessin wurde gemeinsam
mit ihrem zwei Jahre älteren Bruder Alexius unterrichtet,
wodurch sie eine über den üblichen Bildungskanon für adelige Mädchen hinausgehende Erziehung genoss. Christliche
Ethik und das humanitäre Gedankengut der Aufklärung
spielten dabei eine wichtige Rolle. Später bildete sich die
wissensdurstige Fürstentochter selbstständig weiter und
studierte historische, juristische, philosophische und erzie-
hungswissenschaftliche Werke. Daneben zeigte sie sich an
der zeitgenössischen Literatur interessiert. Sie schrieb selbst
Gedichte und verfasste moralisierende Abhandlungen auf
dem Gebiet der Erziehungswissenschaft.

Schon im Alter von dreizehn Jahren wurde Pauline von
ihrem Vater zu Regierungsgeschäften herangezogen und
übernahm dessen gesamte französische Korrespondenz. Da
sie Friedrich Albrecht auf seinen Reisen durch das Fürstentum begleiten durfte, erhielt sie einen guten Einblick
in Verwaltungs- und Wirtschaftsfragen. 1793 wurde die
Prinzessin mit der Führung der auswärtigen Geschäfte betraut und hatte die Position eines Geheimsekretärs für den

kränkelnden Vater inne. Die immer selbstständiger agierende Tochter erregte jedoch zunehmend das Missfallen des Fürsten, so dass es zu einem Zerwürfnis kam. Pauline war die politische Tätigkeit so vollständig verleidet, dass sie sich 1794 aus den Regierungsangelegenheiten zurückzog und ein Jahr später konstatierte: *„Regentin aber bin, Regentin werd' ich nicht."*

Im Mai 1788 begegnete Pauline erstmals ihrem zukünftigen Ehemann, dem lippischen Thronfolger, von dem sie sich nicht sonderlich angetan zeigte, was ihren Vater verstimmte. Einige Jahre später entschied sie sich dann doch aus Vernunftgründen für den inzwischen zur Regierung gelangten Fürsten Leopold I. zur Lippe, dessen ausgebrochene Geisteskrankheit zeitweise eine Vormundschaftsregierung erfordert hatte. Offen bekannte sie: *„Nie habe ich einen Schritt mit mehrerer Überlegung gethan als diesen, nie kaltblütiger mich entschlossen, denn Liebe hielt mir wahrlich kein Vergrößerungsglas vor."* Am 2. Januar 1796 fand die Hochzeit in Ballenstedt statt und am 21. Januar erfolgte der Einzug des Fürstenpaars in die Residenzstadt Detmold. Paulines Ehe entwickelte sich offenbar positiv. Der Verbindung entstammten zwei Söhne und eine noch am Tag der Geburt verstorbene Tochter.

Als nach sechsjähriger Ehe Fürst Leopold I. am 4. April 1802 verstarb, übernahm die intelligente, aber eigenwillige und ihre Ansichten mitunter heftig vertretende Fürstin im Mai nicht nur die Vormundschaft, sondern auch die alleinige Regentschaft für ihren noch unmündigen Sohn Leopold. Bereits während ihrer Ehe hatte die von einem eisernen Pflichtethos durchdrungene Pauline ihren schwachen und kränklichen Mann tatkräftig in der Regierungsarbeit unterstützt und sich vor allem auf dem Gebiet der Schul- und Sozialpolitik engagiert. Statt Almosenverteilung sah die Fürstin, in Übereinstimmung mit den sozialpolitischen Strömungen ihrer Zeit, in einer ausreichenden Schulbildung und in der Erziehung zur Arbeit die Lösung der sozialen Probleme. Der lippische General-Superintendent Ludwig Friedrich von Cölln stellte deshalb fest: *„Sie war überzeugt, dass für die geringe und arme Menschenklasse durch kein Mittel besser gesorgt werden konnte, als wenn man ihre Kinder so unterrichtet, dass sie ihren Menschenwerth und ihre Pflichten kennen, und in manchen Arbeiten geuebt werden."* 1799 gründete Pauline in Detmold eine Erwerbsschule für Kinder und Jugendliche. 1802 folgte eine Aufbewahrungsanstalt für Kleinkinder, deren Finanzierung das Fürstenhaus übernahm. Die Fürstin gehört damit in Deutschland zu den Pionieren auf dem Gebiet des Kindergartenwesens. Weitere von ihr ins Leben gerufene Institutionen waren ein Krankenhaus für Pflegebedürftige und das Freiwillige Arbeitshaus in Detmold. Die von ihr begründeten Wohlfahrtsanstalten wurden sowohl im In- als auch im Ausland als vorbildlich angesehen. Gegen den Widerstand der Stände erfolgte 1811 auf ihr Betreiben hin die Einrichtung einer Heilanstalt für Geisteskranke in Brake.

Angesichts der schwierigen politischen Lage zur Zeit der Napoleonischen Kriege sah sich die Regentin veranlasst, zwei politische Reisen zu unternehmen, um die bedrohte Selbstständigkeit Lippes zu wahren. Die erste führte Pauline im Januar 1807 zu der französischen Kaiserin Josephine nach Mainz, die zweite von Oktober bis Dezember 1807 nach Paris zu direkten Verhandlungen mit Napoleon. Es gelang ihr, dass Lippe in den 1806 von dem französischen Kaiser geschaffenen Rheinbund aufgenommen und nicht einem anderen Staat zugeschlagen wurde. Im Gegenzug musste das souveräne Fürstentum Lippe Truppen für Napoleons Armee stellen, was auf Widerstand in der Bevölkerung stieß. Paulines beharrliches Festhalten am Rheinbund noch zu einer Zeit, als sich bereits Napoleons Niedergang abzeichnete, erregte ebenfalls Unmut. Erst wenige Wochen nach der Völkerschlacht bei Leipzig, die das Ende der napoleonischen Herrschaft über Deutschland brachte, trat Lippe aus dem Rheinbund aus und schloss im November 1813 einen Bündnisvertrag mit Preußen, Russland und Österreich. Die Selbstständigkeit des Kleinstaates konnte gewahrt werden. Nicht so erfolgreich fiel Paulines Bilanz auf wirtschaftspolitischem Gebiet aus, da notwendige Maßnahmen zur Wirtschaftsförderung unterblieben.

In den außenpolitisch ruhigen Jahren nach 1815 überschattete ein Verfassungsstreit das Verhältnis zwischen der Regentin und den lippischen Landständen. Während der Zugehörigkeit Lippes zum Rheinbund hatte Pauline weitgehend ohne die Stände regieren können. 1819 verkündete die sich volksnah gebende, aber im politischen Tagesgeschäft absolutistisch agierende Fürstin eine Verfassung, die die Landstände, die bisher aus Vertretern der Ritterschaft und der Städte bestand, in ihren althergebrachten Rechten beschränkt hätte, indem nun auch der Bauernstand berücksichtigt werden sollte. Wegen des vehementen Protests der alten Stände und der reaktionären Beschlüsse des Deutschen Bundes wurde diese Verfassung nicht ausgeführt.

Die Überantwortung der Regierung an den Sohn Leopold fiel Pauline nicht leicht. Der phlegmatisch veranlagte junge Fürst entsprach nicht ihren hohen Erwartungen. Mehrmals verschob sie deshalb die Übergabe, die schließlich am 3. Juli 1820 erfolgte. Ganz in den Hintergrund treten wollte die Fürstin nicht, sondern behielt sich die Leitung des Departements Armenfürsorge vor. In ihrer Abschiedsrede resümierte sie: *„Meine Regentschaft war ernst und beschwerlich durch mancherley Pruefungen, Kriegsbeschwerde und Misverstaendnisse (...). (...) so oft ich auch gefehlt haben mag, mein Gewissen versagt mir das Zeugniß der Pflichttreue nicht (...) und so ist viel geschehen, manches gelungen, mehr noch vorbereitet."* Zum geplanten Umzug von Detmold auf ihren Witwensitz in Lemgo kam es nicht mehr. Am 29. Dezember 1820 verstarb Pauline an den Folgen einer schmerzhaften Lungenvereiterung.

Elisa Bonaparte

* 1777 in Ajaccio
† 1820 in Villa Vicentina (bei
Cervignano)
Fürstin von Piombino und Lucca
1805–1814, Großherzogin von
Toskana 1809–1814

Als Angehörige des korsischen Kleinadels verdankte Elisa
Bonaparte ihren Fürstenthron einzig und allein dem kometenhaften Aufstieg ihres Bruders Napoleon zum Kaiser der
Franzosen. In seinem Exil auf St. Helena zollte Napoleon
seiner ältesten Schwester, die ihm nie besonders nahegestanden hatte, seine Anerkennung: *„Meine Schwester Elisa
hat einen männlichen Geist, einen ausgeprägten Charakter und
überragenden Verstand; sie wird alle Widrigkeiten des Lebens
tapfer ertragen."* Ihr Bruder Joseph vertrat die Auffassung,
dass sie von den drei Schwestern Napoleon *„hinsichtlich
Charakter und Aussehen"* am meisten ähnelte.

Bei ihrer Geburt am 3. Januar 1777 als Tochter des Advokaten Carlo Buonaparte und dessen Gattin Letizia Ramolino hieß sie Maria Anna. Den Namen Elisa nahm sie
erst später in Frankreich an. Auf Nachsuchen ihres früh
verstorbenen Vaters bekam sie einen Platz in dem königlichen Mädchenpensionat von Saint-Cyr, das einst Madame
de Maintenon, die Mätresse und nachmalige Gemahlin
von Ludwig XIV., für die Töchter verarmter Adelsfamilien gegründet hatte. Sie erhielt dort eine gute Erziehung,
bis die Schule im Zuge der Französischen Revolution 1792
geschlossen wurde. Für kurze Zeit kehrte sie nach Korsika
zurück, doch die dortige politische Entwicklung machte
es bald nötig, dass die Buonapartes nach Frankreich flüchteten. Ihr Bruder Napoleon, ein äußerst begabter Offizier,

stieg dank der Revolutionskriege rasch in der französischen Armee auf. Zu seinem Missfallen heiratete die wenig hübsche, aber intelligente Elisa im Mai 1797 Felix Bacciocchi, einen unvermögenden korsischen Adeligen und Offizier mit geringen militärischen Fähigkeiten. Die lebenstüchtige Elisa übernahm von Anfang an die Führung in ihrer Ehe, die trotz späterer außerehelicher Affären beider Partner Bestand hatte.

Sie akzeptierte es nicht, dass ihr unbedeutender Gatte auf Dauer nach Korsika abgeschoben wurde, sondern erwirkte seine Versetzung nach Paris. In der französischen Hauptstadt versuchte sie, sich als Gastgeberin eines literarischen Salons einen Namen zu machen, was ihr allerdings erst mit Napoleons Aufstieg zum Ersten Konsul gelang. Sie sah sich dabei als Wiederverkörperung einer „Salonnière" des 17. Jahrhunderts.

Als Napoleon im Mai 1804 das französische Kaiserreich begründete, mussten die ehrgeizige Elisa und ihre jüngere Schwester Caroline feststellen, dass sie nicht wie andere weibliche Familienmitglieder in den Rang von Prinzessinnen aufstiegen. Nachdem sie Napoleon deswegen eine Szene gemacht hatten, erreichten sie, dass sie zu kaiserlichen Hoheiten erklärt wurden. Felix Bacciocchi wurde zum Senator ernannt, außerdem erhielt Elisa wie ihr Ehemann 240 000 Francs. Mit diesen brüderlichen Zugeständnissen waren Elisas Ambitionen mitnichten befriedigt. Sie setzte durch, dass ihr und ihrem Ehemann im März 1805 das kleine Fürstentum Piombino übertragen wurde, zu dem wenig später noch das Fürstentum Lucca hinzukam. Am 14. Juli 1805 erfolgte ihr feierlicher Einzug in Lucca.

Während sich ihr phlegmatischer Ehemann als Titularfürst mit der Rolle des Prinzgemahls zufriedenzugeben hatte, nahm Elisa ihre neue Aufgabe als Herrscherin sehr ernst und förderte Literatur und Künste. Sie erbaute in Lucca einen neuen Palast, ein Theater, eine Akademie für Architektur, eine medizinische Hochschule, zwei öffentliche

Bibliotheken und ein Institut für Mädchenerziehung. Wegen ihrer großen Vorliebe für Musik entwickelte sich Lucca in der Zeit ihrer Herrschaft zu einem bedeutenden Musikzentrum. Der später als „Teufelsgeiger" berühmt gewordene Geigenvirtuose und Komponist Niccolò Paganini wurde an ihrem Hof Erster Violinsolist.

Zur Belebung der daniederliegenden Wirtschaft ließ Elisa Straßen bauen, Sümpfe trockenlegen, Bergwerke wieder in Betrieb nehmen und das Räuberunwesen bekämpfen. Sie führte die Zucht von Seidenraupen ein, ging gegen Korruption vor und reformierte das Justiz-, Polizei- und Gefängniswesen. *„Die Gewohnheit zu arbeiten ist meine Leidenschaft geworden"*, erklärte sie. Äußerst geschäftstüchtig und auf die Erhöhung ihrer persönlichen Einkünfte bedacht, kaufte sie eine Alaungrube und monopolisierte den Thunfischfang. Die Marmorgruben von Carrara wusste sie lukrativ zu nutzen – die Amtsstuben des französischen Kaiserreichs wurden mit Marmorbüsten und Statuen Napoleons überzogen. Mit dem von ihr zeitweise in Lucca errichteten Spielkasino erzielte sie hohe Einnahmen. Weniger positiv nahm es die Bevölkerung auf, als sie auf Befehl Napoleons Kirchengut säkularisierte.

Ihren Wunsch, Herrscherin der gesamten Toskana zu werden, erfüllte ihr Napoleon nur teilweise. Voll übersteigertem Selbstbewusstsein hatte Elisa im Vorfeld dazu an das französische Innenministerium geschrieben: *„Ich dringe sehr auf eine Gebietserweiterung. Da ich nicht in der Nähe Seiner Majestät in Paris leben kann, hätte ich gerne einen Staat, der nicht unwürdig wäre, mir zu gehören. Ich habe wenig Ehrgeiz, weil ich aber die Schwester des Kaisers bin, kann ich mehr wünschen und habe ich das Recht, mehr zu beanspruchen als die 150 000 Einwohner, die das Fürstentum Lucca aufzuweisen hat."* Während sie in Piombino und Lucca weiterhin als souveräne Fürstin herrschte, ernannte sie der Kaiser 1809 lediglich zur Statthalterin der Toskana mit dem persönlichen Titel einer Großherzogin. Kaum hatte sich die unermüdliche Elisa in

Florenz etabliert, begann sie sofort in ähnlicher Weise aktiv zu werden wie zuvor in Lucca.

Als sich 1814 der Untergang der napoleonischen Herrschaft ankündigte, stemmte sich Elisa vergeblich gegen ihren drohenden Thronverlust. Obwohl sie sämtliche Verbindungen zum französischen Kaiserreich löste, nützte ihr dieser Verrat an ihrem Bruder letztendlich nichts, weil die Briten sie kurzerhand als rechtmäßige Souveränin der Staaten Piombino und Lucca absetzten. Zwecklos versuchte sie ihre Ansprüche auf dem Wiener Kongress, der Europa nach den Kriegen gegen Napoleon neu ordnen sollte, vorzubringen.

Kaum war Napoleon im März 1815 aus seiner Verbannung auf Elba nach Frankreich an die Macht zurückgekehrt, wirkte sich dies auf Elisas Schicksal aus. Sie führte inzwischen den Namen einer Comtesse de Compignano und lebte mit Erlaubnis der Alliierten mit ihrem Ehemann und ihren Kindern in Bologna. Vier Tage nach dem Einzug Napoleons in die Tuilerien wurde Elisa von den Österreichern verhaftet und auf der Festung Brünn in Mähren interniert. Nach dem Ende von Napoleons Herrschaft der Hundert Tage kam sie wieder frei. Von nun an hielt sie sich mit ihrer Familie in Triest auf, wo sie streng überwacht wurde. Nachdem sie von der österreichischen Regierung ihren italienischen Privatbesitz zurückerhalten hatte, verfügte sie über ein jährliches Einkommen von 300 000 Francs, was sie zu einem der wohlhabendsten Mitglieder der Familie Bonaparte im Exil machte. Sie erwarb ein Stadthaus und die Villa Vincentina auf dem Land. Einen großen Teil ihrer Zeit verbrachte sie mit der Verwaltung ihrer Besitzungen. Als Elisa an den Folgen einer Malariaerkrankung am 6. August 1820 verstarb, hinterließ sie ihren zwei noch lebenden Kindern den Großteil ihres Besitzes.

Marie Louise von Österreich

* 1791 in Wien
† 1847 in Parma
Herzogin von Parma, Piacenza
und Guastalla 1816–1847

Durch ihre Ehe mit dem französischen Kaiser Napoleon trat Erzherzogin Marie Louise für wenige Jahre ins Rampenlicht der Geschichte. Nur dank des großen Korsen hob sich ihr Schicksal aus jenem der Masse der damaligen Fürstentöchter heraus.

Kindheit und Jugend der am 12. Dezember 1791 geborenen ältesten Tochter des Habsburger Kaisers Franz II./I. und seiner zweiten Gemahlin Maria Theresia von Neapel-Sizilien wurden von dem in Wien als Usurpator und Ungeheuer verteufelten Napoleon Bonaparte überschattet. Es musste für Marie Louise daher verständlicherweise ein Schock gewesen sein, als ihr klar wurde, dass sie als ein *„Opfer der Politik"* mit diesem von ihr verabscheuten Mann verheiratet werden würde.

Nach der Scheidung seiner kinderlos gebliebenen Ehe mit Josephine Beauharnais suchte der zum Kaiser der Franzosen aufgestiegene Napoleon eine neue Gattin. Er glaubte, dass er das von ihm geschaffene Kaiserreich allein durch einen leiblichen Erben in seinem Fortbestand sichern könnte. Durch die Heirat mit einer Prinzessin aus einer bedeutenden Dynastie erhoffte er sich zudem die Anerkennung der alten hochadeligen Führungsschicht Europas. Aus österreichischer Sicht schien nach der verheerenden militärischen Niederlage im Jahr 1809 eine eheliche Allianz mit dem Sieger nur positive Aspekte zu bieten. Das Haus Habsburg benötigte dringend eine Atempause und eine Erleichterung der harten Friedensbedingungen.

Auf die Prokurationsheirat am 11. März 1810 in Wien folgte am 1. April die standesamtliche Heirat im Schloss von Saint-Cloud und am 2. April die kirchliche Trauung von Marie Louise und Napoleon im Pariser Louvre. Die Ehe mit dem französischen Kaiser entpuppte sich für die Habsburgerin als nicht so furchtbar wie befürchtet. Rasch übernahm die junge Kaiserin den französischen Lebensstil. Am 20. März 1811 brachte Marie Louise den ersehnten Thronfolger Napoleon Franz zur Welt, der von seinem glücklichen Vater den Titel eines „Königs von Rom" verliehen bekam. Trotz der Geburt eines Erben erreichte sie in Frankreich nie die Popularität von Napoleons erster Gattin.

1813/14 zeichnete sich das Ende der napoleonischen Herrschaft ab. Nach Napoleons Niederlage und seiner Abdankung im April 1814 kehrte Marie Louise mit ihrem Sohn nach Wien zurück. Ihr einziges Anliegen nach den ganzen weltgeschichtlichen Turbulenzen, deren Dimensionen ihr fremd blieben, war: *„Alles, was ich wünsche, ist, irgendwo ruhig leben zu können."* Die Bereitschaft, ihrem Gatten in die Verbannung zu folgen, war innerhalb kürzester Zeit nicht mehr vorhanden. Am 3. Januar 1815 schrieb sie einen letzten Brief an ihn. Die kurzzeitige Rückkehr Napoleons an die Macht im Frühjahr 1815 besiegelte unwiderruflich ihren Bruch mit ihm.

Auf dem Wiener Kongress wurden der einstigen französischen Kaiserin 1815 die Herzogtümer Parma, Piacenza und Guastalla auf Lebenszeit zugesprochen, wie dies Napoleon im Vertrag von Fontainebleau vom April 1814 mit den Siegermächten vereinbart hatte. Erst nach der Schlacht von Waterloo und Napoleons endgültiger Abdankung konnte Marie Louise in ihre neuen Lande reisen. Am 20. April 1816 zog sie in Parma ein. Die Herzogtümer befanden sich in einem katastrophalen finanziellen Zustand, weshalb die Verwaltung rationalisiert und der Hofstaat der Herzogin eingeschränkt werden musste. Als ihr Ratgeber fungierte Graf Adam Adalbert Neipperg, mit dem sie schon vorher heimlich ein Liebesverhältnis eingegangen war. Die aus dieser Beziehung stammenden Kinder musste sie weggeben, weil sie offiziell immer noch mit Napoleon verheiratet war. Ihren Sohn Napoleon Franz hatte sie in Wien zurückgelassen, wo er zu einem österreichischen Prinzen erzogen wurde. Nachdem der Versuch, ihm die Nachfolge seiner Mutter zu sichern, am Einspruch der Großmächte gescheitert war, wurde ihm 1818 der leere Titel eines Herzogs von Reichstadt verliehen. Da er bereits 1832 an der Tuberkulose verstarb, wurde die für ihn in Aussicht genommene Versorgung mit böhmischen Domänen obsolet.

Erst nach Napoleons Tod konnte Marie Louise im August 1821 eine morganatische Ehe mit dem Grafen Neipperg schließen. Die beiden überlebenden Kinder aus ihrer Verbindung mit Neipperg erhielten den Namen Montenuovo und wurden in den Grafenrang erhoben. Nach Neippergs Tod 1829 ging die Herzogin verschiedene Liebschaften ein, bevor sie im Februar 1834 eine morganatische Ehe mit ihrem Obersthofmeister und Minister, Graf Charles-René de Bombelles, schloss, die ebenfalls geheimgehalten wurde.

In ihren Herzogtümern sorgte Marie Louise für einen Ausbau der Administration und für Reformen im Wohlfahrtswesen. Auch um die Verbesserung von Straßen, Brücken und Dämmen machte sie sich verdient. Die Parmaer Universität wurde großzügig ausgebaut. Auf dem kulturellen Sektor gründete die große Musikfreundin 1821 ein Konservatorium und gab im selben Jahr das im klassizistischen Stil erbaute Teatro Regio in Parma in Auftrag. Der im Herzogtum Parma geborene berühmte Opernkomponist Giuseppe Verdi widmete seiner Landesherrin eines seiner frühen Werke „I Lombardi alla prima Crociata". Die heutige Galleria Nazionale di Parma verdankt der Habsburgerin bedeutende Bestände.

Trotz dieser Verdienste breiteten sich 1831 im Zuge der revolutionären Entwicklungen in Europa auch Unruhen im Herzogtum Parma aus. Marie Louise, die entgegen ihrer sonst eher passiven Art nicht zu Zugeständnissen bereit war, verließ daraufhin für einige Zeit ihr Land. Nachdem österreichische Truppen die Erhebung beendet hatten, verkündete die zurückgekehrte Herzogin eine Amnestie. Um die negativen finanziellen Folgen des Aufruhrs zu beseitigen, mussten Sparmaßnahmen durchgeführt werden. *„Um das Beyspiel zu geben, habe ich auf den fünften Theil meiner Civil-Liste renonciert"*, teilte die Herzogin, die im anderen Falle gerne ihrer Einkaufswut frönte, nach Wien mit.

Im Laufe der Jahre wurde die Herzogin zu einer beliebten Landesmutter, wie ein Augenzeuge zu berichten wusste: *„Außerhalb der Stadt stieg sie aus dem Wagen, besuchte die Dörfer und legte am Arm des Grafen von Bombelles große Strecken auf der Landstraße zurück, nur von einem einzigen Diener begleitet, der einen großen Sack mit kleinen Geldrollen trug. Jedermann durfte sie ansprechen, einige alte Frauen knieten sich vor ihr hin, küßten ihre Hand und überreichten Gesuche. Sie hob die Frauen auf und überflog die Bittschriften. Appellierte man an ihre Freigebigkeit, zog sie aus dem großen Sack eine dieser Rollen; war das Ansuchen komplizierter Art, versprach sie, sich darum zu kümmern, und man hat mir versichert, daß sie ihr Versprechen hielt."* Solch leutseliges Verhalten trug ihr das freundliche Attribut „la buona duchessa" (die gute Herzogin) ein. Am 17. Dezember 1847 starb sie an einer Bauchfellentzündung. Der italienische Herzog Karl Ludwig von Lucca übernahm die Regierung über die drei Herzogtümer.

Viktoria

* 1819 in London
† 1901 in Osborne House (Insel
Wight)
Königin von Großbritannien
und Irland 1837–1901, Kaiserin
von Indien 1876–1901

Als letzte Herrscherin aus dem Hause Hannover folgte am 20. Juni 1837 die achtzehn Jahre alte Prinzessin Viktoria ihrem Onkel König Wilhelm IV. auf den Thron von Großbritannien und Irland nach. Damit begann eine Regentschaft, die über 63 Jahre dauern sollte. Am Ende ihrer Regierungszeit herrschte sie fast über ein Viertel der Erde und ein Viertel der Weltbevölkerung, obwohl sie persönlich nicht viel von weiblichen Monarchen hielt; denn ihrer Meinung nach waren Frauen *„nicht zum Regieren geschaffen"*. Das nach ihr benannte Viktorianische Zeitalter war bestimmt von wirtschaftlichem Aufschwung in Verbindung mit einer rasch voranschreitenden Industrialisierung, imperialistischer Expansion, großen sozialen Gegensätzen und einem bürgerlich-strengen Moralprinzipien verpflichteten Gesellschaftsbild.

Alexandrina Viktoria wurde am 24. Mai 1819 im Londoner Kensington-Palast als Tochter des nur wenige Monate nach ihrer Geburt verstorbenen Herzogs Eduard von Kent und der Prinzessin Marie Luise Viktoria von Sachsen-Coburg-Saalfeld, verwitwete Fürstin von Leiningen, geboren. Zum Zeitpunkt ihrer Geburt stand Viktoria an fünfter Stelle in der britischen Thronfolge, und es schien eher unwahrscheinlich, dass sie zur Thronerbin avancieren würde. Dies änderte sich durch den Tod der anderen Thronanwärter. Ihre Mutter überwachte Viktorias Erziehung und hielt sie bewusst von den skandalträchtigen Höfen ihrer Onkel fern. Da die Prinzessin ohne Altersgenossen aufwuchs, entwickelte sich ihre deutsche Erzieherin Baronin Luise Lehzen zu einer wichtigen Bezugsperson, die ihr auch emotional nahestand. Neben einer guten sprachlichen Ausbildung eignete sich Viktoria eher mittelmäßige Kenntnisse in Geographie, Geschichte und Politik an.

Mit Viktorias Regierungsantritt endete die seit 1714 bestehende Personalunion mit dem Königreich Hannover aufgrund der dortigen Erbfolgeregelung, die eine weibliche Thronfolge ausschloss. Ihrer bis dahin sehr dominanten Mutter räumte die junge Monarchin keinerlei Einflussmöglichkeiten ein. Am 28. Juni 1838 fand ihre feierliche Krönung in der Londoner Westminster Abtei statt. Ungeachtet ihres großen Selbstbewusstseins und ihrer Selbstständigkeit sollte sich Königin Viktoria nach ersten unklugen Maßnahmen zu Beginn ihrer Regierungszeit als gewissenhafte Regentin erweisen, deren herausragende Eigenschaft ihr gesunder Menschenverstand war. Trotz konstitutioneller Monarchie versuchte sie den Regierungskurs in ihrem Sinne zu beeinflussen, wobei ihre Macht hauptsächlich darin bestand, dass die Minister ihren Wünschen nachkamen und sich ihrem Willen beugten. Gegenüber ihren Premierministern neigte die eigensinnige Königin gerne dazu, sich von persönlichen Gefühlen leiten zu lassen. Während sie etwa den väterlich-weltmännischen William Melbourne und den charmanten Benjamin Disraeli schätzte, brachte sie dem eher langweiligen und äußerst pedantischen William Edward Gladstone ausgesprochenen Widerwillen entgegen.

Am 10. Februar 1840 heiratete Viktoria ihren gleichaltrigen Vetter Prinz Albert von Sachsen-Coburg und Gotha. Diese von ihrem Onkel, dem belgischen König Leopold I., eingefädelte Ehe war seitens der Königin eine echte Liebesheirat. Ihrem höheren Rang entsprechend musste sie dem Prinzen den Heiratsantrag machen. In ihrem Tagebuch hielt sie dazu fest: *„Um halb eins ließ ich Albert zu mir bitten. Er* *kam in das Kabinett, wo ich ihn allein empfing, und nach einigen Minuten sagte ich, ich glaubte, er wisse wohl, warum ich ihn hergebeten habe – und daß ich so glücklich wäre, wenn er dem zustimmte, was ich mir wünschte (daß er mich heirate)."* Der begabte Prinz wurde im Lauf der Zeit ihr engster Berater und übte nicht nur im privaten Umfeld großen Einfluss auf Viktoria aus, sondern auch im politischen Leben. Nach seinen eigenen Worten wurde Albert *„das natürliche Familienoberhaupt, Oberinspektor des königlichen Haushalts, Manager der Privatangelegenheiten der Königin, einziger vertrauter Berater in politischen Fragen, einziger Gehilfe in ihren Beziehungen zu den Mitgliedern der Regierung, außerdem ihr Ehemann, Erzieher der Kinder, Privatsekretär der Königin und ihr ständiger Minister"*. Aus der harmonischen Ehe gingen neun Kinder hervor. Da Albert zudem dafür sorgte, dass von nun an bei Hofe strenge moralische Maßstäbe galten, wurde das Privatleben der britischen Königsfamilie zum Inbegriff von Häuslichkeit und Anstand.

Zunehmend überließ Viktoria ihrem tatkräftigen Ehemann die führende Rolle in der Politik. Albert gelang es, den Part der konstitutionellen Monarchie als über den Parteien stehend festzulegen und die Krone wieder populär zu machen. Der Prinzgemahl widmete sich auch den sozialen Problemen der Arbeiterklasse, von denen Viktoria nicht viel begriff. Der Schwerpunkt ihrer Interessen lag auf der Außenpolitik.

Nach Alberts Tod im Dezember 1861 zog sich die untröstliche Königin jahrelang beinahe ganz aus dem öffentlichen Leben zurück, worunter ihre Beliebtheit litt. Fortan trug sie nur noch Witwentracht und trieb zeitlebens einen wahren Kult um den Verstorbenen. Wenige Jahre später sorgte ihre enge Bindung zu ihrem schottischen Diener John Brown für missgünstigen Klatsch. Spöttisch wurde Viktoria als „Mrs. Brown" tituliert. Trotz ihrer Zurückgezogenheit ließ sie sich über alle Regierungsmaßnahmen genau unterrichten und hielt mit ihren Ansichten nicht zurück, wenn sie mit dem jeweiligen politischen Kurs nicht einverstanden war. Ihrem Premierminister Disraeli drohte sie sogar mit ihrer Abdankung, als die britische Regierung im russisch-türkischen Konflikt (1877/1878) nicht nachdrücklich genug Stellung gegenüber Russland bezog.

Zu den herausragenden Ereignissen in den letzten 25 Jahren von Viktorias Regierungszeit gehörten ihre Erhebung zur Kaiserin von Indien am 1. Mai 1876 und der Erwerb der Suezkanal-Aktien für Großbritannien. 1887 konnte die Monarchin ihr goldenes Thronjubiläum feiern, dessen Feierlichkeiten noch von jenen zum diamantenen Jubiläum 1897 übertroffen wurden.

Durch die Einheirat ihrer Kinder, Enkel und Urenkel in die bedeutenden europäischen Königs- und Fürstenhäuser wurde sie zur „Großmutter Europas" und erlangte einen nachhaltig wirkenden dynastischen Einfluss auf die europäische Politik. Unglücklicherweise war Viktoria aber Überträgerin der gefährlichen Bluterkrankheit, einer Erbkrankheit, die über einige ihrer Nachkommen in das spanische, preußische und russische Herrscherhaus weitergegeben wurde.

Am 22. Januar 1901 starb Königin Viktoria in den Armen ihres ältesten Enkels, des deutschen Kaisers Wilhelm II., in Osborne House auf der Insel Wight. Nachfolger wurde ihr ältester Sohn Eduard VII. Die meisten ihrer Untertanen empfanden ihren Tod als einen tiefen Einschnitt. Lord Esher verlieh diesem Gefühl Ausdruck: *„Es ist, als begännen wir ein neues Leben in einer neuen Welt."*

Isabella II.

* 1830 in Madrid
† 1904 in Paris
Königin von Spanien 1833–1868

Die durch die spanische Septemberrevolution 1868 gestürzte und im französischen Exil lebende Königin Isabella II. umriss gegenüber dem Literaten Benito Pérez Galdós ihr persönliches Dilemma mit den Worten: *„Ich will immer das Wohl des spanischen Volkes und habe es stets gewollt. Das Wollen, das hat man im Herzen. Aber das Können, wo liegt das?"* Die blutjung auf den Thron gelangte und kaum auf ihre Aufgabe als konstitutionelle Monarchin vorbereitete Bourbonin erwies sich in der Tat als wenig talentierte Herrscherin für ein im Umbruch befindliches und zutiefst gespaltenes Land.

Isabella wurde am 10. Oktober 1830 in Madrid als Tochter von König Ferdinand VII. von Spanien und dessen vierter Ehefrau, Maria Christina, Prinzessin Beider Sizilien, geboren. Die vorigen drei Ehen des Königs waren kinderlos geblieben. Da Ferdinand das erst 1713 in Spanien eingeführte Thronfolgegesetz aufhob, das das salische, auf männliche Nachkommen beschränkte Erbrecht vorsah, wurde das drei Jahre alte Mädchen seine Thronerbin, als er am 29. September 1833 verstarb. Isabellas ehrgeizige Mutter übernahm die Regentschaft. Im Oktober wurde die Kleine feierlich zur Königin proklamiert.

Mit dieser Regelung der Nachfolge waren die sogenannten Karlisten, die ultrakonservativen Anhänger des Infanten Carlos María Isidro de Borbón, des Bruders des verstorbenen Königs, nicht einverstanden. Bis weit ins 20. Jahrhundert hinein sollten die Nachkommen von Don Carlos ihren Anspruch auf den spanischen Thron aufrechterhalten und für politische Turbulenzen sorgen. Bereits wenige

Tage nach dem Tod Ferdinands VII. brach ein blutiger, mit ausländischer Beteiligung geführter Bürgerkrieg, der Erste Karlistenkrieg, aus. Obwohl die Königinmutter in politischer Hinsicht keineswegs fortschrittlich eingestellt war, verbündete sich Maria Christina zur Durchsetzung von Isabellas Erbansprüchen mit den gemäßigt-liberalen Kräften. Außerdem sicherte sie sich die Unterstützung der maßgeblichen Militärs. Unter dem Druck der Ereignisse erließ die Regentin 1834 das Estatuto Real, das aus Spanien eine konstitutionelle Monarchie machte. Der Bürgerkrieg endete erst 1839 in einem Kompromiss, aber das Militär sollte weiterhin die Politik des Landes bestimmen. 1840 zwang General Baldomero Espartero, ein Bürgerkriegsheld und zugleich einer der führenden Köpfe der Linksliberalen, Maria Christina durch sein staatsstreichartiges Vorgehen zur Abdankung und zum Gang ins Exil. Er ließ sich zum Regenten wählen und wachte in den kommenden Jahren als Vormund über die Erziehung von Isabella und ihrer jüngeren Schwester Luisa. Die von ihm engagierten Erzieher und Pädagogen mussten bald feststellen, dass die Thronfolgerin bisher keine ihrer zukünftigen Aufgabe in irgendeiner Weise angemessene Erziehung erhalten hatte. Die zehn Jahre alte Isabella konnte weder richtig lesen noch schreiben. Das geistig eher desinteressierte und zu Trägheit neigende Mädchen sollte auch jetzt keine gute Schülerin werden. Nur die Gesangs- und Klavierstunden bereiteten ihr Freude. Bereits im Alter von dreizehn Jahren wurde Isabella am 8. November 1843 von den Cortes vorzeitig für mündig erklärt.

In den folgenden Jahren beschäftigte vor allem die Frage von Isabellas Verheiratung die europäischen Kabinette und sorgte in Spanien für innerparteiliche Zwiste. Letztendlich trafen Spaniens Bündnispartner Großbritannien und Frankreich die Entscheidung, wen die junge Königin zu heiraten habe. Gegen ihren erklärten Willen musste Isabella am 10. Oktober 1846 ihren Cousin Francisco de Asís, Herzog von Cadiz, heiraten. Beide Ehepartner waren sowohl von väterlicher wie auch von mütterlicher Seite eng miteinander verwandt. Ihre jüngere Schwester Luisa wurde gleichzeitig mit einem Sohn des französischen Königs Louis Philippe, dem Herzog Antoine von Montpensier, vermählt. Der für Isabella II. bestimmte Bräutigam stellte die denkbar schlechteste Wahl für eine junge, temperamentvolle und sinnliche Frau dar. Der Prinzgemahl war ein äußerlich wenig einnehmender, kränklicher und geistig minderbemittelter Mann, dessen Zeugungsfähigkeit sogar infrage gestellt wurde. Der britische Außenminister Lord Palmerston bezeichnete ihn zynisch als einen *„völligen Idioten".* Bereits wenige Monate nach ihrer Hochzeit begann Isabella ganz offen Liebschaften einzugehen. Wahrscheinlich entstammten alle neun Kinder der Königin außerehelichen Verbindungen, aber um den Schein zu wahren, erkannte ihr Gemahl die Kinder als die seinen an.

Als Privatperson zeichneten die Königin Offenheit und Leutseligkeit sowie ein Desinteresse an höfischen Konventionen aus, doch für eine konstitutionelle Herrscherin fehlten Isabella II. die erforderliche Intelligenz und die gebotene Vorsicht im Umgang mit den widerstreitenden Kräften. Ihre Regierungszeit war von politischer Instabilität, Parteikämpfen und Aufständen gekennzeichnet. Sie neigte dazu, sich stark von ihrer näheren Umgebung beeinflussen zu lassen. Ihre gefühlsbetonte Religiosität sorgte vor allem mit zunehmendem Alter dafür, dass gerade klerikale Ratgeber wie die umstrittene Nonne Patrocinio und ihr Beichtvater Pater Antonio Claret an Bedeutung gewannen. Palastintrigen bestimmten weitgehend das Geschehen am spanischen Hof. Isabellas von der oppositionellen Presse thematisiertes fragwürdiges Privatleben, ihre Verschwendungssucht und ihre politische Verantwortungslosigkeit unterminierten das Ansehen der Monarchie. Während ihrer Herrschaft wurden auf Isabella zwei Attentate unternommen, die sie unverletzt überstand. Die wiederholten Aufstände bewirkten zwar einen häufigen Wechsel in den Ministerien, aber sie erbrachten keine Verbesserung. Zwischen dem November 1843 und dem September 1868 wechselten die Regierungen 33-mal. Immer wieder intervenierte die Armee. Auf diese Weise wurde der Putsch zum üblichen Instrument zur Herbeiführung von Regierungswechseln. In erster Linie bestimmte das „Regime der Generäle" den politischen Kurs. Von 1847 bis 1849 wurde das Königreich vom Zweiten Karlistenkrieg und von republikanischen Aufständen heimgesucht. Ein erfolgloser Krieg gegen Marokko, die Teilnahme an wenig versprechenden militärischen Expeditionen in Übersee, der Eisenbahnkrach von 1864, der Spaniens wirtschaftlichen Aufschwung beendete, und die enorme Staatsverschuldung läuteten das Ende ihrer Herrschaft ein.

Im September 1868 kam es zu einer Erhebung verschiedener, völlig heterogener Parteiungen sowie der Flotte und des Heeres gegen Isabellas Herrschaft. Der Hof wurde von der Wucht der „Glorreichen Revolution" überrascht. Die Königin setzte sich nicht ernsthaft zu Wehr, sondern floh nach Frankreich. Francisco Serrano Domínguez übernahm die Regentschaft bis 1870, als im Dezember Amadeus von Savoyen, Herzog von Aosta, den spanischen Thron bestieg. Der neue Monarch konnte sich jedoch nicht durchsetzten und dankte im Februar 1873 ab. In Spanien wurde die nur wenige Monate dauernde Erste Republik ausgerufen.

Im April 1870 wurde die unglückliche Ehe der Exmonarchin förmlich getrennt und Francisco de Asís mit einer Pension abgefunden. Nachdem Isabella II. in ihrer politischen Ahnungslosigkeit zunächst vom Exil aus jeden Plan unterstützt hatte, der ihr die Rückkehr auf den Thron zu bieten schien, entsagte sie am 25. Juni 1870 der spanischen Krone. Ihr Sohn Alfons XII. konnte 1874 nach der Wiedereinführung der Monarchie den Thron seiner Vorfahren besteigen. Am 9. April 1904 verstarb Isabella im Alter von 73 Jahren in Paris, wo sie nurmehr ein bescheidener Hof umgab.

Cixi (Tz'u-his, Ts'e-hi)

* 1835 in der chinesischen
Provinz Anhui
† 1908 in Peking
Regentin des Kaiserreichs China
1861–1872, 1875–1889, 1898–1908

Als Nebenfrau des Kaisers Xianfeng verdankte Cixi ihren Aufstieg zur letzten Regentin des Reichs der Mitte der Tatsache, dass sie den einzigen überlebenden Sohn des Herrschers aus der mandschurischen Qing-Dynastie geboren hatte. Für die chinesische Geschichte zwischen 1861 und 1908 wird der durchsetzungsfähigen „Kaiserinwitwe" bis heute eine zwiespältige Rolle zugeschrieben – dementsprechend widersprüchlich fallen die Berichte über ihre Persönlichkeit aus.

Über die Herkunft der am 29. November 1835 in der südöstlichen Provinz Anhui als Lan Guniang geborenen späteren Kaiserinwitwe ist nur wenig bekannt. Sie entstammte der feudalen mandschurischen Oberschicht. Ihr Vater Huizheng war wohl Offizier. 1851 gehörte das Mädchen zum Kreis jener jungen Mandschu-Frauen, die man dem Hof als mögliche Nebenfrauen für Kaiser Xianfeng vorschlug. Noch keine sechzehn Jahre alt wurde sie am 8. Juni 1851 offizielles Mitglied in der streng geregelten Welt des kaiserlichen Harems, erhielt den Rang einer Nebenfrau fünften Ranges und lebte von nun an in der „Verbotenen Stadt" in Peking. 1854 stieg sie zur Nebenfrau vierten Ranges auf. Zeitweise nahm sie den Platz der Favoritin des Kaisers ein. Nachdem sie am 27. April 1856 ihren Sohn Zaichun, den späteren Kaiser Tongzhi, zur Welt gebracht hatte, änderte sich ihre Position innerhalb der Palasthierarchie. Sie wurde in den Rang einer Nebenfrau zweiten Ranges befördert und durfte großzügigere Gemächer beziehen.

China durchlief in dieser Zeit eine äußerst schwierige Phase seiner Geschichte. In den beiden Opiumkriegen (1840-1842 und 1856-1860) erlitt das bis dahin weitgehend archaisch isolierte Kaiserreich schwere Niederlagen, die es unter demütigenden Bedingungen zwangen, sich den europäischen Mächten und Nordamerika wirtschaftlich zu „öffnen", der Einrichtung von Gesandtschaften in Peking zuzustimmen und die ungehinderte christliche Mission zu erlauben. Der 1850 ausgebrochene sogenannte Taiping-Aufstand, der sich gegen die Mandschu-Herrschaft richtete, mündete in einen blutigen Bürgerkrieg. Hinzu kam der Verlust der Amur-Provinz und der Fernostregion an Russland. Der labile Kaiser Xianfeng war der Situation nicht gewachsen. Besorgt beobachtete seine Nebenfrau zweiten Ranges die Entwicklung während seines monatelangen Siechtums, da der kranke Xianfeng noch keine Nachfolgeregelung getroffen hatte. Schließlich erzwang sie sich, mit ihrem Sohn auf dem Arm, am 22. August 1861 den Zugang zu dem im Sterben begriffenen Kaiser. Vor dem versammelten Hofstaat als Zeugen bestimmte der Herrscher seinen einzigen Sohn mündlich zu seinem Nachfolger. Später erklärte Cixi: *„Ich fühlte mich natürlich erleichtert, nachdem das ein für allemal geregelt war."* In dem nach dem Tod des Kaisers tobenden Machtkampf um die Regentschaft für den noch unmündigen Thronfolger konnten sich Xianfengs Hauptfrau und seine Nebenfrau behaupten. Sie wurden als Kaiserinwitwen anerkannt und erhielten ein kaiserliches Siegel. Nach ihren jeweiligen Wohnorten hießen sie Kaiserinwitwe Ci'an („Östliche Kaiserin") und Kaiserinwitwe Cixi („Westliche Kaiserin").

Mithilfe des Prinzen Gong, eines Bruders des verstorbenen Kaisers, und ihm ergebener Truppen wurde der den beiden Regentinnen nicht wohl gesonnene, einflussreiche Großsekretär Su Shun samt seinen Anhängern beseitigt. Die

Absender

Name, Vorname

Straße, Nr.

Plz, Ort

Telefonnummer *

Faxnummer *

Email *

Unterschrift

Für Ihre schnelle Anfrage:
info@marixverlag.de

Rückantwort

marixverlag **GmbH**
Römerweg 10
65187 Wiesbaden

Diese Karte entnahm ich dem Buch:

☐ Bitte schicken Sie mir das Gesamtverzeichnis **marix**verlag.

☐ Bitte informieren Sie mich regelmäßig über Neuerscheinungen.

☐ Bitte schicken Sie mir das Gesamtverzeichnis Edition Erdmann „Alte Abenteuerliche Reise- und Entdeckerberichte".

Alle Informationen unter www.marixverlag.de

Mich interessieren folgende Themen:

☐ Geschichte

☐ Philosophie

☐ Weltreligionen

☐ Judaika

☐ Weltliteratur

☐ Kunst

beiden Kaiserinwitwen repräsentierten den minderjährigen Tongzhi-Kaiser nach außen, die politische Willensbildung lag aber bei den Mitgliedern des Staats- oder Großrats, in dem anfänglich die Fraktion um den Prinzen Gong dominierte.

1873 wurde Kaiser Tongzhi für volljährig erklärt. Der junge Monarch, der der Politik und den Regierungsgeschäften kein großes Interesse entgegenbrachte, verstarb bereits zwei Jahre später kinderlos. Die ehrgeizige Cixi konnte durchsetzen, dass ihr minderjähriger Neffe Guangxu Kaiser wurde. Wiederum vertraten die beiden Kaiserinwitwen den neuen Kindkaiser nach außen. Nach dem Tod von Ci'an im Jahr 1881 führte Cixi alleine die Regentschaft. Wie schon der frühe Tod ihres Sohnes sorgte auch Ci'ans Ableben für Gerüchte. Angeblich soll Cixi in beiden Fällen ihre Hand dabei im Spiel gehabt haben.

Während in der Zeit der ersten Regentschaft von Cixi Versuche unternommen wurden, den wirtschaftlichen, technologischen und militärischen Rückstand Chinas gegenüber dem Westen aufzuholen und Reformen durchzuführen, war die Ära ihrer zweiten Regentschaft von einem starrköpfigen Konservatismus geprägt. Zu den Europäern und Nordamerikanern, die das chinesische Kaiserreich in dieser Zeit immer mehr bedrängten, gesellten sich seit 1871 noch die Japaner. China sah sich zu weiteren Gebietsabtretungen und Handelskonzessionen genötigt. Die Mandschu-Dynastie verlor zunehmend an Ansehen.

Als der junge Kaiser Guangxu 1889 volljährig wurde, zog sich die Kaiserinwitwe aus der Politik zurück. Mit seinem großangelegten, aber überstürzten Reformprogramm und der Entlassung bisheriger Amtsinhaber erregte der Kaiser 1898 den Widerstand der konservativen Kreise. Nachdem diese bei Cixi interveniert hatten, ging sie gegen die Reformpolitik ihres Neffen vor, was für das Land und die Dynastie schwerwiegende Folgen haben sollte. Mithilfe des Militärbefehlshabers Yuan Shikai übernahm sie staatsstreichartig zum dritten Mal die Außenvertretung für den entmachteten Guangxu.

Durch ihre reaktionäre Politik schufen Cixi und der Großrat in China den Boden für die subversiven Tätigkeiten von Geheimgesellschaften. Es gelang, die der Qing-Dynastie geltende Aggression in der Bevölkerung auf die ausländischen Mächte umzuleiten und diesen allein die Schuld an Chinas Niedergang anzulasten, was 1900 zum Boxeraufstand junger nationalistischer Chinesen unter Duldung der chinesischen Regierung führte. Erst nach der brutalen Niederschlagung des christen- und fremdenfeindlichen Boxeraufstandes durch die verbündeten ausländischen Mächte und deren harten Friedensbedingungen 1901 wurde Cixi bewusst, wie dringend nötig eine Modernisierung des damals fast bankrotten Chinas nach westlichem Vorbild war. Ab 1903 wurden erste Reformen eingeleitet. Für 1917 stellte sie die Einführung der konstitutionellen Monarchie in Aussicht. All dies vermochte nicht mehr den Untergang der Qing-Dynastie aufzuhalten, deren Herrschaft 1912 mit der Ausrufung der Republik endete. Durch ihren Tod am 15. November 1908 an Influenza musste Cixi dies nicht mehr miterleben. In ihrem Abschiedsgruß an das Kaiserreich erklärte sie: *„Wenn ich in meinen Erinnerungen der letzten fünfzig Jahre zurückblicke, sehe ich, wie Unglück von innen und Aggression von außen in erbarmungsloser Abfolge über uns gekommen sind, und daß es in meinem Leben nie einen Moment der Verschonung von Sorgen gegeben hat."* Da Kaiser Guangxu noch kurz vor ihr erbenlos verstarb, bestimmte Cixi mit ihrem Großneffen Pu Yi wieder ein Kind zum Kaiser. Er wurde Chinas letzter Kaiser.

Liliuokalani

* 1838 in Honolulu
† 1917 in Honolulu
Königin von Hawaii 1891–1893

Zu Beginn des 19. Jahrhunderts war aus der von Polynesiern bewohnten Inselkette Hawaii im Pazifischen Ozean ein Königreich geworden. Die letzte Königin, mit der auch die hawaiische Selbstbestimmung endete, entstammte einer angesehenen Familie, die eng mit dem dortigen Königshaus verwandt war. Bei ihrer Geburt hieß die spätere Monarchin Lydia Kamakaeha. Sie kam am 2. September 1838 als Tochter von Häuptling Kapaakea in Honolulu zur Welt. Ihre Mutter Keohokalole spielte als Mitglied im Beraterkreis von König Kamehameha III. eine wichtige Rolle in der Politik des Königreichs.

Gemäß hawaiischer Tradition wuchs die Prinzessin im Haushalt eines anderen Häuptlings auf. Im Alter von vier Jahren wurde sie in der von amerikanischen Missionaren geführten Königlichen Schule eingeschult, wo sie eine christlich-europäisch geprägte Erziehung erhielt. Sie lernte dort nicht nur Englisch, sondern konvertierte auch zur kongregationalistischen Kirche. Ursprünglich sollte sie den Sohn von König Kamehameha IV. heiraten, doch sie ging stattdessen am 16. September 1862 die Ehe mit dem Amerikaner und Regierungsbeamten John Owen Dominis ein, die allerdings kinderlos blieb.

Da die Ehe ihres Bruders David Kalakaua, der seit 1874 als gewählter König über Hawaii herrschte, ohne Erben blieb und ihr anderer Bruder William Leleiohoku bereits 1877 verstarb, wurde Lydia Thronerbin. Als sie am 10. April 1877 zur Thronfolgerin bestimmt wurde, nahm sie ihren königlichen Namen Liliuokalani an. Sie gründete mehrere Schulen, um vor allem jungen Frauen hawaiischer Abstammung eine bessere Ausbildung zu ermöglichen. 1887 unternahm sie gemeinsam mit ihrem Ehemann eine Reise nach Europa, wo sie u. a. mit der britischen Königin Viktoria zusammentraf, die einen tiefen Eindruck auf sie machte.

Nach dem Tod ihres Prunk liebenden Bruders Kalakaua wurde Liliuokalani am 29. Januar 1891 zur Königin von Hawaii proklamiert. Ein Journalist beschrieb die neue Herrscherin als eine imposante Erscheinung, die *„ein erstaunlich reines und elegantes Englisch"* spreche. *„Ihr Auftreten war würdevoll, und sie hatte die selbstverständliche Autorität einer Frau, die gewöhnt ist zu herrschen."* Sieben Monate nach ihrer Thronbesteigung verstarb ihr Ehemann Dominis, für den sie ein großartiges Begräbnis ausrichten ließ.

Liliuokalanis Versuche, der hawaiischen Krone wieder mehr politischen Spielraum zu verschaffen, waren von vornherein zum Scheitern verurteilt. Nach der Aufhebung des Zollvorteils bei der Einfuhr von hawaiischem Zucker in die Vereinigten Staaten von Amerika im Jahr 1890 war eine schwere Wirtschaftskrise in dem pazifischen Königreich ausgebrochen, da die dortige Wirtschaft vollständig vom Zucker abhing, dessen Hauptabnehmer die USA waren. Die überwiegend aus Amerika stammenden wohlhabenden ausländischen Geschäftsleute, Händler und Großgrundbesitzer in Hawaii sahen deshalb in einer Annexion des Landes durch die Vereinigten Staaten die ihnen genehme Lösung. Als die Königin 1893 daher den Versuch unternahm, per Edikt eine neue Verfassung einzuführen, die sowohl der Monarchie als auch den indigenen Ureinwohnern mehr Rechte verschaffen sollte, begründete eine Gruppe einflussreicher Ausländer aus Sorge um den Verlust ihrer bisherigen großzügigen wirtschaftlichen Privilegien ein „Komitee für öffentliche Sicherheit". Dieses bestens organisierte Komitee, in dem der Plantagenbesitzer Sanford Ballard Dole federführend war, engagierte sich für die Abschaffung der Monarchie. Mithilfe einer im Hafen von Honolulu liegenden amerikanischen Marineeinheit gelang es den Putschisten, alle wichtigen Positionen in der Hauptstadt zu besetzen. Um Blutvergießen zu vermeiden, verzichte Königin Liliuokalani am 17. Januar 1893 *„unter Protest"* auf ihre Machtausübung. Während Dole eine provisorische Regierung bildete, wandte sie sich brieflich an den neuen amerikanischen Präsidenten Grover Cleveland, dem sie schrieb, dass sie sicher sei, dass seine Regierung *„alle Ungerechtigkeiten, die uns möglicherweise zugefügt wurden, wieder gutmachen"* würde. Da die Mehrheit der Hawaiianer gegen den Staatsstreich war, sprach sich Cleveland für die entmachtete Königin aus, was allerdings auf Dole und seine provisorische Regierung keinerlei Eindruck machte, sondern Anfang Juli 1894 zur Ausrufung der Republik Hawaii führte.

Anfang 1895 unternahmen Royalisten den erfolglosen Versuch, die Unabhängigkeit Hawaiis zu retten und der Königin wieder zur Macht zu verhelfen. Weil die Königin diese Bestrebungen unterstützt hatte, wurde Liliuokalani nach der Niederschlagung der Rebellion festgenommen und wegen Hochverrats vor einem Militärtribunal angeklagt. Der von ihr als erniedrigend empfundene Prozess fand in ihrem früheren Thronsaal statt. Sie wurde zu einer Geldstrafe in Höhe von 5000 Dollar sowie zu fünf Jahren Haft bei harter Arbeit verurteilt. Die Strafe wurde jedoch in dieser Form nicht umgesetzt. Liliuokalani wurde für acht Monate im Iolani-Palast unter Hausarrest gestellt. Sie nutzte diese Zeit u. a. dafür zu komponieren. Wie andere Mitglieder des hawaiischen Königshauses war sie musikalisch begabt und beherrschte mehrere Instrumente. Sie komponierte im Lauf ihres Lebens mehr als 150 Lieder. Zu ihren Werken gehört auch das weltbekannte, um 1890/91 erstmals publizierte Lied „Aloha Oe" (Lebe wohl). Um ihre ins Gefängnis geworfenen Unterstützer freizubekommen, dankte Liliuokalani am 24. Januar 1895 formell ab. Bei einer 1896 nach Washington, D. C., unternommenen Reise konnte sie erwartungsgemäß nichts für die Unabhängigkeit Hawaiis erreichen. Im wegen Kuba ausgebrochenen Spanisch-Amerikanischen Krieg wurde Hawaii 1898 aufgrund seiner strategischen Lage im Pazifik von den USA endgültig annektiert. Liliuokalani publizierte in diesem Jahr ein Buch über die Geschichte der Inselgruppe, „Hawaii's Story". 1900 wurde Hawaii ein Territorium der USA. Erst 1993 entschuldigte sich der amerikanische Kongress auf Betreiben von Präsident Bill Clinton offiziell bei den Ureinwohnern von Hawaii für ihnen zugefügtes Unrecht.

Liliuokalani verbrachte den Rest ihres Lebens im Haus ihres verstorbenen Mannes in Honolulu und hielt unbeirrt an ihrem Herrschaftsanspruch fest. Am 11. November 1917 starb sie an den Folgen eines Schlaganfalls. Ihr Schicksal inspirierte den ungarischen Komponisten Paul Abraham zu der 1931 uraufgeführten und mit Jazz-Elementen angereicherten Operette „Die Blume von Hawaii".

Maria Christina von Habsburg-Lothringen

* 1858 in Groß Seelowitz
† 1929 in Madrid
Regentin des Königreichs
Spanien 1885–1902

Die für die spanische Monarchie bedeutende Königin-Regentin Maria Christina kam auf Schloss Groß Seelowitz in Südmähren als Tochter von Erzherzog Karl Ferdinand und seiner Gemahlin Elisabeth am 21. Juli 1858 auf die Welt und erhielt die für Erzherzoginnen typische katholisch-konservativ geprägte Erziehung. Am 10. Oktober 1878 wurde Maria Christina zur Äbtissin des 1755 von Kaiserin Maria Theresia gegründeten Adeligen Damenstifts auf dem Hradschin in Prag ernannt. Es handelte sich dabei allerdings um einen reinen Ehrentitel.

Mit der Wiedereinführung der Monarchie in Spanien bestieg der seit seinem elften Lebensjahr im Exil lebende Alfons XII. Ende Dezember 1874 den Thron. Im Januar 1878 ging er zur Freude seiner Untertanen eine echte Liebesheirat mit seiner Cousine Maria de las Mercedes von Orléans-Montpensier ein. Da der Bourbone nach nur sechsmonatiger Ehe Witwer wurde, musste er sich trotz tiefer Trauer zur Sicherung der Thronfolge möglichst rasch wieder verheiraten. Ein erst im September auf ihn verübtes Attentat und seine schwache Gesundheit ließen dies geraten erscheinen. Mit Zustimmung der königlichen Familie suchte der einflussreiche spanische Staatsmann Antonio Cánovas del Castillo die Habsburgerin Maria Christina als geeignete neue Gattin für den Monarchen aus. Im Stillen hatte auch deren Mutter bereits ihre Hoffnungen darauf gesetzt. Im Sommer 1879 wurde für den König ein Zusammentreffen mit seiner Braut in spe und deren als ausgesprochen gut aussehend geltenden Mutter in Frankreich organisiert. Alfons teilte seinen Schwestern wenig beeindruckt mit: *„Die Mutter gefällt mir sehr, aber es ist die Tochter, die ich heiraten muss."* Aus Gründen der Staatsräson heiratete er trotzdem die für ihn ausgewählte Braut am 29. November 1879 in Madrid.

Während der König eine kühl-distanzierte Haltung gegenüber seiner zweiten Gattin einnahm, brachte ihm Maria Christina echte Liebe entgegen, obwohl ihr bekannt war, dass sie von Alfons betrogen wurde. Die zurückhaltende, zunächst wenig populäre neue Königin wusste nach außen hin ihre Würde und Haltung zu wahren. Sie bemühte sich, sich den spanischen Gepflogenheiten vollständig anzupassen. Sie gab deshalb sogar vor, sich für Stierkämpfe zu begeistern, obgleich sie sie in Wirklichkeit verabscheute. Ihre Position war nach der Geburt von zwei Töchtern schwierig, da der Hauptzweck ihrer Ehe einzig und allein die Geburt eines männlichen Thronfolgers war. Als der erst 27 Jahre alte König Alfons XII. am 25. November 1885 an seiner Tuberkuloseerkrankung verstarb, war seine Witwe zum dritten Mal schwanger. Verfassungsgemäß übernahm Maria Christina zunächst für ihre älteste Tochter María de las Mercedes die Regentschaft, bevor am 17. Mai 1886 der ersehnte Sohn geboren wurde, der sofort nach seiner Geburt als Alfons XIII. zum König ausgerufen wurde. Nach den Worten des damaligen spanischen Premierministers besaß das Land damit *„die kleinstmögliche Menge König"*.

Zu Lebzeiten ihres liberal eingestellten Ehemannes hatte sich Maria Christina von der Politik weitgehend ferngehalten. Nach der Übernahme der Regentschaft sah sich die intelligente Habsburgerin vor die schwierige Aufgabe gestellt, als politisch unerfahrene Ausländerin die von Alfons XII. begonnene, aber noch keineswegs gesicherte innere Konsolidierung Spaniens weiter auszubauen. Trotzdem ließ sie vom ersten Moment an keinen Zweifel daran aufkommen, dass sie entschlossen war, den Thron für ihre Kinder zu sichern. In enger Zusammenarbeit mit den führenden Staatsmännern Spaniens sollte ihr diese komplizierte Obliegenheit auch gelingen. Sie verstand es außerdem, an Achtung und Beliebtheit zu gewinnen. Ihr Leben bestand nur noch aus Pflichterfüllung. Streng achtete die fromme Regentin darauf, dass ihr Privatleben im Gegensatz zu jenem ihrer im Exil lebenden skandalumwitterten Schwiegermutter, Königin Isabella II., keinerlei Stoff für Klatsch und Gerüchte lieferte. Das gesellschaftliche Leben am spanischen Königshof bekam unter *„Doña Virtudes"* einen eher freudlos-langweiligen Anstrich.

Maria Christina wusste die großen Befugnisse, die ihr die spanische Verfassung von 1876 einräumte, klug zu nutzen. Sie mischte sich wenig in die aktuelle Tagespolitik ein. Als möglichst unparteiisch auftretende Königin-Regentin arbeitete sie sowohl mit den Liberalen als auch den Konservativen zusammen. Diese beiden Parteien wechselten einander in der Regierung des Landes ab. Die sozialistische Arbeiterpartei spielte im Parlament noch keine größere Rolle. Persönlich stand der von ihrer Prägung her eigentlich erzkonservativen Regentin der Führer der Liberalen, Práxedes Mateo Sagasta, näher als der konservative Cánovas. Durch das Einvernehmen zwischen den beiden größten Parteien und deren reibungslose Zusammenarbeit mit der Regentin wurde republikanischen Putschversuchen vorgebeugt.

In der Zeit von Maria Christinas Regentschaft erfolgte eine Modernisierung Spaniens. Verwaltung und Justizwesen wurden zentralisiert. Ein Vereins- und Versammlungsrecht wurde geschaffen, das Bürgerliche Gesetzbuch sowie Geschworenengerichte eingeführt. Alle spanischen Männer über 25 Jahre erhielten das allgemeine Wahlrecht. Um den radikalen separatistischen Bewegungen in Katalonien und im Baskenland den Boden zu entziehen, wurden Verbesserungen im Sozial- und Bildungswesen angestrebt, was jedoch nicht sehr weit gedieh. Das kulturelle Leben erfuhr eine neue Blüte.

Während eine weitgehende innere Konsolidierung des Königreichs gelang, konnte Spaniens außenpolitischer Abstieg nicht von der Regentin verhindert werden. Nach dem 1898 verlorenen Krieg gegen die Vereinigten Staaten von Amerika gingen die letzten spanischen Überseekolonien verloren, was in Spanien als nationale Katastrophe empfunden wurde. Kuba erlangte seine Unabhängigkeit. Puerto Rico, Guam und die Philippinen mussten an die USA abgetreten werden. Das deutsche Kaiserreich nutzte die Schwäche Spaniens, um 1899 gegen die Zahlung von 17 Millionen Mark die Überlassung der Karolinen und Marianen durchzusetzen. Die bereits gefestigte spanische Monarchie konnte durch diese außenpolitischen Rückschläge nicht mehr ernsthaft erschüttert werden. Im Allgemeinen verfolgte die Regentin angesichts der Tatsache, dass Spanien keine Großmacht mehr war, eine vorsichtig defensive und neutrale Außenpolitik.

Am 17. Mai 1902 übergab Maria Christina die Regierung an ihren sechzehn Jahre alten Sohn, der nun als volljährig galt. In einem Brief an den Präsidenten der Cortes, der Ständeversammlung, erklärte sie: *„Da ich mit dem heutigen Tage die Regentschaft zurücklege, in die ich im Augenblick größter Trauer und unerwarteter Witwenschaft von der Verfassung gerufen wurde, ist es mein inniger Wunsch, dem spanischen Volk meinen aufrichtigen Dank für die Liebe und Treue, die es mir überall und zu jeder Zeit erwiesen hat, auszusprechen."* Sie widmete sich jetzt vor allem karitativen Aufgaben. Dank ihrer langjährigen Erfahrungen konnte sie ihren Sohn in manchen politischen Entscheidungen als Beraterin dienen. Sie musste allerdings noch erleben, wie Spanien unter der Regierung von Alfons XIII. in eine schwere Krise geriet. Im Gegensatz zu ihrem Sohn lehnte sie die 1923 nach einem unblutigen Putsch errichtete Militärdiktatur von Miguel Primo de Rivera ab. Am 6. Februar 1929 verstarb die Königinwitwe unerwartet an Angina pectoris. Zwei Jahre später musste Alfons XIII. ohne formelle Abdankung ins Exil gehen. Die nachfolgende Zweite Spanische Republik versank bereits 1936 im Bürgerkrieg.

Wilhelmina

* 1880 in Den Haag
† 1962 in Apeldoorn
Königin der Niederlande
1890–1948

Eine der bedeutendsten Herrschergestalten aus dem Hause Oranien ist sicherlich Königin Wilhelmina. Sie selbst bekannte offen, dass sie „*eine große Herrin war, jemand, der immer das letzte Wort und alles nach seinem Sinn haben wollte*". Wilhelmina kam am 31. August 1880 im Palais Noordeinde in Den Haag auf die Welt. Sie war das einzige Kind aus der zweiten Ehe des niederländischen Königs Wilhelm III. mit Prinzessin Emma von Waldeck und Pyrmont. Dank der Tatsache, dass die Söhne aus der ersten Ehe des Königs alle vor ihrem Vater ohne Hinterlassung legitimer Erben verstorben waren, wurde die zehnjährige Prinzessin bei Wilhelms Tod am 23. November 1890 seine Nachfolgerin auf dem Thron. Mit ihr wurde erstmals eine Frau Königin der Niederlande. Wilhelminas Minderjährigkeit machte es jedoch erforderlich, dass ihre Mutter für sie die Regentschaft von 1890 bis 1898 führte. Da das Großherzogtum Luxemburg, das bisher in Personalunion mit der niederländischen Krone vereinigt gewesen war, keine weibliche Erbfolge kannte, fiel 1890 die großherzogliche Krone an das Haus Nassau-Weilburg. Um der niederländischen Bevölkerung ihre zukünftige Monarchin vorzustellen, bereiste Königinwitwe Emma in den kommenden Jahren mit ihrer Tochter alle Landesteile.

Wilhelmina wurde im traditionellen höfischen Stil durch Hauslehrer erzogen. Ihre Mutter legte dabei auf eine sorgfältige Ausbildung Wert, die ihre Tochter möglichst gut auf ihre zukünftige Aufgabe vorbereitete. Als echte

Spielkameraden kannte das eigensinnige Mädchen eigentlich nur Puppen und Tiere. Diese Isolierung beklagte sie im Rückblick.

Nachdem sie mit achtzehn Jahren für volljährig erklärt worden war, wurde Wilhelmina am 6. September 1898 in der Amsterdamer Nieuwe Kerk als Königin gehuldigt. In ihrer Thronrede gab sie kund, dass es ihr Ziel sei, *„zu regieren, wie es von einer Fürstin aus dem Hause Oranien erwartet wird"*. In den nächsten Jahren galt es für die junge Monarchin vor allem, einen geeigneten Ehemann zu finden, um das Fortleben der Dynastie zu sichern. Die Wahl fiel schließlich auf Herzog Wilhelm zu Mecklenburg-Schwerin, nachdem andere Kandidaten aus politischen oder persönlichen Gründen ausgeschieden waren. Die am 7. Februar 1901 geschlossene Ehe stand im Ruf, nicht sehr glücklich zu sein. Das unterschiedlich veranlagte königliche Paar distanzierte sich in späteren Jahren voneinander. Dem von der vornehmen holländischen Gesellschaft als linkisch verachteten Prinzgemahl war es nicht gestattet, sich in politische Belange einzumischen. Sein öffentliches Auftreten beschränkte sich auf seine Aktivität als Vorsitzender des Roten Kreuzes und des Pfadfinderbundes. Ansonsten durfte er sich um die Verwaltung der königlichen Schlösser kümmern. Nach mehreren Fehlgeburten brachte Wilhelmina am 30. April 1909 ihr einziges Kind, Prinzessin Juliana, zur Welt.

Ihrem königlichen Amt, das sie später als *„Käfig"* bezeichnete, ging Wilhelmina voll Pflichteifer nach. Vor allem die zeremonielle und offizielle Seite empfand sie *„als leer und seelenlos"*. Selbstbewusst nutzte sie ihr Recht, dass sie jeder Regierungshandlung zustimmen musste, um eigene Ansichten durchzusetzen. Während sie sozialen Fragen weniger Beachtung schenkte, galt ihr Hauptaugenmerk der Außenpolitik und militärischen Angelegenheiten. Zwar respektierte sie die Verfassung, doch in erster Linie sah sich die fromme Protestantin als von Gott berufen an. In späteren Jahren bekam ihr religiöses Interesse einen

schwärmerischen Anflug. Obwohl sie in den ersten Jahrzehnten ihrer Regierungszeit keine wirklich populäre
Herrscherin war, war es ihrem Ansehen bei den Holländern
zu verdanken, dass die Monarchie bei den revolutionären
Unruhen im November 1918 nicht unterging. Im Verlauf
ihrer Herrschaft kam es in den Niederlanden zu einer De-
mokratisierung der staatlichen Institutionen. Parallel dazu
erfuhr die Monarchie wieder einen stärkeren Rückhalt in
der Bevölkerung.

Während des Ersten Weltkriegs verstand sie es, erfolgreich die Neutralität ihres Königreichs zu wahren. *„Jederzeit
bereit zu sein, war meine erste Pflicht"*, umschrieb sie ihre Aufgabe in jenen schwierigen Jahren rückblickend. Die Flucht
des deutschen Kaisers Wilhelm II. im November 1918 in die
Niederlande überraschte Wilhelmina, die ihm nach kurzer
Bedenkzeit politisches Asyl gewährte und hernach seine
Auslieferung als „Kriegsverbrecher" an die siegreichen En-
tente-Mächte verweigerte. Trotz starken politischen Drucks
durch die Alliierten bestärkte sie die niederländische Regierung darin, das Auslieferungsbegehren abzulehnen. Der
Exmonarch bewies wenig Verständnis für das Dilemma,
in das er die Königin gestürzt hatte, und stempelte ihre
Zurückhaltung als *„geradezu schandbar"* ab.

Im Zweiten Weltkrieg bewahrten die Niederlande ebenfalls Neutralität. Das von Königin Wilhelmina gemeinsam
mit dem belgischen König Leopold III. im November 1939
unterbreitete Angebot zur Friedensvermittlung an Großbritannien, Frankreich und Deutschland wurde von der
britischen und französischen Regierung zurückgewiesen.
Im Mai 1940 wurden die Niederlande von deutschen Truppen besetzt. Die Königin fasste dies als eine persönliche
Beleidigung auf. Selbst nach dem Kriegsende behielt sie
eine antideutsche Einstellung bei und soll nicht mehr
deutsch gesprochen haben. Wilhelmina wich mit ihren
Regierungsmitgliedern nach London aus, wo sie eine
Exilregierung bildete. Rückblickend kommentierte sie die

Ereignisse folgendermaßen: *„Ich war mir natürlich voll und ganz bewußt, welchen bestürzenden Eindruck dieses Weggehen zu Hause machen würde, aber da das Landesinteresse es forderte, sah ich mich verpflichtet, die Schmach dieser scheinbaren Flucht auf mich zu nehmen."* Durch ihre Radioansprachen wurde sie zur Symbolfigur des niederländischen Widerstands. Der britische Premier Winston Churchill zollte der mit ihren eher schwachen Ministern ruppig umspringenden Monarchin Respekt. Sie war seiner Ansicht nach *„der einzige Kerl"* unter den in London versammelten Exilpolitikern. Im Frühjahr 1945 kehrte sie in die Niederlande zurück, wo sie als „Mutter der Nation" begeistert begrüßt wurde. Wilhelminas idealistische Hoffnungen auf eine durchgreifende Erneuerung des Landes erfüllten sich allerdings nicht. In die Endphase ihrer Regierung fiel der Indonesische Unabhängigkeitskrieg, der das Ende der damaligen Kolonie Niederländisch-Indien besiegelte.

Nach ihrer Abdankung zugunsten ihrer Tochter Juliana am 4. September 1948 zog sich die seit 1934 verwitwete Wilhelmina nach Schloss Het Loo bei Apeldoorn zurück und legte fast alle offiziellen Ämter nieder. Neben geistlicher Lektüre beschäftigte sie sich viel mit Malen. Außerdem verfasste sie in dieser Zeit ihre Erinnerungen „Eenzaam maar niet alleen", die 1959 erschienen. Die deutsche Ausgabe „Einsam und doch nicht allein" kam 1961 auf den Markt. Es handelt sich dabei nicht so sehr um Memoiren im klassischen Sinn, sondern um die Geschichte eines religiösen Entwicklungsgangs. Sie starb am 28. November 1962.

Marie-Adelheid

* 1894 in Luxemburg
† 1924 auf Schloss Hohenburg
bei Lenggries
Großherzogin von Luxemburg
1912–1919

Mit dem Aussterben des niederländischen Königshauses Oranien-Nassau 1890 im Mannesstamme endete die seit 1815 bestehende Personalunion Luxemburgs mit den Niederlanden. Im Großherzogtum gelangte das Haus Nassau-Weilburg auf den Thron, da hier das salische Erbfolgerecht galt, das Frauen von der Thronfolge ausschloss. Mit der rein weiblichen Nachkommenschaft von Großherzog Wilhelm IV. wurde jedoch eine Änderung des Erbfolgerechts nötig.

Die am 14. Juni 1894 auf Schloss Berg in Luxemburg geborene Prinzessin Marie-Adelheid war die älteste von sechs Töchtern des Großherzogs Wilhelm IV. und der Infantin Maria Anna von Portugal. Wegen des Fehlens von männlichem Nachwuchs musste die Erbfolgeordnung im Großherzogtum zugunsten der Töchter Wilhelms nach dem Recht der Erstgeburt geändert werden. Am 5. Juli 1907 stimmte die Abgeordnetenkammer mehrheitlich dem neuen Erbfolgegesetz zu, obwohl es im Vorfeld zu ersten antimonarchischen Äußerungen durch die Sozialisten im Parlament gekommen war. Mit dem Erlass vom 25. Februar 1908 wurde Prinzessin Marie-Adelheid der Titel einer Erbgroßherzogin von Luxemburg, Erbprinzessin zu Nassau und das Prädikat Königliche Hoheit verliehen.

Kindheit und Jugend der Thronerbin standen ganz unter dem Eindruck der schweren Erkrankung ihres Vaters. Seit 1908 übte Großherzogin Maria Anna die Regentschaft für ihren nicht mehr regierungsfähigen Gemahl aus. Die Töchter des großherzoglichen Paars wuchsen mehr oder weniger in der Atmosphäre eines Sterbehauses auf. Vor allem Marie-Adelheid wurde als Älteste in die Pflege des Vaters mit einbezogen.

Nach dem Tod von Großherzog Wilhelm IV. am 25. Februar 1912 führte seine Witwe für wenige Monate die Regentschaft fort, bis ihre Tochter mit Erreichen der Volljährigkeit am 15. Juni 1912 die Regierung antreten konnte. Die nur ein paar Jahre dauernde Regierungszeit der jungen, politisch unerfahrenen Großherzogin wurde von innenpolitischen Krisen und dem Ersten Weltkrieg überschattet. Im Gegensatz zu ihren unmittelbaren Vorgängern versuchte Marie-Adelheid aktiven Einfluss auf die Regierungsgeschäfte auszuüben. Sie verstand ihr Amt nicht als rein repräsentative Würde, auf die sich die Rolle des Monarchen in einer konstitutionellen Erbmonarchie weitgehend zu beschränken hatte. Die rasch voranschreitende politische Entwicklung hin zum parlamentarischen System war ihr in ihrem höfischen Umfeld nicht bewusst geworden.

Gleich zu Beginn ihrer Herrschaft kam es zu schwerwiegenden Konflikten über ein neues, von der linksgerichteten Mehrheit der Abgeordnetenkammer eingebrachtes Schulgesetz. Das Gesetz sah die Unentgeltlichkeit des Unterrichts, die Erhöhung der Schulpflicht auf sieben Jahre und eine Vermehrung der Unterrichtsfächer vor. Obwohl der Religionsunterricht dadurch in keiner Weise tangiert wurde, befürchtete die katholische Kirche eine Entchristianisierung des Schulwesens, da ihr Einfluss bei der Einstellung des Lehrpersonals und der Schulaufsicht abgeschafft werden sollte. Die katholische Kirche lief daher Sturm gegen dieses Gesetz. Als bekannt wurde, dass die Großherzogin als tiefgläubige Katholikin zögerte, das Gesetz zu unterschreiben, wurde dies von der Presse als das Ergebnis einer klerikalen Einwirkung interpretiert. Nachdem sie das Gesetz unterzeichnet hatte, wurde die junge Herrscherin sowohl von den Vertretern der liberal-sozialistischen Linken als auch von den katholischen Rechten angefeindet.

Die nächste innenpolitische Krise wurde ausgelöst, als es die Großherzogin mehrmals ablehnte, Persönlichkeiten, die im Ruf des Freidenkertums standen, in öffentliche Ämter zu berufen. Schlecht beraten, glaubte Marie-Adelheid im Herbst 1915, eine konservative Minderheitsregierung einsetzen zu können, scheiterte damit aber in der Abgeordnetenkammer, die dem Kabinett das Vertrauen verweigerte. Die Großherzogin löste daraufhin das Parlament auf und ordnete Neuwahlen an. Während des Wahlkampfes wurde auch sie angegriffen. Die Neuwahlen schwächten zwar die Linke, doch für eine absolute Mehrheit der Rechten reichte es nicht. Indirekt bedeutete dies eine Niederlage für die Großherzogin. Sie bemühte sich nun um einen Ausgleich, nahm die ihr laut der Verfassung von 1868 zustehenden Prärogativen nicht mehr wahr und beschränkte sich hauptsächlich auf repräsentative Aufgaben. Die Politiker des Linksblocks warfen ihr trotzdem immer wieder absolutistische Herrschermethoden vor.

Außenpolitische Probleme, die im Zuge der Besetzung des Großherzogtums durch deutsche Truppen im Ersten Weltkrieg entstanden, verschärften die Lage der Großherzogin. Zwar hatte Marie-Adelheid umgehend gegen den Bruch der luxemburgischen Neutralität protestiert, doch sah sie sich schon bald ins politische Zwielicht gesetzt. Wenig taktvoll bestand der deutsche Kaiser Wilhelm II., der im August 1914 sein Hauptquartier in Luxemburg aufgeschlagen hatte, am 6. September 1914 nämlich darauf, der Fürstin einen offiziellen Besuch abzustatten, was sie schlecht abschlagen konnte. Sie wurde darin auch von ihrem Staatsminister Paul Eyschen bestärkt. Den üblichen Gegenbesuch lehnte sie ab. Zusätzlicher Zündstoff lag in der überwiegend deutschen Zusammensetzung ihres Hofstaats. Die Ende August 1918 erfolgte Verlobung ihrer Schwester Antonia mit dem bayerischen Kronprinzen Rupprecht, der zugleich deutscher

Generalfeldmarschall und Armeeführer in Flandern war, wurde ebenso negativ gewertet wie die im Oktober 1918 bekannt gewordene Verlobung ihrer Schwester Charlotte mit dem Prinzen Felix von Bourbon-Parma, dem Schwager des österreichischen Kaisers.

Nach dem Ende des Kriegs brachte ihr dies vonseiten der Alliierten und ihrer politischen Gegner den Vorwurf der Deutschenfreundlichkeit und der mangelnden Vaterlandsliebe ein. Die luxemburgische Bevölkerung zeigte sich über die weitere Zukunft des Landes gespalten. Ein Anschluss an Belgien oder Frankreich wurde diskutiert. Vor allem Belgien erhob Anspruch auf das Großherzogtum. Die langjährige innenpolitische Krise und der anschwellende außenpolitische Druck mündeten in Unruhen. Liberale und sozialistische Aktivisten riefen in der Hauptstadt die Republik aus, die allerdings keinen Bestand hatte. Die Regierung fühlte sich der Situation nicht mehr gewachsen und legte der Großherzogin die alleinige Verantwortung für die Entwicklung zur Last. Am 9. Januar 1919 sah sie sich daher gezwungen abzudanken. In ihrer Abdankungsproklamation versicherte sie nochmals ihr Anliegen: *„Bei der Erfüllung meiner Aufgabe war Ich stets beseelt von der Liebe zu meinem Lande und dem Wunsche, zur Hebung seines moralischen und geistigen Wohles beizutragen.“* Ihre Schwester Charlotte folgte ihr auf den luxemburgischen Thron nach und regierte bis 1964.

Die ehemalige Großherzogin verließ noch im Januar 1919 ihre Heimat, um im Herbst 1920 in ein Karmeliterinnenkloster in Modena einzutreten. Aus gesundheitlichen Gründen wechselte sie in den Orden der „Kleinen Schwestern der Armen“ in Rom. Ihr sich zunehmend verschlechternder Gesundheitszustand zwang sie zur Aufgabe des Ordenslebens. Am 24. Januar 1924 starb sie auf Schloss Hohenburg in Bayern. Angeblich flüsterte sie auf ihrem Sterbebett ihrer Mutter zu: *„Mir ist ja auf Erden nichts geglückt. Darum will ich sie verlassen. Ich sterbe gern.“*

Sālote Tupou III.

* 1900 in Nuku'alofa
† 1965 in Auckland
Königin von Tonga 1918–1965

Das polynesische Königreich Tonga besteht seit 1845. George Tupou I. hatte die Stammesfehden beendet und die 169 Inseln mit der Unterstützung methodistischer Missionare zu einem Staat vereint. 1875 erhielt der Inselstaat eine konstitutionelle Monarchie nach britischem Vorbild. Im Gegensatz zu den anderen Staaten in Ozeanien geriet Tonga nie in wirkliche koloniale Abhängigkeit.

Sālote wurde am 13. März 1900 geboren. Sie war das einzige Kind aus der zweiten Ehe von König George Tupou II. mit Lavinia Veiongo. Nach dem frühen Tod ihrer Mutter im April 1902 durch Tuberkulose heiratete ihr Vater 1909 zum dritten Mal. Unmittelbar darauf wurde Sālote zur Erziehung nach Auckland geschickt. Für die Prinzessin war dieser abrupte Wechsel der Umgebung ein Schock; denn bisher war sie gewöhnt, im Mittelpunkt der Aufmerksamkeit zu stehen. 1913 kam sie auf die Mädchenschule der englischen Hochkirche in Epsom, einem Vorort von Auckland, wo ihr eine moderne Ausbildung nach westlichen Vorstellungen vermittelt wurde. Sie vereinigte daher eine Mischung aus tongaischen und westlichen Werten in sich. Dies ermöglichte es ihr später, sich gewandt zwischen zwei Welten zu bewegen. Da auch die dritte Ehe ihres Vaters ohne Söhne blieb, galt Sālote als älteste Tochter des Königs als dessen Thronfolgerin, weshalb die Häuptlinge ihre Rückkehr nach Tonga forderten. Nach ihrer Heimkehr im Dezember 1914 lernte sie jenes traditionelle Wissen, das für eine Frau von Rang als nötig angesehen wurde.

Für Sālote war es ganz selbstverständlich, dass ihr Vater einen Ehemann für sie auswählen würde. Weil die einflussreichen Häuptlingsfamilien mit der Abkunft von Sālotes Mutter nicht einverstanden gewesen waren, achtete König Tupou II. darauf, dass der Bräutigam seiner Tochter die Zustimmung der Aristokratie fand. Am 19. September 1917 heiratete Sālote den über zwölf Jahre älteren Tungī Mailefihi, der Spross einer der vornehmsten Häuptlingsfamilien des Landes war. Auf die im westlichen Stil gefeierte Hochzeit folgte nur wenig später die traditionelle tongaische Zeremonie. Die aus dynastischen Gründen geschlossene Ehe, die sicherstellte, dass die daraus hervorgehenden Kinder in sich das Blut der großen Dynastien Tongas vereinigten, entwickelte sich positiv. Zwischen 1918 und 1922 brachte Sālote drei Söhne zur Welt.

Da ihr Vater bereits bald nach ihrer Heirat verstarb, bestieg Sālote Tupou III. am 5. April 1918 den Thron. Ihr Regierungsanfang war nicht einfach, weil König Tupou II. ein schwacher Herrscher gewesen war, der den Einfluss über die anderen Häuptlinge verloren und seiner Tochter ein zerrissenes Land hinterlassen hatte. Sālote war außerdem nicht auf ihr Amt vorbereitet worden. Dass ihr Ehemann Tungī Mailefihi schon über viel Erfahrung im öffentlichen Leben verfügte, erwies sich daher als nützlich. Er wurde eine so wichtige Stütze für sie, dass sie ihn 1923 als Premierminister durchsetzte.

Wesentliche Anliegen der jungen Monarchin waren eine Verbesserung des Erziehungssystems und der medizinischen Versorgung in Tonga. Bei ihrem Regierungsbeginn standen ihr allerdings viele Häuptlinge ablehnend gegenüber. Nicht nur ihre Abkunft mütterlicherseits überzeugte die Adelsfamilien wenig, sondern es gab auch generelle Vorbehalte gegen das herrschende Königshaus, dessen Erhöhung noch nicht so lange zurücklag. Mithilfe eines ausgeklügelten Systems von Belohnungen und Zuwendungen verstand sie es, diese für sich zu gewinnen. Geschickt schuf sie von sich das Bild einer allseits geschätzten und geliebten Monarchin. 1953 konnte der britische Agent und Consul J. E. Windrum vermerken: *„Die Autorität und das Prestige der Königin werden allgemein anerkannt (...) sie wird als die höchste Autorität betrachtet (...) Ihre Wünsche haben für die Mehrheit der Tongaer eine viel größere Autorität als irgendein offizielles Gesetz, und ihr in irgendeiner Art zu dienen, wird als größte Ehre betrachtet. Sie wird von ihrem Volk gefürchtet, aber auch geliebt."*

Von Anfang an zeigte sie sich an guten Beziehungen zu Großbritannien interessiert. Seit 1900 war Tonga ein britisches Protektorat. Gemäß dem Freundschaftsvertrag wurde der Regierung von Tonga ein britischer „Agent und Consul" als Berater zur Seite gestellt. Die Außenpolitik lag in den Händen der Briten, die auch bei den Finanzen ein Mitspracherecht besaßen, während die Innenpolitik Tongas davon unberührt blieb. Die Königin achtete trotzdem sorgfältig darauf, dass Tonga von den Kolonialoffizieren nicht als britischer Besitz angesehen wurde. Die Sorge vor einer möglichen Annexion des Königreichs durch die Briten wusste sie Anfang der 1920er Jahre zu nutzen, um die opponierenden Mitglieder des Parlaments auf ihre Linie zu bringen. Gerne wies sie darauf hin, dass Tonga zeigen müsse, dass es sich selbst regieren könne, damit es nicht wie andere Länder im pazifischen Raum annektiert würde. In ihrem Bestreben nach Frieden und Einigkeit für Tonga war sie nämlich nicht gewillt, den Parlamentsmitgliedern eine größere Mitsprache einzuräumen. Bei Ausbruch des Zweiten Weltkriegs beteiligte sich Tonga auf der Seite Großbritanniens und seiner Alliierten. Die Königin stellte Soldaten für den Krieg gegen Japan zur Verfügung und ließ zwei Jagdflugzeuge ausrüsten. Die Inseln dienten alliierten Truppen außerdem als Stützpunkt und Nachschubbasis.

Aus Verbundenheit mit Großbritannien reiste Sālote 1953 zu den Krönungsfeierlichkeiten von Königin Elisabeth II. nach London. Die sehr große und stattliche Monarchin gewann durch ihr leutseliges Auftreten viel Sympathien und sorgte so für internationale Aufmerksamkeit für Tonga. Da Sālote die Beratung und den Schutz durch Großbritannien schätzte, wurde 1958 der Freundschaftsvertrag in modifizierter Form erneuert. Der Agent und Consul erteilte jetzt bloß auf Ansuchen seinen Rat. Die finanzielle Kontrolle entfiel. Die Vertretung in der Außen- und Verteidigungspolitik durch Großbritannien blieb dagegen weiterhin bestehen. Erst 1970 erlangte das Königreich seine vollständige Unabhängigkeit.

Der Tod ihres Ehemannes Tungī Mailefihi im Juli 1941 traf sie nicht nur persönlich, denn Sālote verlor mit ihm ihren loyalsten Unterstützer auf politischer Ebene. Kronprinz Tupouto'a-Tungī, der seine Ausbildung überwiegend im Ausland erhalten hatte, kehrte 1942 nach Tonga zurück. Er war stark von westlichen Werten und Einstellungen geprägt. Obwohl die Königin gegenüber der Modernisierungspolitik ihres Sohnes eine ambivalente Haltung einnahm, ernannte sie ihn 1949 zum Premierminister. Sālote, deren Ziel die Erhaltung traditioneller Werte in Tonga war, missfiel generell der zu rasche Wandel in der Nachkriegszeit, der die eigene Identität der Tongaer zu bedrohen schien. Aus diesem Grund bemühte sie sich um die Aufzeichnung mündlich überlieferter Texte und die Wiederbelebung alter Kunstfertigkeiten. Die Herrscherin war auch selbst eine begabte Verfasserin von Gedichten und Tanzliedern.

Im Januar 1965 wurden bei der Königin Metastasen eines Krebsleidens festgestellt. Nach einer über 47 Jahre dauernden Regierungszeit starb Sālote am 16. Dezember 1965 in einem Krankenhaus in Auckland. Ihr ältester Sohn folgte ihr als Tāufa'āhau Tupou IV. auf dem Thron nach. Sein jüngerer Bruder Fatafehi Tu'ipelehake wurde Premierminister.

Juliana

* 1909 in Den Haag
† 2004 in Soestdijk
Königin der Niederlande
1948–1980

Da die Ehe der niederländischen Königin Wilhelmina und des Herzogs Heinrich zu Mecklenburg-Schwerin jahrelang kinderlos geblieben war, war die Freude über die Geburt von Prinzessin Juliana am 30. April 1909 entsprechend groß, weil nun die Thronfolge gesichert war. Für das Einzelkind wurde 1915 im elterlichen Palast eine kleine Schulklasse gebildet, so dass Juliana ihre Grundschulausbildung gemeinsam mit drei anderen Mädchen absolvieren konnte. Ab 1920 bekam sie Unterricht durch Privatlehrer, wobei vor allem Wert auf das Erlernen von modernen Sprachen gelegt wurde.

An ihrem achtzehnten Geburtstag am 30. April 1927 trat Juliana formell die Thronfolge an. Gegen den anfänglichen Widerstand ihrer Mutter setzte die schüchterne Kronprinzessin durch, dass sie an der Universität von Leiden studieren durfte. Sie besuchte Vorlesungen in Soziologie, Rechtswissenschaften, Ökonomie und Geschichte. Aus persönlicher Neigung widmete sie sich dem Studium von Literatur und Religion. Am 31. Januar 1930 beendete sie ihr Studium mit der Ehrendoktorwürde der philosophischen Fakultät. Danach übernahm sie immer mehr repräsentative Aufgaben.

Bei den Olympischen Winterspielen 1936 in Garmisch-Partenkirchen lernte die Kronprinzessin den Prinzen Bernhard zur Lippe-Biesterfeld kennen, mit dem sie sich noch im September verlobte. Der Jurist war Direktionssekretär bei der Pariser Niederlassung des Chemiekonzerns

IG Farben. Für Missfallen in den Niederlanden sorgte seine Mitgliedschaft in verschiedenen nationalsozialistischen Organisationen in Deutschland, die er erst kurz vor der am 7. Januar 1937 in Den Haag gefeierten Hochzeit mit Juliana beendete. Bereits vor der Hochzeit erhielt er die niederländische Staatsbürgerschaft. Durch die Heirat wurde er zum „Prinzen der Niederlande". Aus der Ehe stammten die vier zwischen 1938 und 1947 geborenen Töchter Beatrix, Irene, Margriet und Christina. Trotz zahlreicher Affären, in die der Lebemann Bernhard verwickelt war, hielt die Verbindung mit Juliana ein Leben lang.

Nach der Besetzung der neutralen Niederlande durch deutsche Truppen im Mai 1940 verließ die königliche Familie fluchtartig das Land. Während Königin Wilhelmina mit Prinz Bernhard in Großbritannien blieb, um den Widerstand gegen die deutsche Invasion zu koordinieren, ging Juliana mit ihren Kindern nach Ottawa, wo sie ein Leben fern des höfischen Protokolls führte. Ihr Ehemann machte inzwischen Karriere bei der britischen Royal Air Force und wurde 1944 zum Oberbefehlshaber der niederländischen Streitkräfte im Exil ernannt. Nach der Befreiung der Niederlande kehrte die königliche Familie 1945 in die Heimat zurück.

Am 6. September 1948 folgte Juliana ihrer abgedankten Mutter Wilhelmina auf den Thron nach. Große Beachtung erregte folgender Satz aus ihrer Antrittsrede: *„Wer bin ich, dass ich diese Last tragen muss?"* Von Anfang an war es ihr ein Bedürfnis, das Königshaus den Bürgern ihres Landes näherzubringen. Für die protokollarische Anrede „Majestät" brachte sie wenig Sympathie auf, sondern bevorzugte das nicht so förmliche „Mevrouw" (gnädige Frau). Zu den von ihr abgeschafften überkommenen Umgangsformen gehörte der Hofknicks. Ihre Töchter besuchten staatliche Schulen. Zu ihrer Popularität trug sicherlich auch bei, dass sie selbst zum nächsten Supermarkt radelte, um dort Einkäufe zu erledigen. Das Protokoll war angeblich ihr *„natürlicher Feind"*.

Entsprechend ihrem humanistischen Weltbild interessierte sich die volksnahe Königin neben politischen Alltagsfragen vor allem für soziale Anliegen. Besonders das Wohl von Kindern lag ihr am Herzen.

In ihre Regierungszeit fiel der Wiederaufbau der Niederlande nach den schweren Kriegsjahren. Der Prinzgemahl machte sich dabei um das Aufblühen der Nachkriegswirtschaft verdient. Bei der großen Sturmflut von 1953, der über 1 800 Menschen zum Opfer fielen, erwies sich Juliana als volkstümliche Herrscherin, als sie die betroffenen Gebiete besuchte und internationale Hilfe organisierte. Der danach aufgestellte „Deltaplan", ein umfangreiches Programm zur Verstärkung und zum Wiederaufbau von Deichen und Schleusen, ist eng mit ihrem Namen verbunden. Einen tiefen Einschnitt in der Geschichte der Niederlande markierte 1949 der Verlust des ostasiatischen Kolonialreichs. Zwar erhielt Indonesien seine Unabhängigkeit, doch Juliana blieb noch bis 1954 das Oberhaupt der Niederländisch-Indonesischen Union. 1975 endete auch in Surinam die holländische Kolonialzeit.

In den 1950er Jahren gefährdete die „Greet-Hofmans-Affäre" die Regierung Julianas. Die kompletten Hintergründe sind bis heute nicht ganz geklärt. Die umstrittene Gesundbeterin Greet Hofmans war 1948 zu der Königsfamilie geholt worden, um mittels Gebeten die schwere Augenkrankheit der jüngsten Tochter zu heilen. Zwar bewirkte sie keine Heilung, doch Hofmans wurde zu einer engen Vertrauten und Beraterin der Monarchin. Wieweit sie Juliana in politischen und personellen Angelegenheiten zu beeinflussen verstand, ist unklar. Zu einem Eklat kam es, als die Königin 1952 vor der UN-Vollversammlung in New York eine pazifistische Grundsatzrede hielt, die nicht zu der seit 1949 bestehenden NATO-Mitgliedschaft der Niederlande zu passen schien und der Haltung der eigenen Regierung widersprach. Zunehmend belastete die Wunderheilerin auch Julianas Ehe. Im Juni 1956 erschien ein kritischer

Artikel über Hofmans und ihren Einfluss auf die Königin in dem deutschen Nachrichtenmagazin „Der Spiegel". Prinz Bernhard hatte die Reporter heimlich mit entsprechendem Material versorgt. Nach einer Untersuchung der Affäre durch die Regierung musste Hofmans den Hof verlassen. Angeblich sollte ein drohendes Scheitern der königlichen Ehe vermieden werden.

1976 wurde das Königshaus durch Prinz Bernhard in den großen Bestechungsskandal um den amerikanischen Flugzeughersteller Lockheed hineingezogen. Der Konzern hatte in verschiedenen Staaten zur Förderung des Absatzes von seinem Kampfflugzeug „Starfighter" hohe Zuwendungen an Politiker und maßgebliche Persönlichkeiten gezahlt. Dem Prinzen konnte die Annahme von Bestechungsgeldern durch die eingesetzte Untersuchungskommission allerdings nicht eindeutig nachgewiesen werden, doch Bernhard musste am 26. August 1976 von all seinen offiziellen Ämtern zurücktreten. Königin Juliana hatte mit ihrem Rücktritt gedroht für den Fall, dass man ihrem Ehemann den Prozess machen würde. Kurz vor seinem Tod räumte er ein, Gelder genommen zu haben.

Am 31. Januar 1980 gab die Königin in einer Radio- und Fernsehansprache bekannt, dass sie am kommenden 30. April zugunsten ihrer ältesten Tochter Beatrix abdanken werde. Seitdem führte sie den Titel einer Prinzessin der Niederlande und nahm noch vereinzelt repräsentative Verpflichtungen wahr. Außerdem setzte sich Juliana weiterhin für soziale Belange und den Tierschutz ein. Im Mai 1998 trat sie letztmals öffentlich auf, danach zog sie sich wegen ihrer Alzheimer Erkrankung ins Privatleben zurück. Am 20. März 2004 entschlief sie friedlich im Beisein ihrer Angehörigen in Schloss Soestdijk. Nur wenige Monate später verstarb ihr Ehemann.

Elisabeth II.

* 1926 in London
Königin von Großbritannien
und Nordirland seit 1952

Königin Elisabeth II., die 2012 unter großer öffentlicher Anteilnahme ihr diamantenes Thronjubiläum feierte, kann unter den britischen Monarchen bisher auf die nach Königin Viktoria zweitlängste Regierungszeit verweisen. Wie es derzeit aussieht, dürfte sie wohl noch Viktorias Rekord brechen, die 63 Jahre und sieben Monate regierte. Bei Elisabeths Geburt am 21. April 1926 war dies nicht abzusehen. Als älteste Tochter des Herzogs Albert von York, des zweiten Sohnes von König Georg V., und dessen Gemahlin Elisabeth Bowes-Lyon stand sie an dritter Stelle in der Thronfolge. Damals ging man eigentlich davon aus, dass ihr unverheirateter Onkel, der Prinz von Wales, noch eine standesgemäße Ehe eingehen und selbst Kinder bekommen würde. Zudem bestand die Möglichkeit, dass Elisabeth durch einen jüngeren Bruder in der Erbfolge zurückgestuft werden könnte.

Elisabeth erhielt eine Erziehung, wie sie für die Töchter der englischen Aristokratie seit dem 19. Jahrhundert üblich war. Sie wurde gemeinsam mit ihrer vier Jahre jüngeren Schwester Margaret von Gouvernanten zu Hause unterrichtet, wobei Bildung im bürgerlichen Sinne nicht so sehr im Vordergrund stand, sondern mehr das Erlernen von gesellschaftlichen Fertigkeiten. Offenbar sah innerhalb der Königsfamilie einzig und allein ihre Großmutter Königin Maria in einer breiter angelegten Ausbildung ihrer Enkelinnen eine Notwendigkeit. Sie unternahm deshalb mit ihnen Besuche in Ausstellungen und Museen. Wesentlich mehr beeindruckte Elisabeth ein Geschenk, das sie zu ihrem vierten Geburtstag bekam: ein Shetlandpony. Seitdem gehört den Pferden und dem Reitsport ihre ganze Leidenschaft. Als Züchterin von Rennpferden genießt Elisabeth heute beträchtliches Ansehen. Ihre zweite große Passion gilt Hunden. Ihre Corgis sind berühmt.

Nachdem ihr Onkel König Eduard VIII. im Dezember 1936 abgedankt und ihr Vater als Georg VI. dessen Nachfolge angetreten hatte, wurde aus der zehn Jahre alten Elisabeth die „voraussichtliche" Thronfolgerin. Bei Ausbruch des Zweiten Weltkriegs wurde kurzzeitig darüber diskutiert, die beiden Töchter des Königspaars aus Sicherheitsgründen nach Kanada zu schicken. Diese Idee wurde jedoch verworfen, weshalb die Prinzessinnen aus Sicherheitsgründen den Großteil der Kriegszeit in Schloss Windsor verbrachten. Am 13. Oktober 1940 durfte sich Elisabeth in ihrer ersten Radioansprache an Kinder wenden, die evakuiert worden waren. Gegen Kriegsende konnte sie auf eigenen Wunsch hin ihren Beitrag zum Kriegseinsatz leisten. Bei dem weiblichen Hilfsdienst der britischen Armee wurde Elisabeth im Frühling 1945 zur Automechanikerin und Kraftfahrerin ausgebildet. Die schüchterne Prinzessin, die dadurch an Selbstvertrauen gewann, bekannte: *„Ich habe noch nie in meinem Leben so hart gearbeitet. (...) Aber es hat mir viel Spaß gemacht, und es war eine großartige Erfahrung."*

Als Prinzessin Elisabeth am 20. November 1947 den Marineoffizier Philipp Mountbatten heiratete, der kurz vorher zum Herzog von Edinburgh ernannt worden war, erschien dies vielen Briten als Lichtblick nach den trostlosen Kriegsjahren. Mit der Übernahme der britischen Staatsbürgerschaft hatte der Bräutigam seinen Namen in Mountbatten geändert und auf seinen Titel Prinz von Griechenland und Dänemark verzichtet. Elisabeth hatte sich bereits als Teenager in ihren späteren Ehemann verliebt. Die Vorbehalte wegen seiner deutschen Verwandtschaft, die nach den beiden Weltkriegen weit verbreitet waren, ignorierte sie. Das Paar bekam vier Kinder, darunter den am 14. November 1948 geborenen Thronfolger Charles. Elisabeth hatte allerdings nur wenig Zeit und wohl auch keine ausgeprägte Neigung für die Mutterrolle. Die Entscheidung in Erziehungsfragen überließ sie Prinz Philipp.

Seit sich die Gesundheit von König Georg VI. verschlechterte, vertrat Elisabeth ihren Vater häufig bei dienstlichen Anlässen und widmete sich dem Studium von Kabinettsakten und Memoranden. Auf einer gemeinsam mit ihrem Ehemann unternommenen offiziellen Besuchsreise nach Australien und Neuseeland erreichte sie am 6. Februar 1952 die Nachricht, dass ihr Vater an Lungenkrebs verstorben war. Noch am Todestag von Georg VI. wurde Elisabeth in Abwesenheit zur Königin proklamiert. Sechzehn Monate später fand ihre prunkvolle Krönung am 2. Juni 1953 in der Londoner Westminster Abtei statt. Zum ersten Mal wurde die Zeremonie live im Fernsehen als globales Medienereignis übertragen. Der britischen Monarchie ein modernes Gesicht in angemessener Form zu geben, gehört seither zu ihrem Lebensinhalt. Bei ihrem Regierungsantritt ruhten auf der jungen Monarchin die Hoffnungen der Nation. Man sah in ihr einen Garanten von Stabilität und Kontinuität in einer veränderten Welt, in der das Vereinigte Königreich keine Großmachtrolle mehr spielen konnte. Das britische Weltreich wandelte sich sukzessive zum modernen Commonwealth, dessen Förderung eines der zentralen Anliegen der Königin ist.

Die verantwortungsbewusste Elisabeth II., von frühester Jugend an mit den Aufgaben und Pflichten eines Monarchen vertraut, nimmt ihren bei der Krönung abgelegten Eid sehr ernst. Schon in einer Radioansprache an ihrem 21. Geburtstag hatte sie versprochen, ihr Leben ganz dem Dienst an den Menschen des Commonwealth und des Empire zu widmen. In ihrer ernsthaften Professionalität ähnelt sie dabei ihrem Vater, dem sie sich eng verbunden fühlte. Über die Anfänge ihrer Regierungszeit vermerkte sie selbst später kritisch: *„Irgendwie hatte ich überhaupt keine Lehrzeit, mein Vater ist viel zu früh gestorben. Alles kam so plötzlich, dass* *mir nichts anderes übrigblieb, als einfach ins kalte Wasser zu springen und mein Bestes zu geben."*

Sie betrachtet ihr Königinsein als Lebenspflicht. Obwohl sie als konstitutionelle Monarchin keine politische Macht im eigentlichen Sinne ausüben kann, kommt ihr als offizielles Staatsoberhaupt sowie als Bindeglied zur Geschichte eine herausragende Bedeutung zu. Sie legt großen Wert darauf, umfassend informiert und konsultiert zu werden. Ihr politischer Sachverstand beeindruckte die Premierminister immer wieder. Margaret Thatcher bemerkte etwa zu den regelmäßigen Audienzen bei der Königin: *„Wer glaubt, sie seien eine reine Formalität oder beschränkten sich auf den Austausch von Höflichkeiten, unterliegt einem Irrtum. Vielmehr verlaufen sie betont sachlich und geschäftsmäßig, und Ihre Majestät weiß sie mit einem außergewöhnlichen Verständnis der Gegenwartsprobleme und einem großen Schatz von Erfahrungen zu bereichern."*

Seit den 1970er Jahren steht das Privatleben der königlichen Familie stärker im Blickpunkt des öffentlichen Interesses. Die zahlreichen Scheidungen im Hause Windsor in den 1990er Jahren trugen zeitweise zu einem massiven Ansehensverlust der Dynastie bei. Als die beliebte Prinzessin Diana, die geschiedene Ehefrau von Prinz Charles, Ende August 1997 tödlich verunglückte, geriet die Monarchie in der „Hysterie der Trauer" vorübergehend ernsthaft ins Wanken. Anstatt wie erwartet, öffentlich Gefühle zu zeigen, zog sich Elisabeth II. zurück, bevor sie dem Drängen von Premierminister Tony Blair nachgab und symbolische Gesten der Trauer vollzog. Durch die „Vermenschlichung" ihres Images gelang es der Königin, rasch wieder große Popularität zu gewinnen.

Beatrix

* 1938 in Baarn
Königin der Niederlande
1980–2013

Am 28. Januar 2013 kündigte die niederländische Königin Beatrix in einer kurzen Radio- und Fernsehansprache an, am 30. April zugunsten ihres ältesten Sohnes Willem-Alexander abzudanken. Es sei an der Zeit *„die Verantwortung für das Land in die Hände einer neuen Generation zu geben"*. Die Königin folgte damit einer seit Längerem bestehenden Tradition im niederländischen Königshaus, wo die Krone noch zu Lebzeiten weitergegeben wird.

Beatrix Wilhelmina Armgard kam am 31. Januar 1938 in Schloss Soestdijk als älteste von vier Töchtern zur Welt. Ihre Eltern waren die damalige niederländische Kronprinzessin Juliana und der deutsche Prinz Bernhard zur Lippe-Biesterfeld. Bereits ein Jahr nach ihrer Geburt brach der Zweite Weltkrieg aus. Nach der Besetzung der neutralen Niederlande durch die deutsche Wehrmacht im Mai 1940 floh die Königsfamilie nach Großbritannien. Während Königin Wilhelmina von London aus zusammen mit ihrem Schwiegersohn Prinz Bernhard den niederländischen Widerstand koordinierte, ging Kronprinzessin Juliana mit ihren Kindern im Juni 1940 nach Kanada, das als sicherer galt. Unbelastet von höfischem Protokoll besuchte Beatrix in Ottawa den Kindergarten und die Grundschule. Als die Königsfamilie im August 1945 wieder in den Niederlanden vereint war, kam die Prinzessin auf Wunsch ihrer Mutter, die für sie keine traditionelle Privatlehrererziehung im höfischen Rahmen wollte, auf eine Schule mit reformpädagogischem Erziehungskonzept in Bilthoven, bevor sie im April 1950 auf das Gymnasium wechselte. Auf die Zeit an der

experimentellen Schule in Bilthoven geht Beatrix' Begeisterung für die Bildhauerei zurück, der sie sich auch später
noch gerne widmete, wenn es ihr Terminplan erlaubte.

Mit der Inthronisierung ihrer Mutter Juliana im September 1948 wurde Beatrix Kronprinzessin. Seit ihrem achtzehnten Geburtstag nahm sie an Sitzungen des Staatsrats
teil, wodurch sie einen Einblick in die politischen und
staatsrechtlichen Belange des Landes erhielt. Im selben Jahr
begann sie ihr Studium an der Universität Leiden, wo schon
ihre Mutter studiert hatte. Neben Rechtswissenschaften,
Soziologie und Geschichte belegte sie auch Vorlesungen
und Kurse zur Kultur Surinams und der Niederländischen
Antillen. Zur weiteren Vorbereitung auf ihr künftiges Amt
besuchte sie zusätzlich verschiedene europäische und internationale Organisationen in Genf, Straßburg, Paris und
Brüssel. Nachdem sie im Sommer 1959 ihr juristisches Vor-
examen abgelegt hatte, machte sie 1961 ihren Abschluss.

Für große Empörung sorgte Beatrix, als im Mai 1965 bekannt wurde, dass sie sich in einen deutschen Diplomaten
verliebt hatte und diesen auch heiraten wollte. Der zwölf
Jahre ältere Claus von Amsberg war im Zweiten Weltkrieg
Flakhelfer und danach noch für kurze Zeit Soldat gewesen.
Vielen Holländern war die erst vor zwei Jahrzehnten zu
Ende gegangene Kriegszeit mit der deutschen Besetzung
ihres Landes zu frisch in der Erinnerung, als dass sie sich
mit einem Deutschen als Ehemann an der Seite ihrer Kronprinzessin einverstanden erklären mochten. 60 000 Hollän-
der beteiligten sich daher an einer Unterschriftenkampagne
gegen die Hochzeit. Das Parlament erteilte schließlich dennoch nach einer mehrstündigen Debatte seine Zustimmung
zu der von Beatrix gewünschten Liebesheirat. Um nicht das
Recht auf die Thronfolge zu verlieren, ist dieses parlamentarische Einverständnis gemäß der niederländischen Verfassung zwingend notwendig. Bei der am 10. März 1966 in
Amsterdam gefeierten Hochzeit kam es trotzdem am Rand
der Feierlichkeiten zu Tumulten mit Rauchbomben und

wütenden Protestrufen. Beatrix' Ehemann Claus, der schon vor der Hochzeit niederländischer Staatsbürger geworden war, erhielt den Titel eines Prinzen der Niederlande und wurde zum Jonkheer van Amsberg. Mit seiner zurückhaltenden Art gewann der Prinz bald an Wertschätzung, bevor er sogar eines der beliebtesten Mitglieder des Königshauses wurde. Aus der glücklichen Ehe stammen die drei Söhne Willem-Alexander, Johan Friso und Constantij, die zwischen 1967 und 1969 geboren wurden.

Beatrix war gründlich auf ihr Amt als Königin vorbereitet worden. *„Ich habe die Königswürde nicht gesucht, sondern angenommen"*, bekannte sie einmal offen. Mit der Abdankung ihrer Mutter Juliana am 30. April 1980 wurde sie Königin der Niederlande. Mit ihr wurde zum vierten Mal in Folge eine Frau Staatsoberhaupt dieses Benelux-Staates. Wie bereits bei ihrer Hochzeit gab es auch bei der feierlichen Thronbesteigung von Beatrix Krawalle. Polizei und Hausbesetzer lieferten sich Straßenschlachten. Der immer wieder skandierte Slogan „Keine Wohnung, keine Krönung" stieß wegen der Wohnungsnot in Amsterdam auf vielfache Zustimmung.

Im Gegensatz zu ihrer volksnahen, warmherzigen Vorgängerin Juliana legte Beatrix mehr Wert auf Formalitäten und eine gewisse Distanz. Sie führte deshalb beispielsweise die traditionelle Anredeform „Majestät" wieder ein. Die neue Königin unterschied sich nicht nur in ihrem Auftreten, sondern auch in ihrer Amtsauffassung deutlich von ihrer Mutter, weshalb sie von den Holländern mehr respektiert als geliebt wurde. Sie kam ihren Aufgaben äußerst pflichtbewusst nach und formte die niederländische Monarchie in einen modernen, straff organisierten Palastbetrieb um, an dessen Spitze eine professionell agierende Königin stand. Von Anfang an war es ihr Wunsch, *„so gut wie möglich"* informiert zu sein. Ihr Mann bezeichnete sie aus diesem Grund als Perfektionistin. Sie gab selbst zu, dass es ihr oft schwerfalle, die Rolle des unparteiischen Staatsoberhaupts mit hauptsächlich repräsentativen Aufgaben zu akzeptieren, wie es in einer konstitutionellen Monarchie heutzutage üblich ist. 1988 räumte sie ein: *„Manchmal möchte ich doch mehr Einfluss nehmen."* In einer sich polarisierenden Gesellschaft verfocht sie eher liberale als konservative Werte. In der hitzigen Integrationsdebatte etwa rief sie – nicht zur Freude rechtspopulistischer Politiker – zur Mäßigung auf und trat für Toleranz ein. Die überzeugte Europäerin erhielt für ihr Engagement bei der europäischen Einigung im Mai 1996 den Internationalen Karlspreis in Aachen. Da sie gerne eigene Akzente in der Politik setzte, muss es sie hart getroffen haben, als ihr 2012 durch eine Gesetzesänderung die bis dahin noch mögliche Initiative bei der Bildung einer Regierungskoalition entzogen und ihr politischer Einfluss bei schwierigen Mehrheitsverhältnissen eingeschränkt wurde.

Ihr Privatleben versuchte sie immer bewusst vor allzu neugierigen Blicken zu schützen. Königin Beatrix machte einen deutlichen Unterschied zwischen der Monarchin und dem Menschen. *„Als Königin muss man stets auf der Hut sein"*, erklärte sie. Eine tiefe persönliche Zäsur stellte für sie der Tod ihres Ehemannes Claus im Oktober 2002 dar, der für sie allezeit ein besonders wichtiger Ratgeber gewesen war. Mit seiner jahrelangen Erkrankung an einer Depression war sie ungewöhnlich offen umgegangen. In den letzten Jahren ihrer Regierungszeit folgten weitere Tragödien, die ihre Spuren hinterließen. Am 30. April 2009 verübte ein Geisteskranker ein Attentat auf sie und ihre Familie in Apeldoorn, bei dem die Königsfamilie zwar unverletzt blieb, aber mehrere Personen getötet und einige weitere verletzt wurden. Anfang 2012 wurde ihr Sohn Johan Friso beim Skifahren von einer Lawine verschüttet und liegt seitdem im Koma.

Margrethe II.

* 1940 in Kopenhagen
Königin von Dänemark seit 1972

Die dänische Königin Margrethe II. feierte im Jahr 2012 ihr 40-jähriges Thronjubiläum. Sie kam während des Zweiten Weltkriegs am 16. April 1940 als älteste von drei Töchtern des damaligen dänischen Kronprinzen Frederik und dessen Gemahlin Ingrid von Schweden im Kopenhagener Schloss Amalienborg, dem Hauptwohnsitz der Königsfamilie, zur Welt. Sie wurde auf die Namen Margrethe Alexandrine Thorhildur Ingrid getauft.

Ursprünglich war nicht vorgesehen, dass aus der kleinen Prinzessin die künftige Monarchin der Dänen werden würde. Erst durch eine Änderung des Thronfolgegesetzes am 27. März 1953 wurde Margrethe zur Nachfolgerin ihres seit 1947 als Frederik IX. regierenden Vaters bestimmt, der keine Söhne hatte. Bis dahin galt allein die männliche Thronfolge in Dänemark. In einer Volksabstimmung wurde das Gesetz geändert. Zwar hatten Söhne nach dem neuen Gesetz weiterhin den Vorrang bei der Erbfolge, doch wenn es keinen männlichen Nachwuchs gab, ging das Thronfolgerecht auf die älteste Tochter des regierenden Monarchen über. Am 5. Juni 1953 wurde Margrethe offiziell zur Thronfolgerin ernannt. Später erinnerte sie sich: *„Ich glaube, ich war so entsetzt, als ich mir zum ersten Mal völlig meiner künftigen Position bewußt wurde, daß ich vollkommen verdrängt habe, wann genau es war."* Mit der Vollendung ihres achtzehnten Lebensjahrs wurde sie feierlich als Thronfolgerin auf die Verfassung vereidigt und in den Staatsrat eingeführt. An ihrem achtzehnten Geburtstag hielt die Kronprinzessin zudem zum ersten Mal eine Rede, die im Radio übertragen wurde.

Nach dem Abitur, mit dem sie zeitgleich ihre Ausbildung zur Gruppenführerin im dänischen Frauenluftwaffenkorps beendete, absolvierte sie eine exzellente Ausbildung. Sie studierte in Kopenhagen, Cambridge, Aarhus, Paris und London Rechts- und Staatswissenschaften sowie Archäologie. Letzteres studierte sie aus wirklicher persönlicher Neigung. Parallel zu ihrem Studium wurde Margrethe auf ihre spätere Aufgabe als Monarchin vorbereitet.

Während ihres Studiums lernte die Kronprinzessin in London den französischen Grafen Henri-Marie-Jean André de Laborde de Monpezat, der als Diplomat an der dortigen französischen Botschaft tätig war, kennen und verliebte sich in ihn. Auf die Verlobung im Oktober 1966 folgte am 10. Juni 1967 die als nationales Volksfest gefeierte Hochzeit in Kopenhagen. Ihr Ehemann nennt sich seitdem Prinz Henrik von Dänemark. Für den aus Südfrankreich stammenden Prinzgemahl bedeutete die Heirat mit der dänischen Thronerbin, dass er nicht nur seinen Namen und Beruf aufgeben, sondern auch seine Religion und Nationalität ändern sowie eine neue Sprache lernen musste. Später bekannte Margrethe: *„Ich habe mehr Glück gehabt als viele Leute. Ich konnte meine Pflicht tun und mir meinen Wunsch erfüllen: Ich heiratete den Menschen, den zu heiraten ich mir am meisten wünschte und der mich zu heiraten wünschte."* Mit der Geburt der beiden Söhne Frederik (1968) und Joachim (1969) war auch der Fortbestand der Monarchie gesichert.

Anfang des Jahres 1972 erkrankte ihr Vater plötzlich und starb am 14. Januar. Einen Tag nach dem Tod Frederiks IX. wurde Margrethe von dem dänischen Ministerpräsidenten Jens Otto Krag auf dem Balkon von Schloss Amalienborg zur Königin ausgerufen. Sie selbst empfand diesen Augenblick als Trost: *„Ich konnte jetzt bekräftigen, was ich mit achtzehn versprochen hatte: Hier bin ich, ich gehöre euch! Meine Aufgabe liegt jetzt in meinem Land, ich lebe für mein Land, für meine Dänen."* Seit 560 Jahren war sie die erste Frau auf dem dänischen Thron. Sie sieht die Tatsache, dass sie nach der 1412 verstorbenen Königin Margarethe I. erst die zweite Monarchin des nordischen Landes ist, ziemlich nüchtern: *„Es wurde so viel über die Tatsache geredet, daß ich eine Frau war, und, um ehrlich zu sein, es war nicht sehr angenehm. Was dies betrifft, habe ich stets den Standpunkt vertreten, daß es nicht mein Verdienst ist, eine Frau oder ein Staatsoberhaupt zu sein. Es ist ein biologischer Zufall."* Als Wahlspruch wählte sie: „Gottes Hilfe – Die Liebe des Volkes – Dänemarks Stärke".

Seit ihrer Thronbesteigung fungiert Margrethe II. als dänisches Staatsoberhaupt. Als parlamentarische Monarchin hat sie in erster Linie repräsentative Aufgaben zu erfüllen. Zu ihren ersten Amtshandlungen gehörte die Vereinfachung des bisherigen pompösen Herrschertitels. Sie nannte sich stattdessen nur noch „Königin von Dänemark". Mit dem Verschwinden der nicht mehr aktuellen Titulaturen wurde auch der königliche Wappenschild vereinfacht. Aus der eher unsicheren und schüchternen Thronfolgerin wurde bald eine beliebte Monarchin, die pflichtbewusst und energisch ihren Aufgaben nachgeht. Zwar muss jedes Gesetz von ihr unterschrieben werden, um Gültigkeit zu erlangen, und jede neu gewählte Regierung von ihr ernannt werden, doch die Königin kann weder persönlichen Einfluss auf die Tagespolitik nehmen noch sich dazu äußern. Als Staatsoberhaupt ist sie zugleich Oberbefehlshaberin der dänischen Streitkräfte. Ihre traditionelle Neujahrsansprache wird von der Mehrheit der königstreuen Dänen als wichtiges Ereignis und als Verbindung zwischen Königshaus und Volk angesehen. Vor allem in den letzten Jahren bemühte sich die als volksnah geltende Margrethe II., die Bevölkerung zu mehr Toleranz gegenüber Fremden anzuregen. Die Königin ist zudem Oberhaupt der Folkekirken, der evangelisch-lutherischen Staatskirche in Dänemark und Grönland. Bisher hat die lebenslustige Margrethe II. keinerlei Abdankungsneigungen zugunsten ihres Sohnes Kronprinz Frederik erkennen lassen. Die mehrfache Großmutter betrachtet ihr Dasein als Königin als ein Lebenswerk, das es zu erfüllen gilt.

Neben ihrer Aufgabe als Königin hat sich Margrethe seit 1970 auch als Malerin und Grafikerin sowie als Textilkünstlerin betätigt und kann so ihre künstlerischen Neigungen ausleben. Bevorzugt malt sie nordische Küstenlandschaften: *„Was mich am meisten interessiert und inspiriert, sind Landschaften, die dänische Landschaft bei jedem Wetter, davon kann ich nie genug haben."* Ihre Werke wurden seitdem in verschiedenen Museen ausgestellt. Von ihr stammen außerdem Entwürfe für Briefmarken und Buchillustrationen. So schuf die begeisterte Leserin von J. R. R. Tolkiens Buch „Herr der Ringe" die Bebilderung für die dänische Ausgabe. Überdies entwirft sie Kirchengewänder, Theaterkostüme und Bühnenbilder. Da sie selbst als Jugendliche begeistert Ballett getanzt hat, bereitet es Margrethe II. besondere Freude, Kostüme für Ballettaufführungen zu gestalten. Für den dänischen Märchenfilm „Die wilden Schwäne" nach Hans Christian Andersen ersann sie 2009 Kostüme und Dekor. Seit den 1980er Jahren übersetzte sie zusammen mit ihrem Ehemann Henrik unter dem Pseudonym H. M. Vejerbjerg verschiedene Romane. Anerkennung erntete etwa die gemeinsame Übersetzung des 1946 von Simone de Beauvoir veröffentlichten Romans „Alle Menschen sind sterblich" ins Dänische. Für weniger positiven Diskussionsstoff sorgte dagegen ihre Rolle als Kettenraucherin, weshalb sie seit 2007 nicht mehr in der Öffentlichkeit raucht.

Auswahlbibliografie

Asch, Ronald G., Die Stuarts. Geschichte einer Dynastie, München 2011

Beck, Barbara, Die berühmtesten Frauen der Weltgeschichte. Vom 18. Jahrhundert bis heute, 4. Aufl., Wiesbaden 2012

Beck, Barbara, Vom Königsbett zum Schafott. Frauen als Opfer von Intrigen, Wiesbaden 2010

Bernecker, Walther L. u. a. (Hrsg.), Die spanischen Könige. 18 historische Porträts vom Mittelalter bis zur Gegenwart, München 1997

Coughlan, Robert, Frauen auf dem Zarenthron. Elisabeth und Katharina, Düsseldorf 1976

Craveri, Benedetta, Königinnen und Mätressen. Die Macht der Frauen – von Katharina de' Medici bis Marie Antoinette, München 2010

Decker-Hauff, Hansmartin, Frauen im Hause Württemberg, Leinfelden-Echterdingen 1997

De Dijn, Rosine, Des Kaisers Frauen. Eine Reise mit Karl V. von Flandern durch Deutschland bis in die Estremadura, Stuttgart 1999

Eßer, Raingard, Die Tudors und die Stuarts. 1485–1714, Stuttgart 2004

Even, Pierre, Dynastie Luxemburg-Nassau. Von den Grafen zu Nassau zu den Großherzögen von Luxemburg. Eine neunhundertjährige Herrschergeschichte in einhundert Biographien, Luxemburg 2000

Feuerstein-Praßer, Karin, Gefährliche Verwandtschaft. Streit und Intrigen am Hof, Stuttgart 2012

Findeisen, Jörg-Peter, Die schwedische Monarchie. Von den Vikingerherrschern zu den modernen Monarchen, 2 Bände, Kiel 2010

Fößel, Amalie (Hrsg.), Die Kaiserinnen des Mittelalters, Regensburg 2011

Fraesdorff, David, Herrscher des Mittelalters von Karl dem Großen bis Isabella von Kastilien, Hildesheim 2008

Franz, Eckhart G. (Hrsg.), Haus Hessen. Biografisches Lexikon, Darmstadt 2012

Frindte, Julia und Westphal, Siegrid (Hrsg.), Handlungsspielräume von Frauen um 1800, Heidelberg 2005

Fussenegger, Gertrud, Herrscherinnen. Frauen, die Geschichte machten, Düsseldorf 2003

Gajić, Helmut (Red.), Die großen Dynastien, München 1978

Gesellschaft für Staufische Geschichte (Hrsg.), Frauen der Staufer, Göppingen 2006

Gies McGuigan, Dorothy, Familie Habsburg. 1273–1918, 2. Aufl., Bergisch Gladbach 1989

Glocker, Winfrid, Die Verwandten der Ottonen und ihre Bedeutung in der Politik. Studien zur Familienpolitik und zur Genealogie des sächsischen Kaiserhauses, Köln und Wien 1989

Gold, Claudia, Frauen, die Geschichte schrieben. Von Kleopatra bis zu Katharina der Großen, Hamburg 2009

Groß, Reiner, Die Wettiner, Stuttgart 2007

Hamann, Brigitte, Die Habsburger. Ein biographisches Lexikon, 3. Aufl., München 1988

Hartmann, Martina, Aufbruch ins Mittelalter. Die Zeit der Merowinger, Darmstadt 2003

Hartmann, Martina, Die Königin im frühen Mittelalter, Stuttgart 2009

Jena, Detlef, Das Weimarer Quartett. Die Fürstinnen Anna Amalia, Louise, Maria Pawlowna, Sophie, Regensburg 2007

Jena, Detlef, Die russischen Zaren in Lebensbildern, Augsburg 2003

Jena, Detlef, Die Zarinnen Rußlands (1547–1918), Augsburg 2003

Kaiser, Jürgen, Der Kampf um die Krone. Königsdynastien im Mittelalter, Stuttgart 2011

Kaiser, Jürgen, Herrinnen der Welt. Kaiserinnen des Hochmittelalters, Regensburg 2010

Knopp, Guido, Die Königshäuser. Die letzten großen Monarchien, München 2009

Köttelwesch, Sabine, Geliebte, Gemahlinnen und Mätressen. Zehn Frauenschicksale aus dem Umfeld des Kasseler Fürstenhofes, Hofgeismar 2004

Kubitscheck, Regina-Bianca und Steckhan, Peter, Englands Königinnen im Mittelalter, Göttingen 2009

Kwan, Elisabeth E. u. a., Frauen der Welfen. 36 Biografien, Göttingen 2011

Leitner, Thea, Habsburgs verkaufte Töchter, 6. Aufl., München 1996

Lilie, Ralph-Johannes, Byzanz. Das zweite Rom, Berlin 2003

Lorenz, Sönke u. a. (Hrsg.), Das Haus Württemberg. Ein biographisches Lexikon, Stuttgart u. a. 1997

Müller-Wiegand, Daniela, Vermitteln – Beraten – Erinnern. Funktionen und Aufgabenfelder in der ottonischen Herrscherfamilie (919–1024), Kassel 2005

Muhlstein, Anka, Königinnen auf Zeit. Katharina von Medici, Maria von Medici, Anna von Österreich, Frankfurt am Main und Leipzig 2003

Nürnberger, Marc, Sanfte und mächtige Frauen aus China. Kaiserinnen, Künstlerinnen, Konkubinen, München 2009

Opfell, Olga S., Queens, Empresses, Grand Duchesses and Regents. Women Rulers of Europe, A. D. 1328–1989, Jefferson und London 1989

Oster, Uwe A., Die Frauen Kaiser Friedrichs II., München 2008

Panzer, Marita A., Englands Königinnen. Von den Tudors zu den Windsors, 5. Aufl., München 2009

Panzer, Marita A., Wittelsbacherinnen. Fürstentöchter einer europäischen Dynastie, Regensburg 2012

Payer, Alja, Kaiserinnen machten Kirchengeschichte. Helena, Pulcheria, Eudokia, Theodora I., Eirene, Theodora II., Theophanu, Thaur bei Innsbruck 2002

Puppel, Pauline, Die Regentin. Vormundschaftliche Herrschaft in Hessen 1500–1700, Frankfurt am Main und New York 2004

Schad, Martha (Hrsg.), Das dänische Königshaus, Augsburg 2001

Schad, Martha (Hrsg.), Das niederländische Königshaus, Augsburg 2002

Schad, Martha (Hrsg.), Das spanische Königshaus, Augsburg 2002

Schad, Martha, Die berühmtesten Frauen der Weltgeschichte. Von der Antike bis zum 17. Jahrhundert, 3. Aufl., Wiesbaden 2012

Schnettger, Matthias, Weibliche Herrschaft in der Frühen Neuzeit. Einige Beobachtungen aus verfassungs- und politikgeschichtlicher Sicht, in: zeitenblicke 8 [2009], Nr. 2, URL: http://www.zeitenblicke.de/2009/2/schnettger/index_html

Schnith, Karl Rudolf (Hrsg.), Frauen des Mittelalters in Lebensbildern, Graz u. a. 1997

Schödl, Andrea, Frauen und dynastische Politik. 1703–1723. Die Markgräfinnen Elisabeth Sophie von Brandenburg und Christiane Charlotte von Ansbach, Kulmbach 2007

Staatliche Schlösser und Gärten Baden-Württemberg (Hrsg.), Extra schön. Markgräfin Sibylla Augusta und ihre Residenz, Petersberg 2008

Stadelmann, Matthias, Die Romanovs, Stuttgart 2008

Strunck, Christina (Hrsg.), Die Frauen des Hauses Medici. Politik, Mäzenatentum, Rollenbilder (1512–1743), Petersberg 2011

Struve, Tilman, Salierzeit im Wandel. Zur Geschichte Heinrichs IV. und des Investiturstreites, Köln 2006

Tamse, Coenraad A. (Hrsg.), Nassau und Oranien. Statthalter und Könige der Niederlande, Göttingen und Zürich 1985

Temporini-Gräfin Vitzthum, Hildegard (Hrsg.), Die Kaiserinnen Roms. Von Livia bis Theodora, München 2002

Thoma, Helga, Ungeliebte Königin. Ehetragödien an Europas Fürstenhöfen, 9. Aufl., München 2010

Torke, Hans-Joachim (Hrsg.), Die russischen Zaren. 1547–1917, München 1995

Uhl, Alois, Die Päpste und die Frauen, 2. Aufl., Düsseldorf und Zürich 2005

Uitz, Erika u. a. (Hrsg.), Herrscherinnen und Nonnen. Frauengestalten von der Ottonenzeit bis zu den Staufern, Berlin 1990

Weiner, Margery, Die Schwestern Napoleons. Elisa, Pauline und Caroline Bonaparte, 2. Aufl., München 1981

Weiss, Thomas (Hrsg.), Frauen im 18. Jahrhundert. Entdeckungen zu Lebensbildern in Museen und Archiven in Sachsen-Anhalt, Halle 2009

Weissensteiner, Friedrich, Große Herrscher des Hauses Habsburg. 700 Jahre europäische Geschichte, München u. a. 1997

Weissensteiner, Friedrich, Habsburgerinnen auf fremden Thronen, Wien 2000

Wende, Peter (Hrsg.), Englische Könige und Königinnen der Neuzeit. Von Heinrich VII. bis Elisabeth II., München 2008

Wolf, Gunther G., Kaiserin Theophanu. Schriften, Hannover 2012

Wood-Ellem, Elizabeth, Queen Sālote of Tonga. The Story of an Era. 1900–1965, Honolulu 2001